O desejo frio

SUJEITO E HISTÓRIA
Diretor de coleção: Joel Birman

A coleção Sujeito e História tem caráter interdisciplinar. As obras nela incluídas estabelecem um diálogo vivo entre a psicanálise e as demais ciências humanas, buscando compreender o sujeito nas suas dimensões histórica, política e social.

Títulos já publicados:
Mal-estar na atualidade, Joel Birman
Metamorfoses entre o sexual e o social, Carlos Augusto Peixoto Junior
O prazer e o mal, Giulia Sissa
O corpo do diabo entre a cruz e a caldeirinha, Silvia Alexim Nunes

Próximo título:
Problema de gênero, Judith Butler

Michel Tort

O desejo frio
Procriação artificial e crise dos referenciais simbólicos

TRADUÇÃO DE
Clóvis Marques

CIVILIZAÇÃO BRASILEIRA

Rio de Janeiro
2001

COPYRIGHT © Éditions La Découverte, Paris, 1992

TÍTULO ORIGINAL
Le désir froid - Procréation artificielle et crise des repères symboliques

TRADUÇÃO
Clóvis Marques

CAPA
Evelyn Grumach

PROJETO GRÁFICO
Evelyn Grumach e João Leite de Souza

REVISÃO TÉCNICA
Carlos Augusto Peixoto Junior

EDITORAÇÃO ELETRÔNICA
Art Line

Esta tradução teve o apoio do Ministério Francês da Cultura

CIP-BRASIL. CATALOGAÇÃO-NA-FONTE
SINDICATO NACIONAL DOS EDITORES DE LIVROS, RJ

T653d
Tort, Michel
   O desejo frio / Michel Tort; tradução de Clóvis Marques. -
Rio de Janeiro: Civilização Brasileira, 2001.

Tradução de: Le désir froid
Inclui bibliografia
ISBN 85-200-0551-9

1. Tecnologia da reprodução humana – Aspectos psicológicos.
2. Tecnologia da reprodução humana – Aspectos sociais. 3. Papel
sexual – Aspectos psicológicos. I. Título.

00-1585
CDD – 155.34
CDU – 159.922.1

Todos os direitos reservados. Proibida a reprodução, armazenamento ou transmissão de partes deste livro, através de quaisquer meios, sem prévia autorização por escrito.

Direitos desta edição adquiridos pela
EDITORA CIVILIZAÇÃO BRASILEIRA
um selo da
DISTRIBUIDORA RECORD DE SERVIÇOS DE IMPRENSA S.A.
Rua Argentina 171, São Cristóvão, Rio de Janeiro, RJ, Brasil. 20921-380
Telefone (21) 585-2000

PEDIDOS PELO REEMBOLSO POSTAL
Caixa Postal 23.052, Rio de Janeiro, RJ – 20922-970

Impresso no Brasil
2001

Sumário

INTRODUÇÃO 9

I. O procriador e o psicanalista 25
PRAGMÁTICOS E PROFETAS 29
A PROCRIAÇÃO E O INCONSCIENTE 37
A SOMATIZAÇÃO DO SINTOMA, QUESTÃO DA MEDICINA 43
A ORDEM SIMBÓLICA É SEXUADA 46
EXISTE UM INCONSCIENTE DO DIREITO 49
PERSPECTIVAS 56

II. A oferta biomédica de filho 63
UMA EXPERIMENTAÇÃO 65
O MERCADO DO VIVO 69
A DEPENDÊNCIA DAS TÉCNICAS DE PROCRIAÇÃO ARTIFICIAL EM RELAÇÃO AOS AVANÇOS DA ZOOTÉCNICA 73
VARIANTES E OPÇÕES 78
PEÇAM O PROGRAMA! 82
A INDUÇÃO DA DEMANDA 89
AMBIGÜIDADES DA ANÁLISE DA OFERTA DE DEMANDA 93
DISPOSITIVOS ATUAIS DO BIOPODER 98

III. O fantasma do saber e sua medicina 101
O DESEJO DE VER E A TRANSPARÊNCIA 103
A IDENTIFICAÇÃO ARTIFICIALISTA 105
CAPTURA MÉDICA DA DEMANDA 117

IV. As relações de sexo na procriação e o inconsciente 125
O LIBERALISMO REPRODUTIVO 129
DAS RELAÇÕES DE SEXO SEM INCONSCIENTE 132
A INTERPRETAÇÃO HISTÉRICA 147
TÉCNICAS LIBERADAS 156

V. O desejo de filho e sua somatização médica 161
UM DESEJO POR DEMAIS CONTROLADO 166
PROJETOS 168
DESEJO DO PAI? 170
ANTIMÃES 173
ESTERILIDADES 175
QUAL "CLÍNICA"? 182
A SUPRESSÃO DO SINTOMA E A POSIÇÃO DO MÉDICO 189
A MEDICINA E O CONTRATO DE SOMATIZAÇÃO 192
EQUÍVOCO DO SINTOMA 197

VI. A gestão biomédica dos corpos 203
A QUESTÃO DA NATUREZA TERAPÊUTICA DAS INTERVENÇÕES MÉDICAS 205
INDUÇÕES E INDICAÇÕES 207
A DRAMATIZAÇÃO MÉDICA DA INFERTILIDADE E O CASAL IAD 212

VII. O tratamento psicológico da demanda de filho 235
INDICAÇÕES PSIQUIÁTRICAS 242
INDUÇÕES PSICOLÓGICAS 246
CONCEPÇÕES PSICANALÍTICAS 265

VIII. O direito e o frio 279
O DEBATE JURÍDICO 282
O LUGAR DA PSICANÁLISE NO DEBATE JURÍDICO 290
O LIBERALISMO PROCRIATIVO E SUA CRÍTICA AUTORITÁRIA 300
A CRÍTICA DA VERDADE BIOLÓGICA DA FILIAÇÃO 307
A PSICANÁLISE E A VERDADE BIOLÓGICA DA FILIAÇÃO 310
UMA CONTRAFAÇÃO LEGAL 315

O DESMENTIDO DE PATERNIDADE NO CASO DA IAD *318*
CONVENIÊNCIAS *332*
CONSENTIDORES *326*
DOAÇÃO E ANONIMATO: A TROCA PROCRIATIVA *332*

Conclusão *343*
CADÁVERES QUENTES *345*
EMBRIÕES FRIOS *352*
EFEITOS DE PERVERSÃO *356*

BIBLIOGRAFIA *363*

Introdução

Vivemos no Ocidente uma transformação considerável e estranha das identidades. Ela afeta tanto as condições da procriação (contracepção generalizada, procriação artificial) e as formas do parentesco e da filiação (evolução dos sistemas de atribuição do nome, parentescos adotivos e artificiais) quanto a própria identidade sexual (transexualização medicinalmente assistida). Não se trata de fenômenos individuais isolados, mas de evoluções coletivas, mais ou menos amplamente efetuadas e em certos casos objeto de extraordinário interesse dos meios de comunicação. Tais transformações atingem as próprias estruturas dos sistemas simbólicos que regem a identificação dos sujeitos em todas as sociedades conhecidas (nomeação, filiação, maternidade e paternidade, identidade sexuada).

Seria ingênuo considerar tais transformações como absolutamente novas, como se surpreendessem estruturas familiares, sistemas simbólicos "naturais" do parentesco e da filiação. Para convencer-se do contrário, basta evocar a intensidade dos debates do século passado sobre a posição dos homens e das mulheres nas relações sociais, as preocupações demográficas, a emergência das teorias da sexualidade e de sua reprodução, que foram as condições do surgimento dessa nova perspectiva sobre a sexualidade representada pela psicanálise.

Nem por isso é menos verdade, entretanto, que um novo dispositivo das relações entre os sexos surge no fim dos anos 60. Ele estabelece transformações do lugar dos sujeitos sexuados na economia, a emergência de uma intervenção coletiva das mulheres, muito além dos grupos feministas, o desenvolvimento tanto da biomedicina da reprodução como, de uma certa maneira, da difusão das práticas e ideais da psicanálise. Evocar tal dispositivo significa também supor — o que vem a ser confirmado sem dificuldade pela experiência — que existe uma ligação, uma imbricação entre aspectos à primeira vista separados dessas transformações. Algumas dessas ligações são evidentes, como a que conduz da contracepção à procriação artificial. Outras já não o são tanto, por serem momentaneamente menos flagrantes. Assim, o recurso biomedicalizado à procriação artificial vem no fundo a mobilizar as mesmas funções maternas e paternas que a monoparentalização "natural"; e pode vir a concretizar a mudança de sexo artificial.

A lógica desse dispositivo inédito é objeto de análises múltiplas, mais ou menos dominadas pela inquietação coletiva, que tentam, para avaliar-lhe os efeitos atuais e sobretudo potenciais sobre as gerações futuras, identificar as forças que nele atuam: desenvolvimento dos saberes e técnicas biomédicos, da economia de mercado, difíceis de dissociar.

Uma decisiva diferença de ênfase já pode ser assinalada, na interpretação, segundo a importância que se atribua às transformações econômicas e aos avanços das biotécnicas ou às relações sociais de sexo que intervêm nessa esfera. Uma divisão evidente determina a apreciação da contracepção generalizada, da Interrupção Voluntária de Gravidez (IVG), das Novas Técnicas de Reprodução (NTR) segundo esteja se exprimindo um positivismo liberal, que idealiza todos os efeitos das ciências, ou uma análise que leve em conta os determinantes, eventualmente opostos, das relações de sexo, que atravessam as técnicas. Vamos encontrar em outros pontos divisões análogas, mas nem sempre passíveis de superposição. Assim, a modificação dos sistemas de transmissão do nome exprime ao mesmo tempo o desenvolvimento dos critérios biológicos da filiação e a modificação das relações das mulheres com o sistema patronímico de transmissão do nome. Finalmente, a generalização das situações monoparentais tem como condição uma elevação relativa do nível econômico das mulheres, uma modificação de suas estratégias conjugais e matrimoniais; mas também ilustra uma "racionalização" das relações homens-mulheres muito semelhante à que prevalece na programação do filho quanto à procriação.

INTRODUÇÃO

Mesmo para quem se limita a este nível de análise, uma oposição perfeitamente nítida e extremamente polêmica se verifica entre aqueles — e aquelas — que consideram que tais evoluções ameaçam os referenciais simbólicos fundamentais da humanidade e aqueles — e aquelas — que não vêem grande inconveniente em adaptá-los em função das novas exigências e possibilidades técnicas.

Por trás dessas posições por ou contra em bloco, surge uma situação perturbadora, contraditória. A defesa da "ordem simbólica", fortemente abalada pelas procriações artificiais, implicaria que tenhamos de voltar à questão da despenalização do aborto? A questão é colocada, naturalmente, pelas práticas que foram instituídas a respeito dos embriões supranumerários.

Por outro lado, existe efetivamente uma ligação subterrânea pouco contestável entre o liberalismo reprodutor dos biotécnicos e a reivindicação difusa de uma liberdade das relações entre os sexos, das formas de sua simbolização (ou de sua não-simbolização) jurídica; ou entre a tendência utilitarista para um nome de uso (sistema de nomeação) e o uso industrial dos "materiais humanos". Mas também aqui nada pode ser considerado simples: o "nome de uso" é hoje solidário, embora não "em si", de uma modificação dos sistemas de nomeação que visa a subverter aquela que era sua dimensão incontestavelmente patriarcal.

Percebe-se que essas ligações de um ponto do campo a outro dos sistemas simbólicos, ao mesmo tempo percebidas intuitivamente e mal analisadas, tenham como efeito uma polarização geral polêmica, enfrentando contradições permanentemente.

À caricatura do discurso positivista arrogante de tantos biotécnicos responde a caricatura anticientificista de tantos especialistas de ciências humanas e a renovação da casuística jesuíta sob os traços da "bioética".

Tratando-se de problemas que dizem respeito tão diretamente às relações entre os sexos, a idéia de que comportam uma determinação inconsciente vem a se impor como uma evidência incontornável. Mas a dificuldade começa quando se trata de explicitá-la. Que contribuição pode dar a psicanálise à compreensão desse novo dispositivo que determina as identificações, através de um agenciamento inédito das funções maternas e paternas? É esta a questão.

A prudência metodológica do psicanalista nos debates sobre os novos modos de filiação é ao mesmo tempo um lembrete necessário das condições nas quais se produz uma verdade do sujeito singular na análise e uma lembrança do perigo de certas construções freudianas. Nem por isso ela condena uma interpretação que eliminasse alguns de seus pressupostos arbitrários, empenhando-se em explicitar sua relação com as observações de outras disciplinas. Mas é preciso ir mais longe. O próprio lembrete da impossibilidade de prever o que os sujeitos farão destas ou daquelas disposições históricas (genealógicas, coletivas) de sua história não é destituído de ambigüidade. Este lembrete é irrefutável no plano analítico estrito da condução de um tratamento porque supõe o sujeito — que é suposto pela análise; porque se opõe *a priori* a todo e qualquer empreendimento de tipo previsão experimentalista. Não existe trauma no absoluto, mas em relação a um sujeito, ao que ele pode dizer a respeito, às diversas adaptações que pode "inventar", nos registros da neurose, da psicose e da perversão. Lembrete útil para evitar decretar, por exemplo, que basta a ectogênese sob a forma em que é esboçada pela Fecundação *In Vitro* (FIV) para impossibilitar como tal o investimento materno ou paterno. Ou que a situação de celibato acarreta inexoravelmente perturbações de desenvolvimento do sujeito.

O limite desse lembrete é que corre o risco de evitar todo questionamento sobre uma outra manifestação do sujeito: a que preside por exemplo o desenvolvimento de técnicas que não se reduzem a eventualidades simbolizáveis da história genealógica, apresentando-se como projetos organizados. É toda a diferença entre os laços que unem uma criança adotada ao destino de duas famílias e os que unem um sujeito a um projeto biotécnico (inseminação artificial com doador — IAD —, por exemplo), sobre o qual cabe questionar-se, vale dizer, questionar o arranjo inconsciente *previamente*.

INTRODUÇÃO

À primeira vista, poderíamos considerar que a contribuição psicanalítica consiste simplesmente em estabelecer o que pode ser obtido nas condições resultantes de uma situação extremamente particular, a situação psicanalítica. Com efeito, o que sabemos, por exemplo, do funcionamento do nome próprio, das condições subjetivas da concepção, da genealogia do sintoma, da relação do sujeito com suas origens foi alcançado nessas condições limitadas, antes de passar a integrar-se a uma espécie de vulgata psicológica. E são efetivamente essas condições draconianas da situação psicanalítica que fazem com que os enunciados analíticos se distingam das opiniões que são produzidas espontaneamente (e dogmaticamente) pelo senso comum a respeito das situações de filiação. Mas é preciso frisar imediatamente a contrapartida disso, a saber, que, no que diz respeito a certas situações novas criadas (por exemplo, a procriação artificial), os elementos de inferência a partir da situação analítica são por enquanto extremamente limitados.

Não podemos, entretanto, limitar-nos a reduzir o ponto de vista analítico à estreiteza dessas condições elementares. Pois permanece o problema da relação entre as generalizações obtidas então a partir da clínica psicanalítica (vale dizer, a revelação de processos analiticamente gerais) e as formas extra-analíticas de categorização das situações de filiação (sistema jurídico de transmissão do nome, "esterilidades", divórcio...).

Isso em nada decorre, como freqüentemente se diz, do que seria o caráter absolutamente singular e mesmo supostamente inefável do que pode ser construído na situação analítica. Pois se esta permanece incontestavelmente como uma experiência singular, a teorização analítica comporta processos de generalizações, de categorização "clínica" e teórica. É claro que o próprio desenvolvimento da teoria e da prática psicanalíticas consistiu igualmente num movimento incessante de especificação, ou seja, de definição analítica de situações nas quais encontramos, sob traços particulares, processos gerais construídos pela teoria.

É portanto de certa forma inevitável que este trabalho de especificação vá ao encontro, de uma forma ou de outra, das outras formas de categorização social engendradas pelo direito, a medicina, a biologia etc. Não é muito interessante limitar uma reflexão sobre esta convergência à formulação solene e razoável dos limites interdisciplinares no contexto da polícia epistemológica. Na prática, observa-se uma situação estranha. É incontestável que a especificação analítica de certos dados a respeito da filiação é freqüentemente marcada pelo desconhecimento de suas determinações históricas e sociológicas. Em outras palavras, nem sempre é mantida firmemente a distinção entre a revelação de processos inconscientes absolutamente gerais (a identificação, o recalque, a transferência, por exemplo) e a de processos de uma grande generalidade, mas que são invariavelmente descritos deixando implícita a referência a formas históricas particulares de organização social (a função do pai e da mãe, o papel do nome do pai, a incerteza da paternidade, por exemplo). Para dizer a verdade, parece-me que até aqui esta constatação levou apenas a uma espécie de "objeção sociológica", algo acanhada, à psicanálise. Na realidade, o desconhecimento da referência a formas históricas dos dispositivos sociais deve ser considerado como um problema analítico, e não como o efeito de um "inconsciente sociológico"; como uma resistência à análise, uma resistência dos psicanalistas à psicanálise. Desse modo, o enraizamento histórico do sistema patronímico, a força dos prestígios naturais da "família", em vez de servirem, como fazem, à formação de ideais "analíticos", devem ser considerados como objetos de análise, na linha da análise esboçada por Freud a propósito das formas da religião. Não é difícil demonstrar que esta análise, esboçada por Freud, de forma alguma limita-se a dar testemunho das múltiplas formas clínicas sob as quais a experiência religiosa se inscreve na neurose, na psicose ou na perversão, antes visando, através dela, as formas da vida religiosa como tais.

Enveredamos por debates especulativos quando confrontamos "a religião", "o direito" etc. à "psicanálise". Seria necessário tentar colocar a questão de bem outra forma: como, em dado momento do estado dos saberes e das práticas psicanalíticas, será possível abordar a análise das positividades históricas representadas por discursos e práticas religiosos, jurídicos, biológicos (das formas de crença, das disposições da lei, a jurisprudência e seus considerandos).

INTRODUÇÃO

Mas há razões muito mais fundamentais pelas quais não podemos ater-nos a tais considerações. Primeiro, quer o reivindiquem ou o lamentem, os psicanalistas são parte interessada neste debate sobre as transformações da identidade, muito além dos pontos sobre os quais vêm muitas vezes a ser convidados a se pronunciar. Certos elementos da teoria psicanalítica, psicologizados, servem permanentemente de argumentos, de referência, inclusive fora dos meios "psicológicos" (função materna e paterna, separação entre reprodução e sexualidade etc.). Por outro lado, muitos psicanalistas trabalham em diferentes funções nos serviços da ASE (Aide sociale à l'enfance/Ajuda Social à Infância), em diversas instituições de saúde mental ou em ambulatórios de ginecologia. Em toda parte a questão analítica, que consiste em suster a palavra do sujeito, coloca-se em termos claros, no princípio, mas remetendo a situações de especialização extremamente ambíguas, às vezes francamente voltadas para uma adaptação do sujeito ao aparelho biomédico.

Em outras palavras, a questão do "ponto de vista da psicanálise" não é apenas uma questão de princípio, mas também uma questão de fato, dizendo respeito à existência social, material, dos psicanalistas como práticos nas sociedades ocidentais. A psicanálise também é uma operação particular que se reitera num campo social que ela contribuiu para constituir desde o início do século, animando-o com seus progressos teóricos e práticas contraditórias e com seus debates. As questões colocadas para os psicanalistas, ou aquelas que eles se colocam, são portanto um retorno dos efeitos de sua prática.

Consideremos com efeito, ainda que à custa de uma grande simplificação, o que se costuma imaginar das teses da psicanálise neste grande debate sobre as transformações da identificação. Não será surpreendente reencontrar assim os dois pólos do debate. De um lado, há os que esperam um novo arsenal de argumentos para controlar as pulsões, impor limites ao indivíduo, num momento em que os "sistemas simbólicos", especialmente religiosos, estão em crise no Ocidente. O tema impressionante, sensacional, da "castração" parece neste caso permitir esperar que, na debacle dos mandamentos, a psicanálise possa vir em socorro do pai, da família, se não do trabalho e da pátria. O aspecto cortante da "castração" é manipulado com a mesma magia de que alguns revestem a pena de morte para resolver todos os problemas. De outro, os discursos do sexual e do desejo, que foram poderosamente orquestrados no próprio interior da psicanálise, o pessimismo mais religioso que libertino no tocante às relações entre os sexos ("não existe relação sexual") e um certo flerte com as perversões alimentam um discurso segundo o qual os psicanalistas deveriam afiançar os efeitos atomizantes do liberalismo e os fantasmas de onipotência do "sujeito".

Ou bem se deseja que os psicanalistas ajudem a incriminar o inconsciente, diabolizado sob sua forma científica; ou bem que liberem cada um dos entraves representados pelas convenções históricas da família (patriarcal), da conjugalidade, do naturalismo reprodutivo que serve à reprodução forçada. Num caso, a psicanálise torna-se um meio de repressão do inconsciente — mas recalca as contradições do direito e as relações de dominação dos sexos. No outro, transforma-se em ideologia da liberação sexual e diz amém a qualquer atuação coletivamente organizada pela biomedicina em nome do "desejo".

O paradoxo analítico consiste provavelmente em conservar dessas duas figuras o que tomam de empréstimo efetivamente a sua prática — e que continua a alimentar sua aura de escândalo. Pois muito longe dessas representações reacionárias ou românticas, a prática da análise confronta com o custo do desejo e seus limites. É bem verdade que, pelo lugar que atribui ao sujeito, ela não prepara para qualquer concessão face às "ordens simbólicas", se entendemos por isso um estado dos costumes e do direito, que sempre exigiu um *credo quia absurdum* face a sua parte de fantasias. Mas os limites que o sujeito é chamado a reconhecer, os de sua finitude de mortal, de sua sexuação, de sua relação com a alteridade sexuada, nem por isso vêm a ser um produto da psicanálise: antes definem a organização simbólica do

INTRODUÇÃO

social. O analista simplesmente lhes desmonta as falhas, singulares e coletivas — nessas ou naquelas disposições do direito, das religiões ou das práticas dos costumes.

A possibilidade de sustentar a questão analítica no exame de certos dispositivos coletivos das relações de sexo vai muito além de uma discussão de metodologia, de relações regulamentadas entre disciplinas, para escapar ao psicologismo, ainda que analítico. Para que esta questão seja colocada de maneira útil, é necessário que seja bem colocada no próprio campo analítico. Deste ponto de vista, será necessário talvez inverter a perspectiva: as perturbações das funções de identificação convidam a uma reconsideração completa, muito mais que a um lembrete das certezas analíticas.

Existe para começar, na obra freudiana, e na de certos analistas pós-freudianos, uma "teoria da cultura" que já vem a ser invocada como tal pelos desdobramentos atuais das relações de sexo. Mais profundamente, entretanto, a própria construção teórica, "metapsicológica", e especialmente a teoria da sexualidade, deve ser reexaminada em sua relação com esses desdobramentos.

Considerando-se os debates contraditórios que têm curso sobre os novos dispositivos das relações de sexo, especialmente no que diz respeito à procriação, à filiação, à identidade sexual, não pode deixar de chamar-nos a atenção o fato de que os psicanalistas são tidos principalmente como garantidores do "simbólico". E no entanto a questão analítica é, numa palavra, a questão sexual. Cabe portanto supor que certos elementos atuam poderosamente para que o que realmente está em jogo na questão sexual possa passar ao segundo plano, em proveito da normalização dita "simbólica".

1. *A separação da sexualidade e da reprodução*, que encontra uma primeira formulação sistemática nos *Três ensaios*, é um dos pivôs da teoria psicanalítica do sexual. Mas é também uma tese que lite-

ralmente, à parte de sua justificação psicanalítica, corresponde à separação materialmente realizada pela biologia da contracepção e ideologicamente pelas práticas sexuais que lhe são associadas.

O alcance da separação freudiana é considerável: ele vem a definir o próprio conceito de sexualidade, seu funcionamento polimorfo, "perverso", sua capacidade de deslocamento indefinido, a homogeneidade de suas formas diretas ou sublimadas, "normais" ou psicopatológicas.

Já não costumam ser frisados, contudo, dois corolários:
— o alcance da separação afirmada é limitado na teoria freudiana pela reintrodução de uma finalização aos objetivos da reprodução biológica. A ela se associa uma vasta concepção filogenética que, por mais que a interpretemos com alguma sutileza analítica, não deixa de fazer resvalar a construção freudiana para um biologismo. O efeito mais marcante disso é a naturalização remanescente da "sexualidade feminina": a teoria da diferença dos sexos e de suas conseqüências psíquicas vem com isso a reafirmar, na teoria analítica, o lugar da mulher no discurso tradicional da dominação masculina;
— a separação da sexualidade e da reprodução abre caminho a uma interpretação do biológico — do que lhe é imputado como psíquico — a partir do inconsciente. Este ponto é absolutamente fundamental na perspectiva de um exame dos desdobramentos atuais da biologia, em suas incidências na identidade. Em outras palavras, o desenvolvimento da biologia não é biológico: racional por um lado, ele também toma uma parte de suas determinações de empréstimo ao inconsciente. Livre da hipótese (e da hipoteca) filogenética, ilustração típica do lugar do fantasma numa construção "bio-lógica", a relação inconsciente entre gerações define, na psicanálise, uma nova teoria da genealogia, da transmissão psíquica. É a partir dos levantamentos dos efeitos de transmissão intergeracional que se pode dar uma formulação nova dos efeitos patogênicos de certos traumas, passagens ao ato.

2. *O diferendo sexual.* Os limites assim revelados pela teoria da sexualidade freudiana estão ligados à maneira pela qual ela reproduz,

INTRODUÇÃO

ao mesmo tempo em que os elabora, dois pressupostos não analisados, solidários, tomados de empréstimo à ideologia dominante: a prevalência fálica e a da figura paterna, expressões da dominação masculina nas relações sociais. A racionalização metapsicológica desses pressupostos pode chegar a um refinamento extraordinário, sem poder mudar sua natureza.

Na análise que pode ser efetuada dos sistemas de nomeação, a psicanálise corre permanentemente o risco, portanto, de empenhar-se também em justificar as formas mais abertas de dominação simbólica, em vez de analisá-las. O mesmo se dá quanto à apreciação do que está em jogo na procriação, natural ou artificial, ou do transexualismo. Por razões ao mesmo tempo circunstanciais, táticas, atinentes às condições da descoberta mas sintomáticas, o aspecto principal da teoria psicanalítica da sexualidade tendeu a ser situado na introdução violenta do sexual na criança (teoria da sedução com seu corolário, a problemática do recalque). Ora, tais desdobramentos da teoria são indissociáveis de uma teoria a ser elaborada do *diferendo sexual*, vale dizer, da dualidade e da alteridade do sexual — que se exprimem inadequadamente na teoria dita da diferença dos sexos (que tem sido *sempre* até aqui uma formulação da dominação). O que logo de entrada diferencia o sexual humano das polaridades biológicas é precisamente sua referência à alteridade sexuada. Deve-se incontestavelmente a Lacan o avanço na formulação deste ponto com a teoria do desejo e da sexuação, ainda que ela não consiga livrar a psicanálise da tirania do falo. Colocando a "não-relação sexual", Lacan, prolongando certos pontos de vista freudianos sobre o caráter insatisfatório da sexualidade, sem falar da evidência comum, frisava entretanto a natureza conflituosa dessa alteridade dos sexos e a necessidade de pensá-la em termos de questões em jogo e estratégias.

3. A civilização e a "ordem simbólica". Num momento em que as formas instituídas da filiação sofrem variadas e profundas transformações, torna-se particularmente necessário definir com clareza o uso que os psicanalistas fazem da referência à Lei, à ordem simbólica. Na psicanálise anglo-saxônica, o problema foi colocado de maneira muito mais pragmática: assim foi que um Stoller interrogou-se sobre o estatuto social da homossexualidade, mas também da perversão. No campo da psicanálise francesa — e de suas colônias, nas quais, estranhamente, esse tipo de questão é colocado com menos franqueza — uma contradição é manifesta. Por um lado, destacando a dimensão dita do simbólico, estreitamente ligada à linguagem e às estruturas do parentesco, dá-se uma definição propriamente analítica da integração do sujeito à ordem civilizada. Por outro, entretanto, constata-se rapidamente que a "ordem simbólica" — que só tem sentido na dimensão da universalidade — está permanentemente saturada de traços que a vinculam a formas empíricas contingenciais, históricas do direito. Na teoria freudiana da "Kultur", a mulher ocupa uma posição secundária, em proveito da figura civilizadora do Pai. Na análise das transformações atuais, vê-se claramente como a análise pode, por este viés, ou bem entrincheirar-se num indiferentismo — o simbólico analítico é "neutro" — ou bem empenhar-se em coonestar as versões extremamente particulares da simbolização fornecidas pelos sistemas do direito positivo. Ninguém poderia negar que existe uma crise dos referenciais simbólicos, embora não seja nem de longe a primeira. Não seria possível desvendar-lhe os elementos sem admitir que ela também é um questionamento das satisfações encontradas — não universalizáveis — nas "ordens" estabelecidas.

Não existe portanto uma "ordem simbólica" capaz de resolver definitivamente a questão do diferendo sexual, e o que identificamos como uma crise não passa de um novo episódio desse diferendo. Mas esta dimensão não pode ser separada do lugar que os avanços da biologia e das biotécnicas conferem ao "discurso científico" nos remanejamentos da identidade. Uma certa diabolização da "ciência", identificada com a expressão das forças do inconsciente, faz parte há dois séculos, efetivamente, dos temas românticos; ela é pouco compatível, por sinal, com a posição freudiana, quaisquer que sejam o otimismo racionalista e o desconhecimento dos efeitos potenciais de um "biopoder" que não estava então na ordem do dia.

INTRODUÇÃO

Pode ser efetivamente que os desdobramentos da biologia abalem nossos referenciais simbólicos — à maneira, evocada por Freud, das feridas narcísicas. Modo clássico, por sinal, se pensarmos no contragolpe filosófico e político das revoluções científicas. Afinal de contas, é perfeitamente possível que a crítica positiva tenha preparado o terreno para uma abordagem finalmente desencantada da sexualidade, desprezando os compromissos neuróticos e perversos instituídos nos costumes e no direito. Mas não há a menor vantagem em opor maniqueisticamente o movimento da racionalidade científica à demarche analítica. O "discurso científico" tende a ocupar o lugar de valor de referência no "simbólico", a desvalorizar agressivamente a esfera e a verdade do "psíquico", a impor seus modos de raciocínio.

Mas não será invocando a nostalgia de ordens benfazejas de outros tempos (nas quais os pais certamente eram pais, as mães, mães, as uniões, uniões, a morte, tranqüila e bem-vinda), ordens que evidentemente nunca existiram, senão nos mitos de origem, que poderemos analisar as fantasias inevitáveis que se escoram na racionalidade científica; nem que poderemos justificar sua eventual interdição.

Não cabe portanto esperar que a referência à "dessimbolização" sirva senão como obstáculo à análise, com a grande partilha vazia que estabelece entre o passado idealizado e nossa atualidade. Será no máximo o caso de identificar aí uma maneira de assinalar o surgimento de novos arranjos das relações entre os sujeitos. Sob sua forma mais ambiciosa, nos trabalhos de Pierre Legendre, esta referência tende a promover no "direito" a figura própria para deter as transformações históricas das relações de sexo, exatamente onde a religião cristã deixou há um século de cumprir sua missão. O fato de que este aggiornamento se faça pelo "direito" decorre aliás, prosaicamente, da própria evolução do direito e de sua posição em nossas sociedades, e não de algum princípio eterno do Direito.

Arrazoando a psicanálise e sua teoria do sujeito, ele oferece-lhe a perspectiva de ser o braço secular do direito, reduzindo-a a substituir a religião num novo direito canônico para o nosso tempo.

Através de suas manifestações ligadas à procriação, à nomeação, às novas práticas parentais, o que se impõe é uma nova questão geral a respeito do *dispositivo social do sexual*. Como conduzir a análise tendo em conta ao mesmo tempo a realidade que a experiência da psicanálise impõe (o inconsciente, o desejo, a alteridade sexuada) e formas históricas que são revestidas pelas relações de sexo através do jogo dos mecanismos do mercado, das formas dos poderes e dos saberes que as regulam?

O projeto de análise do "dispositivo de sexualidade" empreendido por Michel Foucault fornece uma orientação geral que não encontrou ainda equivalente. A maior parte das questões atualmente em debate, envolvendo tanto os poderes da biomedicina, a medicalização e a transformação das condutas procriadoras quanto a das práticas familiares, são nele ordenadas em conjuntos estratégicos, tanto do ponto de vista dos saberes quanto dos poderes que constituem.

Em vez de servirem a "reprodução" e sua ordenação social para celebrar a generalidade abstrata da Filiação instituída, o papel concedido à vida, a sua reprodução, surge tal como é no Ocidente desde o fim da era clássica, a saber, o momento em que a espécie entra como algo em jogo numa estratégia política, na qual se define uma biopolítica, um biopoder. A questão do sujeito já não se reduz a uma teoria geral do sujeito, do direito; torna-se a teoria dos procedimentos particulares de sujeição ligados aos avanço do biopoder. A própria representação da Lei e do Poder, inclusive na forma em que é metaforizada na teoria analítica, surge assim estreitamente vinculada a uma forma de poder histórico, jurídico-político, instituída normativamente no século XIX, mas desde então posta em xeque pelo desenvolvimento de formas bem diferentes de poder.

As questões que a concepção foucaultiana do "dispositivo de sexualidade" pode levantar para os psicanalistas devem ser consideradas também na perspectiva do que lhes permite pensar. Podem-se fazer fortes reservas à continuidade da prática da análise com as tecnologias da confissão, se ela implicasse ser esta sua finalidade. Em compensação, não se pode negar que as condições históricas de possi-

INTRODUÇÃO

bilidade da análise se enraízam num vasto movimento de dizer o sexo, o verdadeiro sobre o sexo; que a prática da psicanálise, por sua inserção nas intervenções psicológicas, biomédicas e psiquiátricas, participa do regime moderno da norma.

Assim, em vez de enxergar nas perspectivas de M. Foucault uma máquina infernal contra a psicanálise, trata-se de utilizá-las prosaicamente, tendo em conta o fato elementar de que as operações que descrevem, que constituem o "dispositivo de sexualidade", também comportam desígnios inconscientes; de que, na visão jurídico-política da lei ou no regime de poder da norma, intervêm estratégias inconscientes. Em outras palavras, a "sexualidade", como *ars erotica* ou *scientia sexualis*, não é apenas o ponto de aplicação de um aparelho de produção da verdade momentânea do sexo; é também um certo dispositivo das relações de sexo. Deste ponto de vista, não seria justo censurar M. Foucault por descrever a história da sexualidade como se o diferendo dos sexos não existisse, já que a psicanálise, na qual se pode constatar o esforço obstinado por formulá-la, está ela própria muito distante atualmente de lhe avaliar o alcance.

A hipótese que governa os estudos que se seguem é dupla. No que diz respeito ao método, estabelece um duplo princípio: princípio de pressuposição recíproca, princípio de exame das positividades.

Princípio de pressuposição recíproca: as práticas sociais coletivas às quais se pretende aplicar o método psicanalítico comportam determinações heterogêneas ao inconsciente que devem ser descritas segundo outras lógicas e ordenadas de acordo com parâmetros analíticos; inversamente, comportam intrinsecamente a dimensão inconsciente, quaisquer que sejam os esforços de fetichização ("o direito", "a biologia" etc.) que tentam apagá-la.

Princípio de exame das positividades: a demarche metapsicológica que tende à definição de universais ("a função paterna", "materna", "o Pai") deve definir a extensão positiva de sua aplicação.

Certas noções analíticas, especialmente "a lei", "o simbólico", tendem com efeito a universalizar sub-repticiamente conteúdos positivos históricos pouco conhecidos como tais.

Quanto ao objeto, a hipótese é que o diferendo dos sexos é o aspecto determinante das formações do inconsciente, sob as formas que assume de estratégias inconscientes, singulares ou coletivas, diferentemente opostas. Trate-se de procriação, de nomeação ou dos arranjos familiares, é dessas estratégias inconscientes que se servem os outros determinantes (a extensão da forma mercante à procriação, às relações de sexo, a racionalização biomédica da vida etc.).

Enfim, considerando-se que "a psicanálise" é ela própria considerada como uma atividade social particular, uma das formas de intervenção nas estratégias das relações de sexo no Ocidente, nos Estados de direito, não surpreende tanto que uma parte importante das análises que se seguem seja dedicada ao exame de suas próprias formas de exercício positivo, nas formas que assumem no contexto da medicalização da vida por exemplo, aqui.

Entende-se também, talvez, que a psicanálise não está nem numa nova versão do lembrete religioso da "lei" nem na exploração psicológica do inconsciente.

O efeito perverso do pragmatismo psicológico consiste em proibir *a priori* como "teórica" (entenda-se "abstrata") toda solicitação das práticas mobilizadas por psicanalistas a partir do momento em que não se escore numa experiência de integração aos dispositivos médicos. Será necessário lembrar que a experiência analítica é definida pelo contexto analítico? Não optei por apresentar *aqui* os ensinamentos dessa experiência de analista à escuta dos analisandos que foram ou estão empenhados na aventura da procriação artificial. Meu objetivo nesta obra é definir tão cuidadosamente quanto possível o espaço no qual se inscreve a experiência analítica da procriação artificial.

1   O procriador e o psicanalista

René Frydman dedica o último capítulo de sua autobiografia, *L'Irrésistible Désir de naissance* [O irresistível desejo de nascimento], a desdobramentos que intitula "Medicina do desejo e desejo de medicina". É o momento em que a mente do biomédico eleva-se à reflexão ética, ante as transformações da moral e do direito iniciadas pelas técnicas da procriação artificial. O horizonte é o da agitada legião das monstruosidades possíveis: filho sem genitor identificado, caçula nascido antes do mais velho, crianças com cinco pais, gêmeos sucessivos, mães-grandes portadoras etc. Rapidamente identifica-se o resvalar da medicina: medicina do desejo. A questão da clínica já não seria: "Onde está doendo?", mas: "Que deseja?" Estranhamente, no entanto, esta pergunta, que é uma oferta (pergunte-me o que deseja), vem a ser voltada para o paciente. Supõe-se que o desejo vem do paciente, desejo ilimitado, incongruente, que a medicina teria dificuldade cada vez maior para conjurar ou conter. Esta fábula certamente não resiste a um exame. Mas é efetivamente através dela que se introduzem ao mesmo tempo a limitação "ética" e o recurso aos especialistas do desejo. "O 'que deseja?' modifica a relação médico-paciente; de quase absoluto, o poder do médico torna-se relativo; a paciente deve ser ouvida."[1] Curiosamente, no momento em que deveria ser ouvida, ela seria portanto local de vontades impensáveis. O médico então se questiona: "Que é o desejo de ter um filho?" "O desejo de ter um filho é o filho mimado dos psicanalistas, e longe estamos, em nossa sociedade, da

[1] René Frydman, *L'Irrésistible Désir de Naissance*, PUF, Paris, 1986, p. 211.

O DESEJO FRIO

situação chinesa, na qual certas fábricas afixam em murais a relação das que estão autorizadas a procriar."² Passamos sem transição do "filho mimado" dos psicanalistas ao da demanda social, e sobretudo, discretamente, do desejo ao desejo de filho. Apenas, o "clã psicanalítico" guarda silêncio: "Disposto a aceitar qualquer combinação, desde que possa observá-la (...), ele não tem *a priori* moral, mas veicula o engodo do *a posteriori*." Só uns poucos corajosos, "um bom punhado de psicólogos, psiquiatras, psicanalistas e outros psi", lembram que "a criança precisa de um modelo masculino e feminino e advertem para a multiplicação das maternidades e paternidades possíveis e para suas conseqüências na criação de filhos frágeis e desorientados".³

Em outras palavras, no exato momento em que produz ativamente uma liquidação prática quotidiana dos limites, a biomedicina vem virtuosamente recorrer a advertências do episcopado analítico: estrangulem esses desejos que são seus filhos mimados e que nos desorientam na reprodução dos nossos. Simultaneamente, a experimentação social biomédica vê-se projetada na figura do analista, observador cúmplice das combinações insólitas que saltam das provetas.

É bem verdade que de certa maneira a devolução do "desejo" ao psicanalista não passa de um retorno ao emissor. Há sérios motivos para acreditar que, se o modelo chinês não prevalece, não será por influência determinante do desejo de que fala a psicanálise. A inflação do termo desejo, sua fixação em desejo "de filho" e mesmo este absurdo desejo "de nascimento" (quem "deseja o nascimento"? a mãe? o obstetra? a criança?) fazem pensar que o desejo está, como sempre, em lugar diferente daquele onde o situa esta pergunta: "diga-nos o que eles/elas desejam"! Em compensação, o que se espera dos analistas vem a ser desta forma claramente designado. Mas este equívoco do "desejo" não será alimentado pelos próprios psicanalistas?

Pois o fato é que essas atenções intrigam. Na crise da paternidade, da filiação, da procriação, caberia esperar que a salvação venha da psi-

---

² *Ibid.*
³ *Ibid.*, p. 226.

canálise e de sua santa sé? Que se terá transferido para e na "psicanálise" para que seja possível semelhante ilusão? Quando examinamos o conteúdo de certos posicionamentos dos psicanalistas, entendemos melhor o que pode alimentá-la. As análises que se seguem são movidas pela preocupação de dar à questão analítica toda a sua dimensão no conjunto dos problemas levantados pela procriação artificial. Elas se definem em relação a duas posições que disputam o terreno.

PRAGMÁTICOS E PROFETAS

Uma primeira posição, que por sinal pode assumir formas profundamente diferentes, caracteriza-se globalmente por uma espécie de positivismo prático. Os analistas integrados a serviços de medicina que desenvolvem as técnicas de procriação artificial dão conta do que ouvem, tanto dos candidatos quando dos médicos, e levantam hipóteses sobre os efeitos das intervenções médicas. À primeira vista, esta situação nada parece apresentar de original: é atribuída aos psicanalistas nos serviços de medicina em geral, há muito tempo em psiquiatria, ou na ação social. As mesmas dificuldades são encontradas nesses locais, nos quais são objeto ao mesmo tempo de uma elaboração prática (sínteses, trabalho institucional) e de inúmeras publicações, cuja fecundidade nunca foi seriamente questionada. As dificuldades são bastante claras: delimitação da ação psicoterapêutica dos psicanalistas, de sua situação em falso em relação aos objetivos da "saúde mental", constantes mas controláveis invasões de área entre os diferentes modos de intervenção. Num plano mais teórico, tratar-se-á dos problemas colocados pela própria definição clínica (a própria idéia de uma "clínica" psicanalítica calcada na nosologia psiquiátrica merece discussão), sobretudo nas zonas onde a psicopatologia dificilmente permite deslindar numa primeira abordagem as intervenções da perspectiva metapsicológica e as da signalética social.

Em virtude disso, parece legítimo estranhar e perguntar-se em que e por que as intervenções analíticas nos setores da procriação artificial haveriam de colocar problemas particulares. Ora, queiramos ou não, é o que se dá, a julgar pela divisão de fato entre os analistas, que vai muito além das divergências de perspectiva manifestadas em outros campos práticos. Deve efetivamente existir um elemento que implique chegar-se, a propósito das "procriações artificiais", ao absurdo de um "contra ou a favor", ainda que possa ser denegado. Absurdo manifesto, pelo amálgama entre práticas médicas diferentes (FIV, IAD, doação de ovócitos, maternidade de substituição). Absurdo analítico, pois fica evidente que em ambos os casos o analista sai de seu papel.

Mas não será precisamente significativo este absurdo? Não podemos nos contentar em imputá-lo à novidade das técnicas. Sem correr risco de erro grave, podemos supor que os analistas encontram-se na mesma posição que qualquer um diante do fato de que as procriações artificiais põem em jogo algo absolutamente radical: a sexualidade e sua relação com a procriação. Tampouco aqui, entretanto, a explicação é totalmente satisfatória, pois desde a origem a sexualidade está no centro das preocupações analíticas. Isto, é bem verdade, de uma forma bastante especial, no contexto do tratamento analítico ou das psicoterapias que nele se inspiram. Nunca o objetivo de procriação dá finalidade aos tratamentos.

Acontece que a novidade está exatamente aí, na enorme força que se exerce para que uma tal representação domine a preocupação analítica, mediante o elo estabelecido com os objetivos da biomedicina, na qual esta força obscura reina absoluta, tendo por único limite seus fracassos. Quando os biomédicos acusam os analistas de imobilismo, estão à sua maneira apontando o limite radical do empirismo médico-analítico. O trabalho de inspiração analítica, limitado, fornecido por certos analistas no decurso das intervenções biomédicas, não é por si próprio mais problemático que em outros setores da medicina. Mas não pode dispensar de uma perspectiva analítica geral sobre o dispositivo biomédico mobilizado no caso das procriações artificiais.

Em que perspectivas, referidas aos ideais da psicanálise, se exerce este trabalho? A pergunta não é diferente da exigência apresentada sempre que é feita por analistas. Esta mesma preocupação estava no centro das reflexões de Freud sobre a psicanálise dita "leiga". Pode-se tentar limitar seu alcance à questão pragmática do exercício médico ou não da psicanálise (que por sinal continua sendo colocada com acuidade, em outras condições). Mas é preciso admitir que Freud multiplicou os textos nos quais o interesse da psicanálise para a "Kultur" é argumentado na esfera do que ela impõe levar em consideração. Ele se situa então numa perspectiva que, a se supor seu exercício sem concessões, positivo e problemático, tem conseqüências, especialmente face à religião na época.

O lugar assumido na vida dos humanos, nas sociedades ocidentais, pela biomedicina ocupa potencialmente o que cabia às religiões nos séculos anteriores. Deste ponto de vista, a relação que a psicanálise mantém com esta forma da cultura é uma preocupação à qual os psicanalistas não podem escapar, como qualquer comum mortal.

Os mais exigentes fazem um balanço desabusado e pessimista de sua participação nos empreendimentos da procriação artificial: interesse teórico do ponto de vista do saber, contrabalançado pelas *formas selvagens* que ameaçam a aplicação de um tal saber quando não estão reunidas as condições mínimas da análise (transferência): ajuda que se dá aos médicos, mais raramente aos pacientes.[4]

Seria possível aparentemente generalizar a mesma constatação para inúmeras situações clínicas nas quais analistas estão envolvidos, e considerar — o que não deixa de ser verdade — que as mudanças que podem ser alcançadas passam pelo trabalho modesto dos práticos sem pretensão de "reformar" a coletividade. Mas esta constatação repousa sobre um pressuposto. No fundo, sob formas o mais das vezes incompatíveis com as exigências da psicanálise, a medicina tem assumido até aqui sua vocação terapêutica. Ora, é evidente que esta mesma definição é hoje questionada. Chega a ser banal observar que a natureza terapêutica de certas práticas da PMA é insustentável. Ora,

---

[4] Sylvie Faure, Eva Weill, "La procréation assistée, la psychanalyse et la stérilité", *Psychosomatique*, n.º 15, 1988, p. 93-103.

esta evidência é negada tão logo invocada; e não tem qualquer efeito prático.

"*O tratamento psicanalítico da esterilidade só se desenvolveu, entretanto, a partir do momento, precisamente, em que os meios médicos vieram a permitir uma cura freqüente*. Os fracassos que se tornam inaceitáveis suscitam então o recurso ao psicanalista."[5] Já é problemático considerar que em virtude da "causalidade recursiva" da esterilidade, certas esterilidades seriam suprimidas *indiferentemente* pelo analista ou o somaticista, ou pelos dois. Mas o problema central da PMA continua sendo a impossibilidade de dar um sentido aceitável ao termo terapêutico: em que e por que seria a IAD, por exemplo, "terapêutica"?

O limite absoluto da racionalização das intervenções analíticas na PMA é que elas se inserem numa biomedicina cujo objetivo e cuja prática social deixaram, em certos setores, de ser terapêuticos sem confessá-lo, mas dizem respeito a outras finalidades. Esta transformação radical do quadro médico é sistematicamente objeto de denegação. Desse modo, para um psicanalista, propor-se a adquirir um saber sobre o efeito das estimulações hormonais é talvez capaz de lançar luz sobre os mistérios das relações entre o psíquico e o somático. Mas se trata de um ponto de vista experimentalista, que sem admiti-lo participa do amplo movimento pelo qual a biomedicina proporciona, na utilização da PMA, "soluções médicas" para as demandas que ela mesma suscita. Pode-se com razão considerar que é por isso mesmo mais necessário, em qualquer circunstância, sustentar a questão analítica neste terreno. Mas o silêncio que é mantido sobre a estratégia geral da "procreática" não pode ser considerado um silêncio analítico. Ele contorna a análise com uma manifestação fundamental, socialmente organizada, através da medicina em seguida à religião, ao sadomasoquismo, ao sacrifício.

No outro extremo, temos a legião dos que consideram que a psicanálise funciona como a última esperança humanista ante os empreendimentos diabolizados da ciência.

[5] *Ibid.*, p. 94 (grifos dos autores).

O PROCRIADOR E O PSICANALISTA

O discurso procede por multiplicação ofegante de perguntas-respostas do tipo "para onde vamos?". Não há prática biomédica que possa então escapar de se tornar a expressão de uma teoria sexual infantil, da ecografia à FIV, passando pela boa e velha cesariana. Não se trata de entender o que se diz e se faz nas práticas novas com sua singularidade clínica, mas de deduzir *a priori* essas práticas das categorias psicanalíticas por associação significante. É certo que a instituição das NTR, que nada tem de espontâneo nem fantasmático, tem por efeito uma extraordinária produção de discursos espontâneos, que se assemelham muito às elaborações das teorias sexuais infantis e dão um novo curso às emoções sobre as origens, na cena composta, aos olhos de todos, por Mamãe biologia e Papai medicina, com todos os pequenos parentes que com eles fazem papai-mamãe. Tais são, para começar, a cena e os jogos que se desenrolam nos debates públicos sobre a procriação artificial. Precisamos então reconhecer esta cena, e por onde é que ela nos pega.

"Assim como é metáfora de uma escapada de seus pais através do gozo na relação sexual, garantindo-lhe na cena primária de sua relação de corpos e de desejo sua posição de terceiro já excluído, assim também a criança nascida em procriação artificial corre o risco de ser apanhada numa captação, objeto tido e fabricado por seres já em ruptura de comunicação. Assim é que a soma 1 + 1 = 3 da cena primária se estilhaça numa multiplicidade de suboperações nas quais ela terá dificuldade de identificar quem é o "mais um".[6]

Mas cena primária *de quem*? Seguindo este caminho, a "cena primária" torna-se um roteiro a ser realizado pelos pais para assegurar à criança seu pequeno cálculo *a posteriori*. Esta representação é, deste ponto de vista, uma versão infantil edificante da cena primária.

Em vez de especular sobre aquilo em que se transformará a cena primária (pobre coitada!), deveríamos antes de mais nada nos entender sobre aquela que corremos nós mesmos o risco de compor de forma alucinatória. Não será ceder à tentação dos "progressos do conhe-

---

[6] Eva-Marie Golder, in *Psychosomatique*, nº 5, 1986, p. 80-81.

cimento" distinguir no mínimo a lógica dos processos científicos e técnicos das grandes imagísticas, os terrores que ela convoca: intrusões, destruições, dissociações, volatilização, explosões, penetrações, desdobramentos... operados pelos mestres da fecundidade, os feiticeiros da vida.[7]

Caso contrário, estaremos tentando, com um certo número de noções analíticas, formar uma boa (uma excelente) concepção da concepção, que não passa em suma de uma variante das teorias religiosas das origens. Podemos enxergar-lhe os ingredientes.

— A distinção entre o desejo, a demanda, a necessidade, é utilizada para colocar que o domínio biológico da pretensa "reprodução" (pois este termo carece de sentido subjetivo) reduz por si próprio o desejo à necessidade. O risco seria de não mais haver falta. A criança entraria na vida como objeto e não como sujeito. De maneira geral, o hiato, tão evidente, entre a problemática psicanalítica do desejo e a questão biomédica do desejo de filho é preenchido pelo próprio manuseio da expressão "desejo de filho", que é equívoco. O desejo sobre o qual uma criança supõe que a trouxe à vida é enigmático. Não podemos limitar-nos a saturar este enigma prescrevendo-o a uma criança sob o nome de um "desejo de filho" que daria conta da origem. É esta no entanto a vulgata que muito gravemente é evocada diante dos médicos: atenção, não confundir demanda com desejo!

— A separação entre o ato sexual e as intervenções na procriação evoca uma série de representações da relação sexual que pouco têm a ver com o espaço da sexualidade aberto por Freud. Da exclusão-inclusão do sujeito na cena primária, já agora deduz-se geralmente uma nova teoria da Encarnação, por sinal solidária do outro Mistério que é o desejo de filho. "O homem julga, em nome do saber, poder substituir a questão de saber qual é o sujeito em causa no ato da carne pelo ato da ciência que o fabricaria anonimamente, depois de tê-lo convencido de que não há segredo na vida... Esta relação com uma

---

[7] Marie-Ange d'Adler, M. Teulade, *Les Sorciers de la vie*, Gallimard, Paris, 1986.

operação definidora da ciência vem tomar o lugar da operação *nomeadora* do Espírito Santo..."[8] Seria a vocação da psicanálise reanimar o Espírito Santo?

— A "castração" torna-se então a resignação masóquica recomendada aos limites impostos pela "natureza", pela "vida". Os argumentos aparentemente analíticos que estigmatizam, em nome do respeito à finitude, os lutos não concretizados da fertilidade e o engajamento na medicalização têm o inconveniente de que podem da mesma forma ser aplicados à maioria das intervenções médicas. A questão do caráter terapêutico da procriação artificial certamente se coloca, mas é a questão de um certo tipo de relação do sujeito com a medicina — e com a biologia. A denúncia do poder incontrastado ao mesmo tempo médico e subjetivo que pretende apropriar-se do "dom" da vida decorre de uma interpretação religiosa da castração. Ela repousa na organização de uma confusão sistemática entre o que deriva do horizonte religioso e o que resulta da experiência psicanalítica. "O homem nasce da vida que se engendra na carne... a castração significa deixar-se pôr em questão pela doença, o mal-estar, o sofrimento, a morte e o que eles dizem. A ciência 'evita' as disfunções decretando a morte, em vez de aceitar o desenvolvimento da doença, em vez de reconhecer o que o crescimento, a doença e a morte dão a entender a quem ouve: que a carne de que ele vive neste mundo não é a carne de funcionamento perfeito que imagina, e sim o lugar de abertura de seu imaginário real."[9] Encenação da necessidade masóquica de submeter-se e de compartilhar o gozo insondável do Totalmente Outro suposto que proíbe que a intervenção humana perturbe seus joguinhos.

É desta forma perfeitamente possível desenvolver, em nome da psicanálise, ou pelo menos usando termos psicanalíticos, uma perspectiva sobre a procriação artificial que reintroduz friamente os elementos principais de uma representação "ingênua" da procriação,

---

[8] Denis Vasse, in *Bulletin du centre protestant d'études*, n.º 17, 1985, p. 6-7.
[9] *Ibid.*, p. 20.

exatamente a mesma que dominou no Ocidente cristão e cujos elementos seriam os seguintes:

• *A procriação é natural*: ela traduz as manifestações da natureza, ou de seu aspecto particular que é a vida. A vida transcende os humanos, produzindo-os para a existência de maneira efêmera, trazendo-os à luz malgrado seu, para em seguida levá-los à morte. Vida, natureza ou Deus, o único sujeito propriamente dito da procriação é este sujeito, Outro suposto, autor da existência e regulando de forma onipotente os movimentos da procriação.

Em sua versão antropobiológica, que se desenvolve com a biologia, o sujeito da procriação é a espécie cujo objetivo é sua própria perpetuação através dos indivíduos biológicos que ela compõe e que a compõem. A sexualidade é um dos meios selecionados por certas espécies, por sua reconhecida eficácia, para garantir esta perpetuação nas melhores condições. A obsessão que acompanha esta representação é a do desaparecimento da própria espécie, de sua extinção. Desse modo, a reprodução opera, como lei da espécie, sob a forma de uma espécie de imperativo categórico natural de "se reproduzir".

• *A procriação se exerce*, na espécie humana, no contexto de uma forma que se acredita corresponder a esta finalidade e chamada "família". As formas diversas de que pode revestir-se a família são consideradas relativamente superficiais em relação ao objetivo realizado da perpetuação ao mesmo tempo da espécie humana em geral e de determinado grupo em particular. Segue-se que todas as transformações de que a unidade familiar seria passível, podendo comprometer a realização do objetivo "natural" da família (a sobrevivência da espécie e de seu representante), devem ser reprimidas. Por outro lado, as próprias formas da organização social das relações de subordinação, de poder, de classe, derivam em última análise a sua legitimidade de seu funcionamento natural: identificam-se, qualquer que seja sua particularidade, com as formas ideais de realização do objetivo de sobrevivência.

O PROCRIADOR E O PSICANALISTA

• *Na medida em que a sexualidade é uma função natural a serviço da reprodução*, todas as formas de manifestação que se afastem da realização deste objetivo de reprodução põem em risco, para além dos indivíduos, o "corpo social", o grupo e mesmo a ordem natural. Devem portanto ser objeto de uma condenação permanente e diversificada.

Pode-se objetar que esta representação ingênua não diz muito respeito à psicanálise, que se teria destacado, pelo contrário, pela promoção de uma representação bem diferente do sexual. Mas não se pode negar que esta representação pode coabitar tranqüilamente com os estereótipos naturalistas. Precisamos portanto retomar a questão de outro modo.

A PROCRIAÇÃO E O INCONSCIENTE

Não existe reprodução humana. O grande chamado da vida, o grande rio da espécie, as sereias da reprodução são mitos. A procriação, pela qual dois sujeitos dão origem a um outro, é uma operação simbólica, organizada socialmente em todas as culturas. O processo biológico de geração lhe é subordinado. É preciso deixar de imaginar que ele operaria, nas profundezas que esdruxulamente lhe são atribuídas, e que a biologia impiedosamente nega, uma "grande obra" da vida. Nossos procriadores-assistentes têm razão ao advertir aos profetas desempregados que nada sabemos dos efeitos do *engineering* procriativo. A experiência analítica ensina entretanto, a cada dia, que as forças que sustêm o desejo, a concepção, a gravidez, o nascimento e a procriação são outras. São dominadas pela linguagem e a representação, pela relação com o "objeto" (perdido), pelas relações dos sexos identificados como masculino e feminino.

Trata-se de ter e de ser, de dar, de tomar, de guardar, de aceitar, de preencher, de roubar, de faltar, de substituir: nada a ver com a "reprodução" de nossos amigos animais. Trata-se de distinguir e ordenar gerações pela proibição, de "transmitir", mas sem nada a ver com a "vida". A pretensa reprodução repousa nos humanos numa lógica inconsciente das representações da origem: teorias sexuais infantis, com os fantasmas bizarros que as organizam, as teorias sexuais "adultas" singulares e coletivas, que lhes sucedem, o determinismo edipiano e narcísico das concepções. Reencontrar a mãe numa mulher e por sua vez fazer-lhe um filho, fazer amor com o pai disfarçado na pele de um homem, gerar-se a si mesmo, rivalizar com a mãe na concepção, etc., são muitas as variedades de operações que se apropriam da atividade reprodutora para seus próprios fins; ou que fracassam neste empenho, tanto no registro da atividade sexual, descontrolada e proibida, que dela se separa, quanto no da procriação, impedida ou compulsiva, mas nunca por isso mesmo "natural". É bem possível, secundariamente, que se tenha tentado mitologizar novamente as pulsões, no sentido em que a psicanálise as encontra, fragmentadas, singulares, em vastos conjuntos fetichizados (pulsão de vida, pulsão de morte). Mas essas perspectivas, que nos mergulham novamente na grande corrente da espécie, trocaram decididamente o terreno trivial da psicanálise pelos horizontes ilimitados das emocionantes transcendências.

Que conseqüências extrair da experiência analítica mais comum e de suas sutis teorias da sexualidade, conseqüências que possam esclarecer certos elementos dos debates sobre a procriação artificial, em vez de transformá-la ou bem em racionalização psicológica (os pragmáticos), num taylorismo do inconsciente, ou bem em subproduto da ideologia religiosa?
    Quando se mobilizam os aspectos principais de uma concepção analítica da procriação, o que se espera é esclarecer e avaliar as transformações que a procriação artificial introduz. Ora, a própria matéria de que é feita esta argumentação analítica constitui problema. Podemos identificar tantas denegações psicopatológicas, extremamente comuns, quantos são os aspectos principais da procriação segundo a psicanálise: denegação da diferença dos sexos, das gera-

ções, do papel da sexualidade na reprodução, fantasmas de geração, etc.[10] Mas a dificuldade de semelhante psicopatologia reside em sua excessiva generalidade, consiste em pôr no mesmo plano, implicitamente, fantasmas ou desvios que *podem* efetivamente manifestar-se neste ou naquele sujeito e dispositivos biomédicos, procedimentos que precisamente ainda está por demonstrar que só podem ter como fundamento esses fantasmas.

Na imensa maioria dos casos em que este argumento é usado, supõe-se com efeito o problema resolvido; como o psicanalista enuncia logo de cara que "a biologia" está cheia de forças "inconscientes" que põem em risco os referenciais fundadores do humano, e que ele é especialista das profundezas, como contradizê-lo? Mas se mergulha também em plena arbitrariedade. Sem render-se à exigência neopositivista de refutabilidade (pelo menos tal como geralmente apresentada), as inferências analíticas de forma alguma escapam ao domínio do discutível e do determinável — caso contrário, melhor seria recorrer mesmo à demonologia religiosa em suas formas tradicionais, que já demonstraram, se não sua racionalidade, pelo menos sua resistência. Uma distinção elementar se impõe. Existem forças que se empenham, *a todo momento*, em comprometer a instauração do universo simbólico e de suas diferenciações; por exemplo, elas tendem a reduzir a paternidade ao "biológico" (mas também a maternidade); a apagar a diferença sexual (o caso bissexual ou hermafrodita); a ligar homens e mulheres no sadomasoquismo; a apagar a proibição do incesto, sob inúmeras formas.

Mas a referência a esta grande questão da simbolização não nos faz avançar na análise dos fenômenos atuais da procriação artificial. Esta não se manifesta na era clássica, não se liga na transgressão ao hermafroditismo de ontem, mas à transexualização medicinal de hoje. Não se inscreve na família do século XVIII, mas nas "situações familiares" da segunda metade do nosso século. Cabe portanto perguntar,

---

[10] Guy Rosolato, "La filiation: ses implications psychanalytiques et ses ruptures", in *Topique*, "Quels droits pour la psyché?", n° 44, 1989, p. 173-191.

isto sim, que forças se aplicam hoje, sob as formas particulares que assumem, sobre os vetores da simbolização.

Não é a alienação recíproca eterna do homem e da mulher que dissocia hoje os casais, mas os efeitos longínquos dos mecanismos do mercado. O que separa a sexualidade da reprodução é a contracepção química. A substituição das funções parentais pelo Estado, na forma de um sonho paranóico, tem toda uma história: ela expõe à luz do dia a ausência de naturalidade da função paterna; mas é o eugenismo mole de hoje que cuida de nós, aquele que, ao contrário de seu modelo político clássico, repousa na erotização do "casal" autônomo e das fantasias quanto ao *look* genético.

É preciso admitir que a biologia, disciplina positiva, e seus dispositivos de verdade e de poder (e não "a ciência") existem; que as leis (do Estado republicano), há um século, existem (e não a Lei); e que a investigação analítica não se pode limitar a pronunciar que "a Ciência foraclui o Pai" suposto até então levado em consideração. Se o objeto é efetivamente interpretar os elementos inconscientes das "novas técnicas de reprodução", devemos partir da constatação de que se trata de um fenômeno social; não de uma pequena fantasia singular, mas de uma prática coletiva, endêmica, que por mais sintomática que pareça põe em jogo duas realidades: o saber e a técnica científicos, por um lado, e por outro as relações de sexo.

No caso da psicanálise, a referência generalizante à "técnica" ou à "ciência" mobiliza com excessiva facilidade uma história imaginária que conduz à procriação artificial, no mesmo estilo profético de certas estigmatizações filosóficas da técnica. Compreende-se a emoção do psicanalista: afetar o equilíbrio da procriação, que lhe parece tão delicado, com os dedos pesados das NTR vem a ser uma verdadeira provocação — que deveria ser ouvida, inclusive no que toca ao analista. Acontece que nem sempre fica claro que ela não o esteja surpreendendo exatamente onde a psicanálise, com suas palavras, serve sobretudo a uma identificação com os ideais da tribo. O trabalho de Monette Vacquin sobre Frankenstein, absolutamente interessante pelo que nos revela da elaboração singular de um mito moderno, tropeça nessa dificuldade, ao empreender uma historização do caso da procriação artificial.[11]

É bem verdade que o ilustre precedente de *Moisés e o monoteísmo* e de *Totem e tabu* pode encorajar a reconstituir o que se transmite dos acontecimentos históricos para o inconsciente. Mas, sem falar dos impasses existentes sobre esses dois textos, se quiséssemos usá-los como modelos de uma história psicanalítica,[12] bem podemos perceber as dificuldades da empreitada.

O encadeamento que conduz da Revolução (francesa) a 1968 e à PMA, passando pela ciência positiva e o nazismo, representa toda uma série de etapas do que é apresentado como um vasto movimento de "des-simbolização" desembocando na barbárie nazista e na PMA. Para que serve realmente a psicanálise num tal esquema? Ela evidencia os elementos de rivalidade entre as gerações e os sexos, os pais revolucionários e os filhos e filhas românticos, os pais da guerra e os filhos de sessenta e oito. Mas a noção de "dessimbolização", que serve para atravessar dois séculos de história, repousa sobre uma visão naturalista e idealizada das relações entre os sexos e as gerações. A revolução também é a revolução dos direitos humanos e não a imagem da decapitação de um soberano cujo caráter pouco "paternal" é precisamente o que lhe custou a cabeça.[13]

A história dos dois últimos séculos não se reduz facilmente a "desmoronamentos simbólicos" em cascata. A não ser que se identifiquem, naturalmente, ao "simbólico" os equilíbrios (supostos) da sociedade pré-revolucionária cristã. Mas a história política, jurídica e científica representa um movimento complexo de simbolizações que nada tem a ver com as imagísticas do progresso.

---

[11] Monette Vacquin, *Frankenstein ou les délires de la raison*, Bourin, Paris, 1989, p. 18-20.
[12] Michel Tort, "L'espèce analytique", *Psychanalystes*, número especial "Vivants et mortels", 1987.
[13] Jacques André, "Symbolisation de la figure royale", *Psychanalystes*, nº 33, 1989.

A recorrência de certas análises a respeito das relações entre o nazismo e as NTR levanta as mesmas dificuldades. Não é certamente por acaso que a experimentação nazista, que é um dos aspectos da exterminação, volta à memória toda vez que uma prática de investigação se choca com nossas representações. Mas esta lembrança nem por isso poderá servir de explicação iluminadora do desenvolvimento de técnicas de procriação artificial em geral. Assim, a tese principal de Gérard Huber é extremamente simples: ela associa as condições de surgimento da procriação artificial historicamente ao efeito inconsciente do Holocausto. "A técnica contemporânea fornece os meios de se desfazer do coito ao qual é associado inconscientemente o campo imaginário das identificações inconscientes com as vítimas e os carrascos nos campos da morte."[14] O objetivo da fecundação externa, *in vitro*, seria liquidar uma internalidade que se tornou insuportável, *lavar* o coito infernal associado ao Holocausto.

Esta perspectiva apresenta o interesse de cortar pela raiz uma visão intemporal da procriação artificial, situando-a num espaço de gerações, e não na fábula do tempo cumulativo da história irresistível das ciências. Mas caberá admitir que a deturpação da experimentação com o homem representada pelo nazismo abriu caminho no imaginário para as operações das procriações artificiais com o homem? Não podemos considerar como uma interpretação psicanalítica uma inferência como a de que "*para esta geração* o coito parental foi associado aos campos da morte". Trata-se de uma proposição especulativa sobre a origem. Analisar as "determinações inconscientes do projeto pré-consciente que esta geração teve a possibilidade técnica de realizar" pressupõe um acesso empírico a essas determinações, vale dizer, e antes de mais nada, muito provavelmente a uma extrema diversidade de situações subjetivas que veda toda generalização desse tipo. Como definir, e para quem, "o coito depois do Holocausto"?

Ao mesmo tempo, essa construção, ainda mesmo na eventualidade de que tenha sido concebida, levanta um problema perfeitamente real.

---

[14] Gérard Huber, "L'énigme et le délire", *Osiris*, 1988, p. 55.

O PROCRIADOR E O PSICANALISTA

É possível que nada nos ensine de efetivamente sustentável sobre os efeitos do Holocausto em geral, e por "uma geração". Mas atesta a transmissão de um traumatismo histórico, condição dessa representação. Para definir os elementos implicados na PMA e submetê-los à análise, é portanto necessário levantar previamente várias hipóteses que surgem no segundo plano dessas posições analíticas.

A SOMATIZAÇÃO DO SINTOMA, QUESTÃO DA MEDICINA

Admitamos que a separação entre a ordem sexual psicanalítica e a da reprodução, cuja radicalidade evoquei, deva ser dialetizada. Primeiro, porque a afirmação dessa separação faz eco a um estereótipo inverso cuja pertinência M. Foucault pôs em causa. "A idéia, por exemplo, de que freqüentemente se buscou, através de diferentes meios, reduzir todo o sexo à função reprodutora, a sua forma heterossexual e adulta, a sua legitimidade matrimonial não leva certamente em conta os múltiplos objetivos visados, os múltiplos meios mobilizados nas políticas sexuais que afetaram os dois sexos, as diferentes idades, as diversas classes sociais."[15] Por outro lado, é verdade que, na teoria freudiana, a função sexual permanece, sob certos aspectos, vinculada à função de reprodução: no esquema do "desenvolvimento" sexual, em sua finalização manifesta pelo objetivo de reprodução quando se trata da sexualidade feminina, etc. Toda uma parte da construção freudiana, que desenvolve a hipótese filogenética, define uma articulação entre o campo sexual e o da reprodução. Podemos enxergar nesses dois dados os limites da teorização freudiana, uma maneira de ficar aquém das implicações de seu conceito do sexual, e uma maneira de participar da ideologia dominante biológica (darwinismo) ou política. Cabe entretanto manter na memória a coexistência, no fundador da psicanálise,

---

[15] Michel Foucault, *La Volonté de savoir*, Gallimard, Paris, 1976, p. 136-137.

da formulação de um conceito novo do sexual com uma confiança inabalável na biologia que seria talvez presunçoso considerar incuravelmente ingênua, uma vez enunciadas todas as reservas que se podem nutrir em relação a seu otimismo cientificista. Além disso, ainda que seja oportuno frisar a subversão que o sexual representa em relação à "naturalidade" da função de reprodução, é preciso ser prudente quanto a esta "naturalidade", em processo de artificialização acelerada. Inversamente, se queremos afirmar que o sexual, por sua ligação com a linguagem, funciona sem se preocupar com os objetivos da reprodução nos registros pulsionais mais diversos, podemos perfeitamente opor-lhe uma sexualidade "natural" de reprodução submetida às finalidades da espécie. Mas isso não faz com que a própria permanência da excitação sexual possível, a possibilidade de um comércio sexual generalizado, permanente, sejam características biológicas do vivente humano, ainda que "falante".[16]

Além do mais, uma separação muito demarcada entre sexualidade e reprodução esbarraria no fato de que, sem qualquer necessidade biológica identificável, o fantasma de cena primária, que representa a essência do sexual, comporta uma referência às próprias condições da origem do sujeito no coito parental. Não é por acaso que se fala de cena primária e não de cena de reprodução: o pensamento do sexual, inclusive da origem do sexual, é heterogêneo à "reprodução". Mas ainda assim esta cena visa uma realidade que está relacionada ao que podemos definir positivamente como reprodução. O lugar do sujeito é representado como exclusão, ao passo que a reprodução é um processo sem sujeito, que portanto apaga a representação de origem veiculando o sujeito.

Em suma, não cabe enrijecer uma espécie de antagonismo entre a biologia como tal e a psicanálise. Certas especulações freudianas devem ser postas em seu devido lugar, desde que não se procure a todo custo salvar-lhes a integralidade em nome de um respeito feti-

---

[16] Maurice Godelier, "Inceste, parenté et pouvoir", *Psychanalystes*, nº 36, 1990, p. 33-53.

chista do menor texto freudiano. Não há nada a esperar da paleontologia psíquica, senão invertendo-a: ela ilustra, com efeito, certos aspectos do biológico, permitindo-lhe a interpretação analítica.

Uma boa parte das dificuldades do "biologismo" refere-se com efeito à fascinação pelo modo de transmissão atribuído a elementos fantasmados muito antes de serem identificados cientificamente (genes). Nada impede então que consideremos que ao lado do mecanismo de reprodução biológico existe uma constrição pulsional psíquica da "reprodução narcísica", da autogeração, ao lado dos determinantes edipianos da procriação. Sua força explode nos delírios de filiação.[17]

Da mesma forma, a separação-conjunção do sexual e da reprodução abre assim a perspectiva que o biologismo freudiano mais intercepta do que realiza através de sua referência dita metafórica à biologia (especialmente filogenética). A questão toda consiste em saber até que ponto a representação biológica pode ser considerada como "metafórica". Mas é preciso transformar os termos do problema. A descrição biológica do real do vivo não pode ser considerada como metafórica — e é inclusive seu caráter des-metaforizante que provoca viva oposição. Em compensação, não é certo que o *discurso* biológico — a filosofia do vivo que se escora nessa descrição — esteja isento de metáforas, suscetíveis conseqüentemente de uma interpretação.

Muito aquém de certos equívocos da teorização do pensamento freudiano, entretanto, o lugar do "biológico" deve ser identificado num plano infinitamente menos especulativo. De um século para cá, não são as relações teóricas abstratas da psicanálise com a biologia que constituem problema, mas as relações práticas da psicanálise com a medicina. A medicina está muito longe de desfrutar em Freud do mesmo tratamento que a biologia. Da histeria à "psicossomática", passando pela psicose, desde o primeiro momento da separação entre Freud e Fliess, a psicanálise representa uma estratégia antagonista à

---

[17] Jean Guyotat, *Mort/naissance et filiation*, Masson, Paris, 1980; Guy Rosolato, "Le père dans le système génératif de la paranoïa", in *Éléments de l'interprétation*, Gallimard, Paris, 1985.

que dominou, e continua a dominar, a medicina, inclusive na referência ao "terapêutico". Este antagonismo pode ser elaborado, adaptado, mas não pode ser negado.

O debate sobre as procriações artificiais representa um episódio dele, por sinal fundamental. Para o psicanalista, ele não opõe a "ciência" e o irracionalismo religioso ou pós-religioso: ele coloca o problema de um tratamento psíquico, positivo e racionalista, e do lugar que lhe é atribuído no imenso empreendimento de *somatização do sintoma*, que nada prova ser a forma inelutável a ser assumida pela medicina.

A ORDEM SIMBÓLICA É SEXUADA

A segunda hipoteca a levantar, para situar a psicanálise no debate sobre as procriações artificiais, diz respeito à referência ao "simbólico", noção que ela contribuiu para promover, de mãos dadas com a antropologia (principalmente sob sua forma estrutural). Pois esta noção apresenta um inconveniente importante num contexto tão fortemente dominado pelos dados sexuais quanto pelas questões de procriação. Ela tende, desde a origem, a ligar indissoluvelmente a proclamação da natureza social, cultural do parentesco à afirmação da necessidade de estrutura da dominação masculina e da figura do Pai.

Se o sexual se separa da procriação por sua determinação de linguagem, as relações entre sexos e gerações são relações simbólicas, não biológicas, repousando na definição de diferenças e de relações, na proibição de certas relações, na manutenção das diferenças de sexo e de geração. Psicanálise e antropologia se encontram, em dois modos diferentes, em torno da definição dessas relações de parentesco e filiação, e das proibições que as constituem. Mas também têm em comum um duplo problema espinhoso que diz respeito ao lugar do pai na definição do parentesco e da filiação, e ao que convém atribuir à dominação masculina. Para alguns, a prevalência simbólica da paternidade e a dominação masculina são elementos de estrutura que condicionam o exercício do parentesco. Na formulação da interdição do incesto pela psicanálise, encontramos a posição antropológica definida por Claude Lévi-Strauss:

Pois a proibição do incesto garante o afastamento radical, para os dois sexos, da origem uterina, vale dizer, o distanciamento que lança o desejo para um futuro e para uma outra direção, em busca de um desconhecido diferente daquele, dessa forma vedado, da mãe. A exogamia, neste sentido, pelo menos em nossa civilização, abre para as alianças, as trocas sociais e econômicas. Esta interdição, que acusa a diferença das gerações, tem a vantagem de acasalar os indivíduos segundo sua própria ordem de atrativos e de potência sexuada, segundo a mesma idade, afastando as fixações, provenientes da infância, nas mães cuja fecundidade está defasada.[18]

Lá onde a antropologia fala de ruptura radical necessária com a natureza, o psicanalista faz surgir a figura da separação da mãe, e à "cultura", ao pensamento simbólico, responde a figura paterna.

Por outro lado, como afirma Lévi-Strauss em 1956, a dominação masculina é fundada num dado simbólico: "A emergência do pensamento simbólico exigiria que as mulheres, como as palavras, fossem coisas que se trocam."[19] Esta posição é reafirmada por Françoise Héritier-Augé: "Julgamos ter encontrado a resposta num princípio, provavelmente universal, de domínio do masculino sobre o feminino, domínio que se exprime abertamente na maioria das terminologias-tipo conhecidas, inclusive nas que acompanham regras de filiação matrilineares."[20] A esta necessidade do "pensamento simbólico" corresponde, do lado psicanalítico, a afirmação da necessidade da imposição do nome do pai.

[18] Guy Rosolato, "La filiation, ses implications psychanalytiques et ses ruptures", art. cit., p. 192.
[19] Claude Lévi-Strauss, Le Regard éloigné, Plon, Paris, 1956.
[20] Françoise Héritier-Augé, L'Exercice de la parenté, Gallimard, Paris, 1981, p. 11.

O uso da imposição do nome do pai se explica por uma escolha necessária na igualdade das duas linhagens, sem o que a criança tomaria ou bem o nome do pai da mãe, o que seria para esta uma fixação edipiana redobrada, ou bem o nome da mãe, o que afastaria todo pai de uma matrilinearidade onomástica dominante. Nos dois casos, o pai se apagaria diante de uma atração matricial irredutível, sem a separação simbólica, indispensável para os dois sexos.[21]

Podemos entretanto questionar a natureza estrutural dessa prevalência do pai (no parentesco) e do homem (na filiação), tanto na antropologia quanto na psicanálise. Que alcance estamos conferindo à dominação masculina ao declará-la "universal", quando esta universalidade é afiançada pelo biológico? A partir do momento em que se insiste no fato de que nenhuma instituição no mundo é biologicamente fundada natural, ela seria então necessariamente "universal".

A dificuldade de abalar o axioma lévi-straussiano da troca das mulheres, sem falar da concepção da cultura que lhe é solidária, nada tem de surpreendente. E quase poderíamos superpor esta ou aquela passagem da famosa 21.ª Conferência de Freud sobre a feminilidade[22] e o momento em que Lévi-Strauss consola as mulheres sobre a virada do simbólico: "Muitas leitoras podem ficar chocadas de ver mulheres assimiladas a bens de uso."

Uma crítica do impositivo lógico lévi-straussiano conduz não apenas a um questionamento de seu rousseauísmo como a um resultado paradoxal, interessante para o psicanalista, que surge claramente na investigação atual de Maurice Godelier: dar novamente ênfase ao perigo representado pelo sexual para a reprodução social, fundamento de sua interdição.[23]

Questionar e interpretar o papel atribuído ao "falo", em nome do pai, numa parte importante das teorias psicanalíticas encontra resis-

---

[21] Guy Rosolato, "La filiation...", *art. cit.*, p. 189.
[22] Sigmund Freud, *Nouvelles Conférences*, c. XXXIII.
[23] Maurice Godelier, "Inceste, parenté et pouvoir", *art. cit.*

O PROCRIADOR E O PSICANALISTA

tências que nada ficam a dever às anteriores. Esta "troca simbólica" e sintomática, troca entre antropólogo e psicanalista, foi aliás apresentada com um humor ambíguo pelo antropólogo: onde a teoria do significante surge como uma variedade recente das construções míticas, em tudo análoga às da Nova Guiné:

> Se a Nova Guiné adere como nós aos princípios "patriarcais" que explicam que tenhamos com ela situado o homem sob a bandeira da lei, e a mulher sob a do indecidível e da subversão, ela não deixa de estar, entretanto, um pouco adiantada em relação a nossa mitologia, pois entendeu que a contingência e a entropia, contra todas as aparências, não estavam do lado da mulher, mas do da lei.[24]

Assim, a tentação principal é considerar a afirmação da natureza simbólica do parentesco, da interdição do incesto, das diferenças de sexo e geração, que são com efeito dados universais, como solidárias da prevalência do pai e da dominação masculina, que são formas de relações históricas destinadas a desaparecer e que já entraram em declínio.

EXISTE UM INCONSCIENTE DO DIREITO

A terceira hipoteca, que reforça a anterior, tende a uma identificação das finalidades do direito (em geral) e da psicanálise. Os trabalhos de P. Legendre avançaram sempre mais sistematicamente nesta direção. Deixemos aos juristas o cuidado de apreciar até que ponto encontram sua disciplina nessa operação. Em compensação, o interesse acentuado, para não dizer o fervor ávido, com que os psicanalistas acolhem a empreitada causa perplexidade.

---
[24] Stéphane Breton, *La Mascarade des sexes*, Calmann-Lévy, Paris, 1989, p. 197-198.

Uma das teses fundamentais de P. Legendre, desde *L'Inestimable Objet de la transmission*, é que o tema fundamental do direito é a reprodução. A promoção da genealogia é vinculada a uma gênese teórica do poder. "A regra das copulações no interior do gênero humano é abordada como se o poder, enquanto Referência necessária ao direito, precisasse, para adquirir consistência em seu ser próprio, alimentar-se da reprodução humana. Sem a produção das gerações humanas, não haveria poder pensável nem regra."[25]

Podemos imediatamente observar que dois problemas são assim confundidos logo de início: um diz respeito às relações do poder e do direito, o outro, às relações entre o direito e a reprodução. Admitamos, se se quiser, que a questão de instituir a *separação das gerações* pelas estruturas do parentesco seja com efeito um dado absolutamente geral. Trata-se de uma constatação antropológica que deixa aberta, por um lado, a questão de saber como cada sociedade se relaciona com a "espécie humana", e por outro, a do poder. Ora, a demarche de P. Legendre parece efetivamente fazer da "reprodução", da questão da reprodução, a própria mola do "poder" em geral, na ótica de uma espécie de teoria geral do poder. Não cabe assim estranhar que não obstante sua aplicação a momentos históricos, a doutrina da Referência seja profundamente a-histórica e se assemelhe a essas grandes construções da era clássica que fundamentam o direito natural, nas quais cada teórico projeta, na passagem do estado de natureza ao estado de sociedade, a versão que corresponde ao estado das relações políticas de sua sociedade e que convém a suas próprias utopias. Mais precisamente, cabe perguntar se a versão particular dessa gênese teórica esboçada por Legendre não repousa na idéia de utilizar a teoria analítica da subjetivação (o édipo, a castração) como fundamento de uma teoria do poder.

Ora, não vemos muito por que a ordenação universal das gerações através dos sistemas do parentesco haveria de servir de *base* ao

---

[25] Pierre Legendre, *L'Inestimable Objet de la transmission*, Fayard, Paris, 1985, p. 252.

exercício do poder. Que as relações sociais venham dominar as formas das relações de parentesco é outra coisa, a cujo respeito por exemplo os trabalhos de M. Godelier esboçam uma problemática nova.[26] Mas a relação estabelecida entre poder e reprodução da espécie faz parte dos modelos mais antigos do poder — e não tem a menor necessidade de passar pela referência às estruturas da genealogia. M. Foucault começara a explicitar-lhe a genealogia no Ocidente.

O poder pastoral é fortemente ligado às sociedades orientais antigas, mais que às sociedades políticas da Grécia e de Roma, pelo menos no que diz respeito ao modelo do político que associa indivíduos divididos. Ele se define pela preocupação de velar pela vida dos indivíduos. M. Foucault mostra como este tema é retomado na literatura cristã para definir a vigilância dos atos dos indivíduos, um estado de obediência total individualizando as ovelhas, através da direção de consciência, e levando-as a operar sua própria mortificação, que lhes abrirá as portas do outro mundo. Os corpos de doutrina da razão de Estado e da polícia prolongam, na época moderna, as formas de exercício do poder assim desenvolvidas no poder pastoral, introduzindo uma outra racionalidade política.[27]

Podemos tirar certas conclusões. A primeira é que, a título de teoria do poder, a problemática de Legendre sucede às representações mais arcaicas do imaginário pastoral no Ocidente. Entende-se sua irritação com a "sociedade industrial", cujas formas políticas, vale dizer, as estruturas de poder, evidentemente nada têm a ver, em sua complexidade histórica, com o robusto modelo do Deus-Pastor-Referente e das ovelhas.

Segunda conclusão: a psicanálise é alinhada à força nessa operação reacionária, na medida em que lhe dá um aspecto de novidade, de atualidade, mediante adaptações sistemáticas. Assim como a antropologia não fundamenta suas análises das estruturas de parentesco nas perspec-

---

26. Maurice Godelier, "Inceste, parenté et pouvoir", *art. cit.*
27. Michel Foucault, "Omnes et singulatim", *Le Débat*, nº 41, 1979.

tivas supostas de "conservação da espécie", assim também a psicanálise não faz do édipo a simbolização garantidora da perpetuação adequada do phylum humano; ela nada tem portanto em comum com essa variedade de psicossociobiologia na qual Legendre a transforma.

Não basta produzir a coisa humana, é preciso instituí-la para que ela viva, para que a vida se reproduza... o horizonte de um tal estudo é que a sociedade possa ser *também* entendida como figura da espécie. As técnicas da filiação enraizadas nas necessidades próprias ao animal falante são a resposta social ao imperativo de diferenciação de que dependem a vida e a reprodução da espécie humana.[28]

Voltamos a encontrar aqui a identificação com a "vida", com a "espécie" e até seu poder de "diferenciação" compartilhado pelo naturalismo e o artificialismo que não passa de sua... diferenciação.

Mas podemos nos perguntar a que título falar pela "espécie", identificar-se com esta identidade específica natural brandindo a ameaça, como sempre, de seu desaparecimento, de sua catástrofe. Nenhum dos empreendimentos que, historicamente, fizeram avançar o direito, os direitos da humanidade, procedeu, em suas diferenciações, em nome da espécie, mas sempre do respeito dos humanos como membros de uma comunidade de palavra, de suas diferenças (étnicas, religiosas, de seu sexo, etc.). Que relação *essas* diferenciações terão com o objetivo da "reprodução", "para que a vida se reproduza"? À parte os humanos, ela se reproduz sozinha e nunca precisou da palavra para "se reproduzir". É preciso escolher entre a celebração da reprodução e a da palavra que abre uma outra ordem. De modo que a pergunta deve ser invertida, tornando enigmática a referência à vida, à espécie.

A identificação com um e com outro deve ser descrita como fantasma, versão da cena primária na qual "espécie", "vida" nomeiam o enigma dos pais e de seu coito para o falante. Provavelmente poderia-

---

[28] Pierre Legendre, Prólogo "Analecta", in A. Papageorgiou-Legendre, *Filiation*, Fayard, Paris, 1990, p. 10.

mos explicar assim o sucesso do "discurso da vida" que fala metaforicamente esta cena, que *celebra* "a espécie que ultrapassa todo sujeito".[29] Desse modo se esclareceria a tonalidade violenta, o martelar profético desse discurso... "É preciso então repisá-lo... também é preciso repisar isto...",[30] pelo qual a identidade com a espécie todopoderosa faz com que sinta sua própria transcendência o sujeito descarado, suspeito de se autofundar... na palavra!

Consideremos um pouco a tese segundo a qual a função das categorias jurídicas seria "levar cada geração a reconhecer o édipo".[31] Ela identifica pura e simplesmente o que os psicanalistas chamam (problematicamente) de "castração simbólica", que designa uma experiência simbólica singular, no contexto da relação com os pais, ao próprio efeito das categorias jurídicas.

Esta identificação é legível na formulação por P. Legendre das operações do direito, na qual nenhum jurista, por sinal, reconheceria o enunciado jurídico: "manobra", "impor à força", "infligir", "enfiar na cabeça", "ferir na carne viva", "ferir o inconsciente de palavra", etc. Ou ainda: "A humanidade progride à força de incestos limpados."[32] A cena permanentemente esboçada, cena primária do direito, é a seguinte: ou bem a genealogia impõe "implacavelmente" sua ordem jurídica ao desejo inconsciente, ou é a loucura, a psicose![33] A questão analítica é simplificada por sua estada entre os doutores da lei, os Pais da Igreja, e o direito canônico, modelos de legislador. A verdade da psicanálise é reduzida a esta palavra de ordem, injetada no direito: fora do Pai, é a loucura. A questão de saber como os sujeitos se adaptaram às fantasias deste ou daquele Pai da Igreja não se coloca. Os historiadores mostram a complexidade das estratégias, singulares e coletivas, desenvolvidas pelos sujeitos face às elucubrações da

---

[29] *Ibid.* p. 16.
[30] Pierre Legendre, *op. cit.*, p. 10.
[31] *Ibid.*, p. 13.
[32] Pierre Legendre, *L'Inestimable Objet de la transmission, op. cit.*, p. 320.
[33] *Ibid.*, p. 88.

Igreja cristã em matéria de sexualidade.³⁴ Mas o inconsciente é para P. Legendre uma espécie de cilada infernal, incestuosa, a ser limpa com a vassoura da lei.

Por outro lado, se a experiência da psicanálise mostra alguma coisa, é justamente que jogar apenas com a genealogia, no sentido de sua inscrição jurídica, oficial, a dos sistemas de parentesco refinados, não permite de modo algum a simbolização de seu lugar do sujeito. A "genealogia" de que se trata na psicanálise, nos processos de geração,³⁵ pressupõe as relações de parentesco, mas de modo algum reduz-se a elas. Caso contrário, aliás, qual seria a necessidade do trabalho dos psicanalistas?

Como pensar, por exemplo, que o que P. Legendre define como "permutação simbólica"³⁶ opera apenas pela existência das categorias jurídicas que distinguem pai e filho? A operação de P. Legendre consiste, mediante extraordinário esforço, em transferir inteiramente a "simbolização" para a esfera jurídica, como se se tratasse de vacinar selvagemente as populações contra o incesto e o inconsciente. Este último parece resistir ao tratamento. O incesto de que se trata na psicanálise e o inconsciente que a ele se liga caminham de par, por definição e estrutura, com a operação do parentesco. Imaginar que seria possível, pelo sangue e pelo fogo da lei, se não do direito, livrar-se do inconsciente é o devaneio feroz que encontramos no princípio dos apelos ao legislador, aqui nas grandes manobras da reconstrução genealógica da paranóia,³⁷ acolá na limpeza fóbica dos horrores da sexualidade pela pressão do direito.

Pode-se por sinal avaliar o alcance da esterilidade dessas admoestações solenes e virulentas, desse culto da lei-pai, quando são confrontados aos problemas atuais da procriação artificial. Assim, fustigam-

---

³⁴ Pierre Darmon, *Le Tribunal de l'impuissance*, Seuil, Paris, 1985.
³⁵ Michet Tort, "L'argument généalogique", *Topique*, n° 38, 1986, p. 69-86.
³⁶ Pierre Legendre, *L'Inestimable Objet de la transmission, op. cit.*, p. 298.
³⁷ Guy Rosolato, "Le père dans le système génératif de la paranoïa", *Psychanalyse à l'Université*, n° 18, março de 1980, t. 5, p. 225-251.

se as práticas "individualistas" dos "úteros de aluguel", que na realidade expõem cruamente a verdade do mercantilismo aplicado à procriação, assim como o tráfico de órgãos ou de materiais humanos. Mas é para opô-los à "função genealógica da mãe" que seria reconhecida no direito romano, onde ela é relacionada à reprodução dos pais — que passa pela mãe como "ventre". A invocação da transcendência dos indivíduos, a referência à espécie contrabandeiam a organização patriarcal da genealogia. Depois de lembrar alguns aspectos da casuística do coito entre os "técnicos católicos", Legendre celebra este triunfo do pensamento que põe em seu lugar, segundo ele, "o erotismo feminino na reprodução" [sic]: "Onde está para nós o importante? Está na emergência de uma doutrina de inspiração científica pela qual a causa de sua gravidez e o prazer da mulher surgem como dois registros distintos impostos pela lógica."[38] Que descoberta nessa distinção dos técnicos católicos! Poderíamos multiplicar os exemplos que evidenciam uma idealização maciça do pensamento cristão em matéria de reprodução, e uma ausência total de atenção para o caráter sintomático de seu ódio ao feminino, de sua celebração obsessiva da Mãe dessexualizada, da homossexualidade das relações Pai-Filho-Espírito Santo.

Mas este empreendimento gótico vem a calhar para lembrar o discurso dos Padres ao Ocidente individualista. Ele alicia uma psicanálise encolhida e reduzida à "lei do pai" a serviço de uma cruzada contra a moderna devassidão, cujo espetáculo é oferecido pelas procriações artificiais aos olhos do grande inquisidor.

Temos de reconhecer em P. Legendre o mérito de sustentar apaixonadamente um esforço para definir as relações entre o direito e a psicanálise, mostrando por um lado, aos psicanalistas, as questões coletivas fundamentais de seu tratamento da subjetivação; por outro, aos juristas, sua responsabilidade no enquadramento institucional da subjetivação.

---

[38] Pierre Legendre, *L'Inestimable Objet de la transmission*, op. cit., p. 320.

É preciso portanto colocar a autonomia da estrutura psíquica, e que os juristas não são uma classe psi, mas que, considerando a lógica do mecanismo da filiação, eles intervêm para definir-lhe e manter-lhe o contexto — esse contexto portador do imperativo estrutural: a diferenciação subjetiva. Somente sobre esta base pode desenvolver-se uma casuística viva dos conflitos, quero dizer, que esteja a serviço da vida.[39]

Mas a teoria da Referência parece descrever mais adequadamente as montagens das religiões monoteístas do que permitir a análise da instância que ocupa em nossos dias o lugar de terceiro, o Estado, seus dispositivos do biopoder, e as formas da subjetividade que o acompanham. Dificilmente se poderia sustentar que a evolução das formas da subjetivação reduz-se ao eterno confronto entre o Sujeito e a Referência. Séculos de luta encarniçada no Ocidente pela "secularização" e a laicidade dão testemunho de que, através do direito, outros aspectos da subjetividade, da diferença, da singularidade foram objetivos políticos fundamentais. Pode ser que seja necessário descrever as relações complicadas que esses aspectos do sujeito mantiveram ao longo de toda essa história com o processo edipiano de subjetivação. É evidente por exemplo que a Revolução Francesa coloca este problema com acuidade: relação com a figura real paterna, fraternidades incestuosas,[40] mas também identificação política dos homens com o gênero humano.[41]

Mas, justamente, essas questões só podem ser abordadas se admitirmos a complexidade e a historicidade das formas da subjetivação.

PERSPECTIVAS

Se não existe procriação natural, no sentido de uma forma de conjunção sexual selvagem, assegurando a transmissão da vida, e a famosa

---

[39] Pierre Legendre, in *Filiation, op. cit.*, p. 196.
[40] Jacques André, "Symbolisation de la figure royale", *art. cit.*
[41] Geneviève Fraisse, *Muses de la raison*, Alinéa, Paris, 1989.

perpetuação da espécie, teremos então de colocar a questão da procriação dita artificial de bem outra forma que a adotada na perspectiva que pressupõe, de uma forma ou de outra, um naturalismo. Não pode tratar-se de analisar os "efeitos" de um desenvolvimento da biologia nesse "núcleo de natureza" que seria a procriação. A procriação artificial é um fenômeno global. Ela representa um dispositivo particular das relações sociais de procriação, que entra em concorrência com outras formas dessas relações sociais, em contradições que cabe reconstituir. Ela movimenta elementos de saber positivo, estratégias sociais de reprodução, políticas de população, formas do direito da filiação e do direito das pessoas. Evidenciar os elementos inconscientes dessas práticas sociais, representar o sujeito e a possibilidade de sua palavra, tais podem ser o objetivo, aqui, da psicanálise: o que é muito diferente do dizer o verdadeiro sobre o verdadeiro da procriação.

Se quisermos abrir lugar para a questão do inconsciente no campo das procriações artificiais, teremos de admitir que representam um dispositivo novo das relações sociais que regulam a procriação em nossas sociedades. A análise histórica das condições que levaram a esse dispositivo ainda está por fazer.

• A procriação artificial mobiliza saberes-poderes científicos novos, biológicos, dizendo respeito à reprodução animal e humana. Neste plano, não se reduz a fantasmas de domínio ou de onipotência. Ela representa a produção de saberes positivos dizendo respeito ao real da reprodução. Mas define também as condições do exercício de um poder biotécnico sobre os humanos. É precisamente porque seu poder é real, positivo e *limitado* que o saber científico da procriação e do sexo pode hoje ocupar tendencialmente o lugar do discurso que forneceria o verdadeiro sobre o verdadeiro.

A tarefa do psicanalista não é fustigar profeticamente a onipotência da Babilônia científica, mas sustentar, portar e suportar a vozinha que enuncia que o dizer do desejo é o verdadeiro do sujeito, num momento em que, para alguns, a voz imbuída do saber sobre os mistérios do organismo apresenta-se como o único discurso racional.

• A procriação artificial inscreve-se, por outro lado, numa transformação das relações de sexo. Não é por acaso que se faz permanentemente referência, a propósito da procriação artificial, ao controle da contracepção, que a precede historicamente. Trata-se efetivamente de fenômenos solidários. Ora, o controle da concepção nada tem de um fenômeno técnico-científico independente da evolução das relações de sexo, qualquer que seja a complexidade das formas que tais relações assumem. A contracepção dita absoluta é imediatamente, ao mesmo tempo que uma possibilidade técnico-científica, uma nova ordenação das relações entre os sexos. O mesmo se dá com seu desenvolvimento, a procriação artificial. Se existe uma espécie de desenvolvimento autônomo, esquizofrênico, das pesquisas no terreno da reprodução, não será difícil distinguir que tais pesquisas são igualmente, em sentidos contraditórios, referidas a estratégias próprias às relações de sexo: "liberar" as mulheres, controlar a maternidade, redistribuir os papéis na procriação etc.

As transformações possíveis na ordem das relações de parentesco, a definição de parentescos biológicos múltiplos não podem, por sua vez, ser consideradas como efeitos puros das possibilidades científicas de dissociação-recomposição dos elementos da reprodução. Em vez disso, elas realizam biologicamente, sob uma forma particular, transformações das relações de parentesco e das formas de família que excedem completamente a procriação artificial. Assim, não podemos atribuir verossimilmente à biologia nem a emergência das famílias ditas monoparentais nem a da maternidade solteira dita voluntária, que nada lhe devem em seu desenvolvimento generalizado.

Ora, boa parte do embaraço e da estigmatização produzidos pelas diversas formas da procriação artificial decorre do fato de que elas parecem dar possivelmente uma dimensão muito mais radical a essas transformações, à *separação dos sexos* na procriação. A dificuldade principal consiste aqui em distinguir cuidadosamente o funcionamento de uma oferta de demanda incontestável, produzida pelas formas do biopoder, da realidade representada pelas contradições novas da forma família no Ocidente. É preciso, para tal, deixar uma visão caricatural e moralizadora que alternadamente, de acordo com suas necessidades, ou imputa aos indivíduos, a sua demanda louca, a perversão dos desígnios da biomedicina, ou então acusa esta de produzi-los. É sem dúvida mais interessante, e mais pertinente, considerar que a biomedicina desenvolve simplesmente as contradições da forma família com uma certa brutalidade. E caberá então perguntar se uma boa parte da indignação virtuosa — mas também da fascinação — que a procriação artificial gera não se dirige na verdade à suspensão de recalque que é representado pelo exercício, muito além das variantes artificiais, de novas formas de parentesco, em ruptura com a sacralização cristã do casal monogâmico.

• É fato — e a própria expressão procriação medicinalmente assistida (PMA) o exprime muito claramente — que a procriação em si mesma tende a tornar-se uma realidade indissociável de sua inserção medicinal. Mas é preciso identificar em que a medicalização atual da procriação se distingue das intervenções tradicionais da medicina no corpo das mulheres. A invocação do "poder médico", sobretudo quando pura e simplesmente identifica médico e masculino, não dá conta do lugar ocupado pela medicina nas estratégias inconscientes dos *dois sexos*. Enfim, o tema recorrente e complacente da "medicina do desejo" — que exprime a sua maneira o efeito dessas estratégias — contém uma transformação de bem outra profundidade que o desvio consumista em matéria médica.

O questionamento do individualismo que se evidencia na procriação hoje tem mais a ver com uma reprovação moral do que com a análise. Existe certamente uma cumplicidade entre a oferta biotécnica e a onipotência do sujeito. Mas ela não basta em absoluto para dar conta da forma histórica nova assumida pela relação subjetiva com a procriação, e que no entanto se manifesta com insistência no retorno de um termo ao mesmo tempo muito e muito pouco equívoco: *desejo* (desejo de filho, não-desejo de filho, desejo dito de nascimento etc.).

Em outras palavras, seja imaginando a ciência biológica como a própria forma do Maligno, do indutor ao crime, seja localizando o princípio da perversidade nos sujeitos, escamoteia-se o fato principal: que a procriação se tenha tornado objeto de um discurso explícito do desejo em lugar da invocação da necessidade de transmitir a vida, de perpetuar a linhagem (e até a raça!). Ora, temos aí um fato da maior importância. A elaboração de um discurso subjetivo sobre o desejo faz parte integralmente das condições históricas da procriação artificial e das condições de seu exercício.

• Como se dá também com as relações de sexo e a transformação da forma familiar, a difusão da prática e da teoria psicanalíticas representa historicamente uma condição incontestável — ainda que não seja a única — da constituição dessa nova relação com a procriação. Antes mesmo de ser aquilo que nos permite tentar ouvir os elementos inconscientes desse discurso sobre o desejo, solidário da procriação artificial, a psicanálise representa, ainda que contra a vontade, um dos elementos do dispositivo novo das procriações.

Certamente as formas nas quais se inscreve materialmente esse discurso tendem a assumir a forma de uma *psicologização*, que imediatamente restringe as formas de emergência do desejo segundo as exigências de uma adaptação dos sujeitos às operações manipuladas pelos dispositivos do biopoder. Mas nem por isso deixa de ser verdade que o momento da formulação do desejo, e de sua elaboração, só tem significado e alcance em referência à psicanálise. É este o alcance, ambíguo, que cabe atribuir à instituição dos momentos de fala no coração do dispositivo das procriações, como por sinal nos outros setores da medicina, ou das práticas sociais, da psiquiatria à justiça. Não é certo que esta situação seja percebida pelos próprios psicanalistas.

No mesmo impulso, a questão psicanalítica adquire sem dúvida uma outra conotação. Não pode tratar-se de ouvir, nas supostas profundezas da ciência, suas confissões inconscientes, a partir de um saber psicanalítico sobre o desejo, a criança, a sexualidade. Para começar, este saber, a partir do momento em que se pretende formular sua relação com as práticas sociais, revela-se extremamente ambíguo. Do confronto com o dispositivo das procriações artificiais, pelo contrário, podemos esperar algo que o faça sair da invocação dos mistérios da pulsão sexual em geral, em sua relação mais metafísica que dialética com a "cultura".

Por outro lado, no campo da procriação, a psicanálise também se vê confrontada com seus próprios efeitos históricos. Estes lhe retornam, fazendo caretas, no oportunismo das práticas "psicológicas", em relação às quais convém relançar a questão analítica. Mas o arrebanhamento psicológico a serviço da organização da reprodução (como se fala de organização do trabalho), este trabalho de adaptação dos sujeitos à nova indústria procriativa não pode encobrir a emergência, em sentido oposto, de um questionamento radical dos empreendimentos históricos especializados no exercício social do recalque em nome da cultura. Pois a necessidade da interdição e seu valor estruturante, o exercício das funções paternas e maternas, o reconhecimento dos limites, etc. nada têm a ver com o puritanismo ainda dominante das sociedades que permaneceram "cristãs", com tudo que as caracteriza — a dominação masculina nas relações de sexo, o culto religioso homossexual da paternidade, a dessimbolização da maternidade, a promoção da monogamia.

A questão da procriação artificial condensa essas questões, exige a reafirmação dessas discriminações. E a tarefa da psicanálise não é fazer coro com os apologistas do recalque. Trata-se, prosaicamente, e de maneira impávida, de investigar como, no dispositivo das procriações artificiais, as formações do inconsciente trabalham no contexto das relações novas que se instituem.

Cabe portanto trazer à luz os elementos de um dispositivo que domina as procriações artificiais e aliás, muito além deles, outros fenômenos ligados à relação do vivente humano, falante, assim como seu ser de vivente (sua morte, suas doenças, sua identidade sexual em vias de transformação etc.); este dispositivo, em todos os seus aspectos, comporta, como elementos intrínsecos, estratégias do inconsciente, específicas, históricas, ainda que elas mobilizem mecanismos de uma grande generalidade.

Desse modo, verifica-se certamente uma transformação importante que faz do vivente humano o objeto de sua própria experimentação: mas ela mobiliza, como uma de suas condições de possibilidade, tanto o gosto do sacrifício humano quanto o prazer da curiosidade.

Ela intervém numa história — das nações, das populações —, mas esta joga com genealogias, com gerações reais, incluindo as forças inconscientes que sustêm o processo de geração.

Existem relações de sexo, mas em um dado momento, que pode ser descrito: as grandes partilhas da dominação são por demais amplas, por demais abstratas se não restituímos as estratégias atuais dos dois sexos e seus elementos táticos.

Enfim, as disciplinas, inclusive a psicanálise, que afirmam ter por objeto formular, sob formas diversas, as relações que os sujeitos mantêm com esse dispositivo não podem por sua vez ser consideradas *a priori* como isentas dos efeitos do inconsciente.

II   A oferta biomédica de filho

UMA EXPERIMENTAÇÃO

A própria expressão que se generalizou, "NTR" (novas tecnologias de reprodução), indica a mudança de bases implicada pela procriação artificial. Ela significa que cada um dos elementos que intervêm na procriação, cada um de seus momentos, pode ser submetido tecnicamente a uma separação, decomposição e recomposição em termos de tecnologia biológica. Donde certos deslocamentos:

• A procriação é analisada em termos de agentes submetidos a manipulações (ovócito, espermatozóide) e de órgãos suscetíveis de estimulação ou de substituição. Eis a maneira como o *Parecer sobre os problemas éticos surgidos das técnicas de reprodução artificial* apresenta o "processo de reprodução". "Três agentes intervêm no processo de reprodução: 1 óvulo, 1 espermatozóide, 1 útero... No caso em questão, o espermatozóide vem do marido do casal estéril, o óvulo e o útero são os da mulher doadora."[1] Observe-se que é a partir do jogo diferencial dos "agentes" da reprodução que se opera a atribuição da qualificação de "mãe", por dissociação biológica entre mãe ovular, mãe uterina, e por escoramento da definição da mãe "doadora" na "mãe ovular".

• Na medida em que a análise biológica não leva em consideração sujeitos, mas células, órgãos, ela aplica à procriação operações que deixam de lado as relações habituais entre sujeitos sexuados: células

---

[1] Comitê Consultivo Nacional de Ética para as Ciências da Vida, 23 de outubro de 1984, p. 3.

podem ser isoladas, deslocadas (*in vitro, in vivo*), postas em relação, trocadas, dadas. Para poder funcionar como categoria da troca e como relação social, a "doação" (de esperma, de ovócito, como de sangue ou de órgãos em geral) pressupõe a possibilidade técnica e científica de uma economia biológica das substâncias corporais. Esta economia biológica levanta problemas jurídicos, éticos e psicológicos que são relativamente comuns aos diversos órgãos envolvidos.

• A particularidade da economia biológica dos órgãos que intervêm na procriação é tomar o lugar das disposições realizadas naturalmente pelas relações sexuais entre dois sujeitos, com seus "erros" e "acertos". Esta particularidade é que explica a insistência, a propósito da procriação artificial, na "separação entre sexualidade e reprodução". Formulação de uma ambigüidade extrema. Ela dá crédito, com efeito, ao fantasma de que os dispositivos tecnológicos da "reprodução" se efetuariam fora de qualquer referência à sexualidade. Inversamente, ela opera uma justaposição entre ato sexual e fecundação que não é pertinente do ponto de vista fisiológico. "Naturalmente, estamos fora do corpo, estamos fora do ato sexual; mas se trata decididamente de uma visão errônea da fisiologia! Quero dizer com isto que em fisiologia estamos sempre fora do ato sexual. A fecundação ocorre sempre à distância do ato sexual. Trata-se no entanto de algo que, de um ponto de vista simplista, foi por muito tempo recusado. Pensava-se, e ainda se pensa, que fazer amor é portanto fazer um filho. Na realidade, entretanto, todos sabem que um espermatozóide pode viver de quatro a cinco dias, havendo sempre, portanto, uma defasagem entre a concepção e o ato sexual."[2]

Esta visão, "simplista" aos olhos da fisiologia, não deve ser considerada como uma pura falta de conhecimento, mas como o lugar de uma visão errônea em que se desdobram, em direções contraditórias, as estratégias do desejo. Pois falar de procriação ou de reprodução já é uma perspectiva fisiológica. Donde, por sinal, este curto-circuito

---

[2] René Frydman, *L'Irrésistible Désir de naissance, op. cit.*

entre ato sexual e "fecundação" imaginária: nenhum sujeito procria ou reproduz.

• Mas o ponto de vista "fisiológico" implica que a partir de agora o laboratório do biólogo e o consultório do médico, seu anexo, detêm o poder material de estabelecer as novas formas da conjunção sexual procriadora, regendo a circulação de seus componentes. Pode-se dizer naturalmente que as categorias do parentesco e da filiação vêm limitar esse recorte da conjunção sexual, pois continua sendo um fato que são homens e mulheres que participam com o biólogo-médico dessa neoconjunção. Mas essas próprias categorias são precisamente volatilizadas pela organização científica da reprodução.

De maneira geral, trate-se de indução da ovulação, de Fivete, de IAD/C ou de maternidade de substituição, os NTR fazem da procriação um processo cujas coordenadas são definidas por um dispositivo experimental biológico que obedece a leis próprias.

A lógica da indução das concepções é para começar *biológica*, no sentido de que depende fundamentalmente das pesquisas que têm por objeto a reprodução dita humana. "A experimentação no homem apresenta-se em circunstâncias múltiplas e variadas, indo da primeira fecundação *in vitro* a uma experiência de ordem puramente científica destinada a ampliar o conhecimento."[3]

À primeira vista, pode parecer estranho abordar uma análise da procriação artificial considerando-a como um dos aspectos da experimentação no ser humano. Mas não resta dúvida de que o setor dito da reprodução humana é objeto de pesquisas que não se vê muito por que haveriam de distinguir-se, em sua metodologia, dos outros setores da investigação biológica. Para tomar um único exemplo, o desenvolvimento de uma sonda molecular permitindo a determinação do sexo do embrião bovino, segundo métodos de experimentação no animal, desemboca "naturalmente" na idéia de uma experimentação possível

---

[3] Comitê Nacional de Ética, parecer de 9 de outubro de 1984, p. 2.

no homem e no desenvolvimento de uma técnica apropriada. Esta aplicação, possível ou real, é objeto de um debate que em nada se reduz a uma discussão metodológica. A experimentação no ser humano coloca problemas particulares ou obedece a normas particulares, que no entanto devem ser explicitadas. A questão não consiste em saber se a procriação artificial é uma experimentação no ser humano; trata-se de um fato; mas em analisar as condições nas quais veio a ser desenvolvida. Não se trata de colocar uma questão epistemológica, e de se interrogar sobre sua justificação clínica. A trajetória que vai, em Michel Foucault, de *Naissance de la clinique* a *La Volonté de savoir* é a este respeito perfeitamente instrutiva: não mais apenas definir a constituição de uma relação entre o visível e o enunciável, mas descrever os dispositivos materiais, as estratégias e os mecanismos de poder que tomam a forma do "biopoder".

Devolver à procriação artificial seu caráter de experimentação particular no homem permite abandonar as ilusões persistentes que dominam as discussões a seu respeito, especialmente a inversão que identifica como origem dos PMA a demanda de sujeitos. Aqui, o discurso do "liberalismo reprodutivo" deve ser ouvido no que o projeta ao mesmo tempo para a ectogênese como teleologia da investigação e para a experimentação no embrião.

Não é por acaso, aliás, que simultaneamente seja votada uma lei sobre a experimentação humana[4] e apareçam vários projetos de lei a respeito da procriação artificial.[5] O conteúdo desses dispositivos legais, ou dessas propostas, requer um exame particular.[6] Elas só têm sentido, evidentemente, se se tratar de pôr ordem num dispositivo biomédico, com suas práticas de intervenção, seus aspectos econômicos

---

[4] Lei de 20 de dezembro de 1988.
[5] Anteprojeto de lei sobre as ciências da vida e os direitos humanos, 1989 (sob a direção de Guy Braibant). Proposta de lei relativa à filiação das crianças nascidas por procriação medicamente assistida (Fransk Sérusciat, 1988, Senado n? 237). Proposta de lei tendendo a garantir o respeito da integridade da pessoa (Christine Bontin, n? 456, Assembléia Nacional).
[6] Ver *infra*, cap. 8.

(a multiplicação dos centros de FIV por exemplo, o custo social dos programas FIV), sociológicos (constituição de uma epidemiologia da infertilidade) etc., que exigem uma análise particular, país por país, em função da organização da saúde pública.

A procriação artificial é uma prática que nasce de uma lógica de *investigação*, em todas as suas formas e todas as suas conseqüências. Já era por sinal o caso da contracepção médica, que representa uma das mais vastas experimentações de massa jamais vistas na história. Foi portanto muito antes que o desenvolvimento da FIV e da gravidez induzida permitisse contemplar uma experimentação no embrião produzido em tais condições que a procriação foi submetida a uma experimentação ou tornou-se experimental.

Naturalmente, o que é tentativa para os sujeitos — os casais — não o é no mesmo sentido que a "tentativa" que se inscreve como uma ocorrência estatística na experimentação do biomédico. Mas é um fato que a segunda comanda a primeira. Sem protocolo experimental, não há "indução", nem "tentativa". O fato da procriação artificial está aí. Da mesma forma, contudo, o ato é vinculado à lógica médico-experimental que tem necessariamente suas finalidades próprias: a lógica da própria demarche experimental, a dos meios mobilizados (as limitações orçamentárias), da deontologia dos corpos particulares dos interventores, enfim a lógica das exigências psíquicas (singulares e coletivas) que se exprimem na própria atividade de pesquisa.

O MERCADO DO VIVO

Bernard Edelman e Marie-Angèle Hermitte recuperaram[7] certos aspectos da história jurídica da transformação do vivo em produto industrial, as transformações do direito que foram necessárias para

---

[7] Bernard Edelman, Marie-Angèle Hermitte, *L'Homme, la nature et le droit*, Bourgois, Paris. 1988.

"liberar" a produção industrial do vivo, vegetal, animal e hoje humano: vale dizer, liberar a indústria dos entraves ao tratamento do vivo como material explorável segundo a lógica do mercado. Resulta, claramente, que a artificialização do vivo é a própria mola de sua transformação em material.

Se até a votação do *Plan Act* (1930) a distinção vivo/inanimado era unanimemente reconhecida — só podendo o inanimado ser objeto de um alvará —, esta lei veio em compensação revolucionar esta relação, substituindo-a pela nova oposição produtos da natureza (inanimado + vivo vegetal ou animal)/atividade do homem. Com isso, situando-se por assim dizer "fora da natureza", o homem podia tornar-se seu senhor jurídico. Sobre a base dessa distinção, o vivo podia ser decomposto em vivo natural e vivo artificial. Em outras palavras, bastava uma intervenção ativa do homem na estrutura do vivo para que ele aquirisse, *de jure*, o estatuto de "vivo artificial" e portanto o estatuto de "coisa" ou de "bem".

Ora, podemos nos perguntar se o mesmo tipo de raciocínio não funciona para separar o homem do material humano; se, na realidade, reduzindo o vivo a uma máquina, ou melhor, a um artifício, não se está permitindo, em troca, encará-lo como produto de uma atividade.[8]

Este último ponto situa a transformação da procriação, depois da reprodução vegetal e animal, em sua verdadeira questão. Não se trata de uma metáfora ou de uma ficção científica dramática, no modo em que florescem, mas de uma definição ao mesmo tempo do processo pelo qual a biotecnologia investe a reprodução humana e do objetivo teórico e jurídico que lhe é absolutamente indispensável para desenvolver este processo. Deixemos provisoriamente de lado a questão inconsciente do controle, que domina toda esta relação com a natureza. A instauração da procriação artificial verifica-se quando o que se apresentava como um ato de sujeitos torna-se *produto* de uma ativi-

---

[8] *Ibid.*, p. 101-102.

dade, científica e industrial. Que a metáfora industrial seja necessária, no próprio interior da teoria biológica, para garantir a transformação do vivo humano em material em nada modifica esta colocação. A lógica industrial referente à procriação humana é ela própria embrionária. Alguns elementos merecem entretanto ser abordados. Cabe notar, de passagem, que deveríamos associar-lhes os fenômenos conexos referentes aos transplantes de órgãos e ao transexualismo:

— os elementos da reprodução humana (esperma, ovócitos, embriões) já são geralmente considerados como produtos separáveis, transferíveis de um corpo para outro;
— as nomeações de parentesco tendem a se operar em função das operações efetuadas nesses produtos;
— as proibições vigentes em certos países (especialmente na França) sobre a comercialização dos produtos procriativos e os contratos de procriação não devem levar a ignorar o desenvolvimento das relações mercantis no terreno da procriação. Não é o fato de a criança ser objeto de uma relação mercantil eventual que constitui a novidade; nem, naturalmente, que a relação sexual se torne uma, inclusive quando tem por objeto a procriação. Trata-se, isto sim, de apresentar agora as condições da procriação, decompostas cientificamente, como uma montagem de elementos biológicos, capaz de dar lugar a transações entre portadores, transações que não são mais dominadas pela relação sexual. Esta montagem, podendo ser imaginada como um processo integralmente externo ao corpo dos sujeitos portadores, é perfeitamente suscetível de um tratamento industrial.

As soluções opostas que podem ser fornecidas pelo direito americano ou o direito francês, em dado momento,[9] merecem um exame particular; mas ambas atestam o mesmo fato fundamental, através de certos casos levados à justiça: o desenvolvimento das práticas que utilizam a medicalização da reprodução no sentido de uma fabricação estruturada pela troca mercantil. Deixando de lado momentaneamen-

---

[9] B. Edelman, M.-A. Hermitte, *L'Homme, la nature et le droit, op. cit.*

te a questão propriamente jurídica, podemos nos limitar a dissociar o tratamento biológico dos elementos da reprodução humana, que diria respeito apenas ao saber e à técnica biomédica, das relações entre os sujeitos (inclusive os médicos) nas quais eles interviriam. Pois não só os dois aspectos são solidários como todas as técnicas definem como condição de sua própria possibilidade o estabelecimento de relações, ainda que se trate da relação médica, que passam a dominar a procriação. O liberalismo reprodutivo vai portanto direto ao principal em suas perspectivas de progresso e liberação: ele identifica nos lugares onde se elaboram as "novas técnicas de reprodução" (humana ou não), ou seja, nos *laboratórios*,[10] o novo epicentro da procriação.

Fabricação do humano, produção do homem etc. As expressões, geralmente, constituem verdadeiras denúncias, ou temores. Podemos, se quisermos, analisar os horizontes de certas técnicas e dos discursos que as preconizam, ou inversamente os fantasmas projetados sobre as técnicas. Mas parece difícil negar o óbvio: por intermédio de sua passagem pelo laboratório e, de lá, para as empresas públicas ou privadas que o fazem existir economicamente, a procriação, como o resto das manifestações da vida humana, começa a ser submetida à lógica que rege a indústria.

Existem firmas que vendem serviços reprodutivos. Gena Corea enumera algumas de suas operações: "As que oferecem sua tecnologia de predeterminação do sexo, de tal maneira que os pais possam predeterminar o sexo de seus filhos (Gametrics Inc.), companhias que retiram os embriões de determinadas mulheres para transferi-los a outras (Fertility and Genetics Research, Inc.), oferecendo os serviços de mães substitutas."[11]

Mas a denúncia da existência de companhias privadas de procriação, às quais alguns opõem a procriação laica, pública e gratuita, não deixa de transferir a ênfase do aspecto principal. Não é indiferente que a procriação seja tratada em companhias nacionalizadas (do tipo

---

[10] Cf. *Sortir la maternité du laboratoire*, Governo do Québec, Conselho do Estatuto da Mulher, 1988.
[11] Gena Corea, *in Sortir la maternité du laboratoire*, loc. cit., p. 27.

A OFERTA BIOMÉDICA DE FILHO

Éléctricité de France ou a Société Nationale des Chemins de Fer) ou privadas. Mas o acontecimento de maior importância reside antes no tratamento material da questão procriativa do que na forma jurídica da distribuição que dele resulta. Por esta mesma razão, devemos evitar situar tudo no mesmo plano. A medicalização da maternidade há um século indica talvez, com seu deslocamento para o hospital, uma evolução para o mesmo tipo de controle social que prevalece da escola à prisão. Daí a considerar que a maternidade hospitalar é uma ilustração do trabalho em linha de montagem, à maneira da criação industrial de galinhas, dá-se um passo que prejudica certas análises. Mas a crítica da inadequação de fórmulas polêmicas não deve servir para dissimular o movimento que impõe à procriação a lógica da transformação produtiva de um objeto industrial: sistema para melhorar o desenvolvimento dos óvulos em laboratório, controle de qualidade através dos diagnósticos de pré-implantação etc.

A DEPENDÊNCIA DAS TÉCNICAS DE PROCRIAÇÃO ARTIFICIAL EM RELAÇÃO AOS AVANÇOS DA ZOOTÉCNICA

Os meios técnicos disponíveis para modificar o curso do destino procriador do indivíduo infértil derivam diretamente dos progressos da zootécnica. Inseminação heteróloga e fecundação externa, especialmente, nada mais fazem que reproduzir, com alguns decênios de atraso, as manipulações normalmente utilizadas para melhorar a criação das espécies domésticas. É preciso dizer que a evitação sistemática das perguntas que qualquer um teria o direito de fazer a seu respeito confere um aspecto às vezes veterinário à utilização desses métodos no casal em dificuldade. Na guerra contra a esterilidade, todos os meios são bons.[12]

---

[12] Jean-Claude Emperaire, "Enfantillage", *Nouvelle Revue de psychanalyse*, "La chose sexuelle", 1984, p. 87.

O DESEJO FRIO

A continuidade das aplicações humanas em relação à problemática animal surge claramente nas condições do desenvolvimento de certas técnicas, ainda que nem sempre seja reivindicada à maneira provocadora de Jacques Testart (um dos arquitetos da Fivete na França): "Há quinze anos, eu cuidava de engravidar, à força, desconfiadas fêmeas bovinas, por meio de uma catapulta que propulsionava no útero dos pobres animais embriões que não vinham de Eva nem de Adão."[13] O problema não reside nas condições epistemológicas gerais da experimentação, da passagem do animal ao homem; mas, para começar, muito precisamente, no que é a mola do humor do biólogo, vale dizer, um certo modo de assimilação das mulheres aos bovinos, coelhas quanto à reprodução e à sexualidade.

A problemática da "maternidade portadora", muito antes de ser estranhamente reivindicada por certas mulheres como a solução da sororalidade em matéria de esterilidade, é antes de tudo a extensão de um êxito do INRA, o transplante de embriões nos bovinos:

> Trata-se de fazer uma vaca de alta qualidade genética produzir numerosos óvulos, inseminada com o esperma de um touro selecionado. Quando vários embriões se desenvolvem (depois de alguns dias), são recolhidos por lavagem do útero. Resta apenas distribuí-los individualmente no útero de várias outras vacas, de qualidade comum, que desempenham o papel de "portadoras" até o nascimento de bezerros de qualidade excepcional. Por razões médicas, o mesmo método vem sendo aplicado à espécie humana.[14]

O desenvolvimento recente de uma técnica de discriminação do sexo nos animais permite provavelmente captar *in vivo* o processo da aplicação à espécie humana. Podemos considerar que o que se manifesta nos "grandes casos", orquestrados pelos meios de comunicação,

---

[13] Jacques Testart, *De l'éprouvette au bébé-spectacle*, Éd. Complexe, Paris, 1984, p. 11.
[14] *Ibid.*, p. 15, nº. 1.

A OFERTA BIOMÉDICA DE FILHO

não passa da manifestação muito superficial da constituição de um setor econômico internacional determinante, o das ciências e técnicas da reprodução. Trata-se de um fenômeno que deveria ser devidamente avaliado em seu alcance, sendo justificado que nos perguntemos sobre o peso das orientações da investigação, como faz Laurence Gavarini.[15, 16]

O fundamento dessas questões manifesta-se claramente a propósito da orientação de certas pesquisas. Podemos tomar como exemplo típico as que dizem respeito à fecundação "do ovócito pelo ovócito". Encontraremos provavelmente dificuldade para detectar, no caso, a urgência de uma "demanda terapêutica", muito embora, em compensação, o interesse agronômico seja formulado explicitamente.

---

[15] "Este fenômeno concorrencial (nacional e internacional) é amplamente apoiado, e mesmo ativado, pelo fato de que as ciências da reprodução constituem uma encruzilhada entre a pesquisa biomédica humana e a pesquisa 'bioveterinária'. Na França, isto permite uma relativa circulação dos pesquisadores, das idéias e das técnicas. Essas relações podem igualmente fazer-se cooperação no contexto de protocolos e pesquisas interinstitucionais (por exemplo, entre INSERM, Pasteur, INRA, CNRS) em determinados projetos como a sexagem dos embriões ou no congelamento (gametas e embriões). As passarelas entre a pesquisa veterinária e a médica assumem, no setor da reprodução, uma forma particular, pelo fato de que a pesquisa animal fundamental é orientada para finalidades econômicas e sociais, e não para aplicações humanas. Com efeito, ela está muito diretamente ligada ao setor agroalimentar e a seus imperativos e metas econômicas: melhoria e normalização das formas da produtividade, racionalização da reprodução por uma melhor rentabilidade." L. Gavarini, "De l'utérus sous influence à la mère-machine", in *Maternité en mouvement*, 1986, p. 201.

[16] "Será talvez significativo ver como as prioridades desenvolvidas, em função de determinados interesses econômicos, parecem ter repercussões nas orientações gerais e nas escolhas técnicas das ciências da reprodução humana nas quais se parece nitidamente mais preocupado em intervir, e a custo elevado, nos estragos da esterilidade do que em desenvolver pesquisas epidemiológicas que permitissem identificar-lhe e neutralizar-lhe certas causas." L. Gavarini, *ibid*.

Esta hipótese tem duas conseqüências imediatas determinantes:

1) Ela fornece ao desenvolvimento das NTR uma razão mais positiva que a resposta à demanda terapêutica da esterilidade.

Em conseqüência, que representam, no desenvolvimento das ciências de reprodução, as demandas individuais das pessoas estéreis, exprimidas no silêncio e no segredo da clínica médica, em comparação com o comando social do poderoso setor agroalimentar? Transmitida atualmente por organismos públicos nacionais (Ministério da Agricultura) e internacionais (CEE), ela se revela tão urgente quanto o "sofrimento humano" (ligado à esterilidade) e exigente em termos de operacionalidade. Ela conduz as pesquisas e os pesquisadores de organismos como o INRA sempre mais longe, pela lógica econômica que lhe é inerente. Tanto mais que neste terreno ninguém está preocupado com considerações éticas. Tratando-se de vacas e porcas, a razão econômica surge em sua nudez e em sua evidência implacável, legitimando *a priori* todos os "progressos" científicos. Certos pesquisadores, curiosos do que acontece na decorrência dos laboratórios científicos, a saber, a criação intensiva, estigmatizaram-na com a expressão "grande massacre".[17]

O humor biológico tem por sólido fundamento a zootecnização agroalimentar do corpo.

2) Ela leva a considerar a "demanda" referente à procriação e à "esterilidade" como sendo induzida ao mesmo tempo coletivamente e singularmente pelo desenvolvimento de uma bioeconomia da reprodução animal-humana. Nessa perspectiva, a meta médica (curar a esterilidade feminina ou masculina) desconhece a lógica desse funcionamento.

---

[17] L. Gavarini, *op. cit.*, p. 201.

A OFERTA BIOMÉDICA DE FILHO

E no entanto, quando a medicina se apodera das ciências e técnicas de reprodução, simultaneamente justifica o projeto econômico que, no setor animal, as produz. Desse modo, seus vínculos com a pesquisa animal são ou bem banalizados ou bem neutralizados e postos à conta de relações informais e amigáveis entre pesquisadores. As biotecnologias de reprodução humana forjam para si mesmas uma imagem pública humanitária, a serviço dos pacientes, e atuando unicamente em seu interesse. Donde a necessidade não apenas de fazer falarem publicamente as demandas isoladas dos casais estéreis como de organizar, de estruturar uma demanda social.[18]

Encontramos aí uma questão que deve ser desenvolvida em todas as suas implicações. Podemos ilustrá-la voltando ao exemplo do *transplante de embriões*. "Por razões médicas, o mesmo método acaba de ser aplicado à espécie humana."[19] "Por razões médicas"? Aí está toda a questão, a da relação entre a necessidade de remediar a ausência ou a malformação do útero, pela transferência de embriões, e a extensão do modelo bovino à mulher. Onde acaba a técnica veterinária e onde começa a medicina? A questão se coloca tanto mais que o método em questão recorre à "lavagem uterina".

René Frydman explica por que renunciou a esta prática:

> Antes do nascimento de Amandina, Jacques Testart e eu havíamos pensado utilizar este método usual nos bovinos. Depois de algumas manipulações com cateter, passamos à ação. A pedido de duas irmãs,

---

[18] *Ibid.*
[19] René Frydman, *L'Irrésistible Désir de naissance, op. cit.*, p. 100: "O princípio consiste em inseminar uma mulher B com o esperma do marido A de uma mulher estéril A. O embrião obtido é recolhido ao útero da mulher doadora B por lavagem uterina, e será em seguida transferido para o útero da mulher estéril A. Do ponto de vista técnico, alguns probleminhas precisam ser resolvidos: é preciso que as duas mulheres tenham seus ciclos sincronizados. A lavagem uterina deve ser feita três dias depois da ovulação."

uma das quais estéril, inseminamos a irmã fecunda com o esperma de seu cunhado. Primeira lavagem: nenhum ovo. Na segunda lavagem, tampouco encontramos o ovo. Nesse momento, meu olhar cruzou com o da doadora, e no espaço de um segundo pude ver o temor, a angústia de se ver grávida do cunhado. E se acontecesse, poderia ela ficar com a criança? Ou teria de fazer uma IVG de uma criança tão desejada pela irmã? Esta troca silenciosa de olhares durou apenas uma fração de segundo, mas prometi a mim mesmo interromper imediatamente aquele tipo de medicina veterinária. Aguardei, não sem certa angústia, o anúncio de suas regras, para afinal dar um suspiro de alívio. É uma solução tecnicamente inofensiva mas muito perigosa no plano humano. Ela bem ilustra o fato de que o que é tecnicamente possível não é necessariamente desejável.[20]

Que distinguiria o recurso a uma técnica de origem veterinária como sendo veterinário ou terapêutico? Certamente que não a técnica em si mesma. As complicações médicas possíveis (infecção, gravidez extra-uterina)? Não só: elas podem ocorrer em outras técnicas. Mais provavelmente, as conseqüências de certos fracassos: estar grávida do cunhado, por exemplo, em caso de não-recuperação do ovo. Permanece entretanto o problema do próprio êxito: que significa a proposição de inseminação da irmã fecunda pelo esperma do cunhado?

VARIANTES E OPÇÕES

Na própria definição das "variantes", podemos observar que é a partir da própria técnica da Fivete que são concebidas e simuladas situações inéditas que, por definição, não resultam de uma demanda de um sujeito, mas serão eventualmente objeto de uma proposição.

---

[20] *Ibid.*, p. 145.

A OFERTA BIOMÉDICA DE FILHO

"Sob este título não são reagrupadas técnicas originais, mas modalidades de utilização da Fivete que, para levarem ao nascimento da criança, dependem da intervenção temporária de uma mulher ou de um casal estranho."[21] Vê-se perfeitamente, nesta definição, que esta situação extraordinária constituída pela intervenção de uma mulher ou de um casal na fecundação é introduzida como um artifício particular, adjacente (não se trata sequer de uma técnica original), subordinado à técnica da Fivete.

Para ilustrar este ponto, consideremos o fim da obra de J. Testart, quando distingue as variantes da Fivete e seus "desvios" (as aspas são de Testart).[22]

A "doação de óvulo" está inscrita como uma solução possível na lógica do desenvolvimento da FIV correspondendo a um caso particular: "o óvulo pode ser doado por uma outra mulher". Tanto mais que a doação de mulher para mulher é, numa das possibilidades, uma doação de paciente Fivete a paciente Fivete. É portanto efetivamente a própria operação da Fivete que produz a possibilidade do estabelecimento da relação de doação, inclusive, no caso evocado por Testart, de uma paciente que recomeça a Fivete depois de ter conseguido um filho, com a finalidade de oferecer seus óvulos. O mesmo se dá com a última situação evocada, o "empréstimo de útero". É também a situação em que melhor podemos perceber a distância entre a representação espontânea e a realidade que lhe é subjacente. O discurso dos meios de comunicação sobre as mães portadoras (o discurso das próprias mães portadoras, dos casais receptores e dos pais genéticos) movimenta-se na celebração da doação, da relação entre mulheres, etc., num devaneio que enxerga no recurso às mães portadoras uma iniciativa feminina, réplica ao domínio masculino, "científico", da procriação. Situando o empréstimo de útero como uma variante particular da Fivete, Testart enuncia igualmente a dependência real dessa prática em relação à artificialização científica da procriação: o empréstimo é

---

[21] J. Testart, *De l'éprouvette au bébé-spectacle*, op. cit., p. 97.
[22] *Ibid.*, p. 93, fig. 5; p. 105, fig. 6.

definido a partir de duas coordenadas positivas: transferência de embrião, possibilidade de utilizar uma mulher voluntária para compensar a deficiência uterina da mãe genética.

O círculo se fecha quando as situações, sem intervenção da Fivete, mas permitindo a doação de óvulo, o empréstimo de útero ou a doação de embrião, são apresentadas como variantes "naturais". A propósito do empréstimo de útero, Testart escreve: "Esta prática é conhecida desde sempre, pois de forma alguma necessita uma intervenção médica evidente se houver relação sexual, o que também é possível em caso de inseminação artificial: a introdução de esperma na vagina no momento favorável está tecnicamente ao alcance de qualquer casal (ou qualquer mulher sozinha)."[23] Mas essas práticas "conhecidas desde sempre" só se desenvolveram — tanto no imaginário dos sujeitos quanto na realidade das práticas — na medida da difusão das práticas "médicas" pelos meios de comunicação. E é evidentemente a única razão pela qual podem ser justificadamente apresentadas como "variantes" da Fivete, embora de forma alguma pressuponham uma intervenção do tipo Fivete.

Testart distingue dessas "variantes" o que qualifica de "desvios" da Fivete. Que diferencia um desvio de uma variante? A resposta não é simples, e de qualquer maneira não pode ser extraída de uma definição diferencial de técnicas, pois podemos acrescentar à lista dos desvios caracterizados as próprias variantes. "A esses desvios caracterizados somam-se eventualmente as técnicas descritas como 'complementares' ou 'variantes' da Fivete, que podem constituir 'desvios' a partir do momento em que seu uso vem a ser privado de legitimação médica."[24]

Qual é o conteúdo da "legitimação médica" de uma intervenção do tipo Fivete? "Permitir a um casal estéril ter um filho ou assegurar, já a partir da concepção, a 'normalidade' da criança que virá."[25]

---

[23] J. Testart, *De l'éprouvette au bébé-spectacle, op. cit.*, p. 100.
[24] *Ibid.*, p. 107.
[25] *Ibid.*, p. 101

A OFERTA BIOMÉDICA DE FILHO

Antes de examinar detalhadamente o funcionamento da "legitimação médica", é determinante que observemos que é o próprio desenvolvimento das técnicas que na realidade produz o próprio desvio, imputando-o a sujeitos imaginários. É extremamente cômodo, mas pouco convincente, atribuir a motivações homossexuais a "paternidade" de uma operação que consiste em provocar *in vitro* a fusão de dois óvulos. Pois bem pode ser que esta operação, em seu princípio, seja desejada por certos casais de mulheres homossexuais; o próprio paralelismo entre os exemplos de variantes e de desvio deixa claro que esta operação é para começar uma operação que, como a gravidez masculina, a clonagem, é alvo de pesquisas no contexto de um "desvio" científico que manifesta a lógica da exploração de possibilidades ou de impossibilidades biológicas absolutamente independentes dos desejos deste ou daquele sujeito.

Por enquanto, os únicos "sujeitos" são em geral camundongos homossexualizados, que naturalmente não demandam nada. Os "desvios escandalosos" de hoje são provavelmente as variantes banalizadas de amanhã. Testart não está errado ao ironizar a indignação ética virtuosa que se manifesta a propósito das pesquisas deste tipo. Simplesmente, não pode ir até as últimas conseqüências de sua lógica quando reintroduz a mentira da legitimação médica. "É praticamente impossível saber se o progresso médico corresponde a uma demanda real de consumidores ou se é produzido por um lobby... Ninguém pedira aos biólogos que inventassem a Fivete, pelo simples motivo de que este tratamento da esterilidade não fora previsto (e por outros motivos decorrentes do lugar do imaginário na sexualidade)."[26] Trata-se efetivamente de uma incerteza, ou não seria o caso de conceber de outra maneira a articulação entre o desenvolvimento da lógica do biopoder e a forma de subjetivação que se apresenta como "demandas"?

Uma coisa, em todo caso, é certa: a "invasão" das técnicas biomédicas pela "demanda" fantasista dos sujeitos traduz de maneira invertida o processo real de fabricação da demanda pela indução científica.

---

[26] *Ibid.*, p. 115.

O DESEJO FRIO

Analisar o processo real pressupõe que exponhamos: *1)* a programação das técnicas procriativas; *2)* os mecanismos pelos quais o programa de procriação pode transformar-se em demanda.

PEÇAM O PROGRAMA!

Encontramos magnificamente exposto este princípio na tirada final — que se vai tornando antológica — de um livro dedicado por Jean-Louis Touraine à descrição do desenvolvimento de uma técnica particular visando permitir a sobrevivência de crianças com déficit imunológico mediante implante de tecidos fetais. Deixando de lado esses objetos positivos, seus horizontes se elevam:

> Daqui a pouco, estou convencido, o desenvolvimento fetal poderá desenvolver-se *in vitro*, numa espécie de incubadora particular, de sua origem a seu fim. A fase durante a qual ainda hoje a maturação fetal deve necessariamente ocorrer num útero reduz-se progressivamente. Os primeiros estágios do desenvolvimento embrionário são cada vez mais fáceis de induzir e controlar em laboratório; a idade a partir da qual o feto torna-se viável fora do útero materno recua a cada ano. Chegará o dia em que as duas etapas convergirão; entre o início em tubo e o fim em incubadora, não será mais indispensável que o feto transite por um útero feminino. O parto existirá sem gravidez. E não resta dúvida de que, quando vier a ser desenvolvido, este método tenderá a generalizar-se. No início, algumas mulheres recorrerão a ele em razão de uma doença contra-indicando a gravidez, logo outras mulheres optarão por este método por escolha pessoal, finalmente a maioria reivindicará esta possibilidade. Algumas, movidas por sentimentos românticos ou nostálgicos, farão objeções de ordem psicológica. Caberia entretanto esperar que a atração "retrô" e a poesia de uma gravidez "como no tempo da vovó" venham a pesar mais que as possibilidades de liberação da mulher e o aperfeiçoamento do acom-

panhamento médico do feto? Não obstante certas reservas, certas críticas expressas aqui e ali, nada poderá opor-se efetivamente a este avanço. Para a mulher, será um novo passo na conquista de uma liberdade legítima, com uma capacidade de trabalho e uma disponibilidade para o lazer iguais às dos homens. Para o médico, será o acesso muito mais fácil ao diagnóstico pré-natal de muitas doenças. Para a criança desejada, o afeto dos pais se desenvolverá tão seguramente quanto em relação a uma criança adotada e por muito tempo esperada. Tanto no homem quanto na mulher, assistiremos a uma evolução psicológica considerável, muito mais importante que após a generalização da contracepção científica. Nessa nova era, o papel privilegiado da mãe na educação dos bebês se esvanecerá. O pai estará em igualdade de condições com a mãe. Certos homens, enciumados dos vínculos especiais que se estabelecem entre a mãe e a criança por nascer, já manifestam sua impaciência. Nessa época que se anuncia, a mãe e o pai poderão acompanhar visualmente o desenvolvimento fetal, e seu afeto pelo novo ser se desenvolverá simultaneamente. Naturalmente, existe o risco de que dirigentes políticos ou grupos de indivíduos se sintam tentados a exercer uma regulamentação quantitativa ou qualitativa dos nascimentos. Será preciso precaver-se, uma vez manifestadas as possibilidades técnicas, pelo estabelecimento de uma regulamentação que permita fazer frente a toda utilização nefasta.[27]

Ninguém, que se saiba, é "demandante" desta hipótese, cuja instauração inelutável é demonstrada por J.-L. Touraine. Além do mais, o autor frisa como se desenvolverá a demanda suscitada por esta oferta da hipótese procriativa, e como a "escolha pessoal", ao lado da indicação terapêutica, será estritamente programada e apreciada em função de sua congruência com as finalidades racionais da empreitada. Podemos até prever que os psicólogos serão então convocados a negociar um sentimento mal definido: a nostalgia do passado...

---

[27] Jean-Louis Touraine, *Hors de la bulle*, Flammarion, Paris, 1985, p. 226.

Pode-se assim passar, sem qualquer dificuldade, de uma discussão sobre os problemas referentes ao implante de tecidos fetais a amplas perspectivas sobre uma reprodução inteiramente artificial. No primeiro tempo, a justificação terapêutica pode ser validamente discutida. No segundo, dentro do mesmo discurso, deixamos o terreno da resposta a uma demanda, em proveito de um programa de pesquisa que tem como objetivo a disponibilização para todos da "livre escolha" de um modo de reprodução. Naturalmente, este objetivo é apresentado como a evolução inelutável do "saber" e da "técnica". Ora, esta representação denega a mobilização do desejo e lhe escamoteia os efeitos: a submissão dos sujeitos a este desejo que a "ciência" sabe.

Não se trata portanto de uma resposta a uma demanda: a articulação das "concepções secretas da procriação" do adulto com o imaginário dos biólogos produz uma *oferta de demanda*. O programa de pesquisas sobre a reprodução engendra a pesquisa de um programa. Consideremos por um momento o que Françoise Laborie agrupa como modalidades de procriação oferecidas no mercado atualmente.[28] O próprio quadro dos "novos modos de procriação" aparenta-se a um catálogo de La Redoute (ver página ao lado).

Aqui, entretanto, como se dá a propósito das discussões habituais sobre o eugenismo, uma certa forma de dramatização-glorificação prospectiva, em inteligência com o futuro em forma de ficção científica, mascara, falando do futuro, uma realidade atual absolutamente empírica: o domínio já hoje exercido pelos discursos e práticas da procriação artificial sobre a relação dos sujeitos com a concepção. Desse modo, esterilidade e fertilidade não podem ser definidas como dados independentes: sob muitos aspectos, são definidas pelo estado do próprio processo reprodutivo.

O domínio progressivo dos cientistas sobre o processo de reprodução, e especialmente sua parte visível, o domínio técnico e médico das

---

[28] Françoise Laborie, "Ceci est une éthique", *Temps modernes*, jan.-fev. 1985, p. 1229.

A OFERTA BIOMÉDICA DE FILHO

Pais que demandam filhos			Sujeitos ditos doadores ou de substituição			
Mãe		Pai	Mulher		Homem	
Útero	Ovócito	Espermatozóide	Útero	Ovócito	Espermatozóide	
X	X	X				"Concepção tradicional"
X	X	X				IAC
X	X				X	IAD
X	X	X		X		Transplante de ovócitos
X		X		X		Doação de ovócitos
X				X	X	Doação de embrião
	X	X	X			FECUNDAÇÃO IN VITRO 1
	X		X	X		FECUNDAÇÃO IN VITRO 2
		X	X	X	X	FECUNDAÇÃO IN VITRO 3
			X	X	X	FECUNDAÇÃO IN VITRO 4
		X	X	X		Mãe portadora
			X	X	X	Adoção

O DESEJO FRIO

esterilidades certificadas alteram as noções de esterilidade e fertilidade (as noções intermediárias de subfertilidade, hipofertilidade — designando as "dificuldades" para procriar não obstante tentativas reiteradas —, os qualificativos primário, secundário, temporário — designando a variável tempo — demonstram claramente a complexidade de tais noções). Elas passam a ser avaliadas pela medida dos êxitos científicos. Com efeito, estes lançam luz, por sua vez, sobre a reprodução humana "natural". Constituem uma referência imaginária (têm êxito onde a "natureza" fracassou) e real (mais eficazes, dentro em breve, e mais precisos que a procriação comum), um modelo e uma modelagem das atitudes individuais e coletivas.[29]

A lógica da reprodução tecnológica dos humanos é portanto o elemento motor da procriação artificial: não cabe deduzi-la da demanda que ela induz e cuja ação deverá ser acompanhada. Uma forma de exemplificá-lo consistirá em deter-se numa confusão sintomática. É comum anexar à "procriação artificial" o fenômeno das *surrogate mothers* ou mães de substituição, mães portadoras. Ora, na maioria dos casos, a maternidade por substituição dispensa perfeitamente toda intervenção tecnológica, pois se realiza por relações sexuais entre uma mãe portadora e o marido da mulher estéril. A não ser que estendamos a noção de "artifício" à relação sexual extraconjugal, caso em que desaparece o caráter novo da procriação artificial; ou que consideremos o uso artesanal de uma seringa para a inseminação como uma "tecnologia nova". Apontando esta confusão, a propósito da "maternidade para outrem", R. Frydman escreve:

Uma confusão é habitual: a de considerar que a "maternidade para outrem" é uma técnica de procriação (confusão mantida na pesquisa

---

[29] L. Gavarini, "De l'utérus sous influence à la mère-machine", in *Maternité en mouvement, op. cit.*, p. 282.

A OFERTA BIOMÉDICA DE FILHO

SOFRES-*Le Monde* de junho de 1985). Como se ela representasse um progresso da pesquisa, proporcionado pelo desenvolvimento da ciência. Explicamos mais acima que esta prática da "maternidade para outrem" não repousa em qualquer inovação tecnológica. Sua mistura com autênticos trabalhos científicos visa apenas a conferir-lhe um verniz de respeitabilidade.[30]

Entretanto, à parte o fato de que a própria existência da gestão "médica" da IAD levanta exatamente as mesmas objeções, não podemos deixar de nos interrogar sobre a origem dessa confusão sintomática, que assimila práticas técnicas, biológicas (por exemplo, a IAD) e práticas sociais (basicamente variedades de adultério no sentido etimológico). Cabe supor que, apesar de tudo, as duas não deixam de ter relação. Não apenas as práticas biológicas também são relações sociais (o que designo como "relações de procriação") como provavelmente exercem um efeito desinibidor ao relativizarem arranjos incongruentes com ajuda dos meios de comunicação. Assinalando a relatividade das funções maternal e paternal, recortadas biologicamente, elas reforçam certos modelos de "arranjos" sociais que, em compensação, nada têm de inéditos, como os antropólogos gostam de indicar. Examino mais adiante este argumento antropológico e sua ambigüidade, assim como certas interpretações que opõem as técnicas "masculinas" de reprodução e as iniciativas "femininas" (mães de substituição). Por enquanto, é preciso frisar a sutil força indutora dos modelos biotecnológicos. Temos disto uma bela ilustração no seguinte trecho da obra de Robert Clarke, a propósito da entrevista de um casal que recorreu à maternidade substitutiva. "— Vocês têm a impressão de estar fazendo algo que contribuirá para o progresso da ciência? — foi-lhes perguntado. — Tenho realmente a sensação de estar agindo para o futuro. Lamento que não se fale o bastante dessas questões. Quanto a nós, gostamos de participar de entrevistas. Ten-

---

[30] R. Frydman, *L'Irrésistible Désir de naissance*, op. cit., p. 152.

tamos conscientizar o público de que coisas muito importantes estão acontecendo neste terreno."³¹

Diálogo de surdos? Em absoluto. Estranhar a incongruidade da própria pergunta sobre a "ciência", perguntando o que está fazendo ela nesse contexto, tomar a resposta como uma resposta despropositada, sem relação com uma questão incongruente, significa passar totalmente ao largo de um acorde perfeito sobre o implícito, no qual a ciência é definida, de acordo com a imagística dominante em que a envolvem os meios de comunicação, menos como a positividade restrita do que se sabe do que como a potencialidade indefinida do que se fará, como ficção científica. A partir daí, logicamente, assim como a esterilidade torna-se cada vez mais o traço que explora, atrás de sua passagem, o trajeto da apreensão tecnológica da reprodução, a própria ciência torna-se o que resulta no caso de modestas audácias pioneiras, ainda que as da automasturbação generosa. Ficção científica, mas também mediunidade científica na qual já se torna praticamente impossível distinguir ("tentamos conscientizar o público de que coisas muito importantes estão acontecendo neste terreno") o que poderia ser o discurso do cientista, do jornalista ou de um interlocutor qualquer.

Podemos observar, no mesmo sentido, o modo pelo qual nos habituamos a evocar a "demanda" dos sujeitos, que ressalta claramente a força da oferta de experimentação. Assim é que chamaremos a atenção, a propósito das pesquisas sobre a gravidez masculina, do "desejo de transexuais de serem incluídos nesses tipos de programas". É este com efeito literalmente o único "desejo" em questão em sua procriação (ou sua transexualização), artificialmente o *desejo de ser incluído* no desejo do outro, por exemplo sob a forma em que ele toma vosso corpo como objeto de experiência.

---

³¹ Robert Clarke, *Les Enfants de la science*, Stock, Paris, 1984, p. 122.

A INDUÇÃO DA DEMANDA

Como o programa de procriação se transforma em "demanda"? A resposta deve ser buscada no discurso dos promotores das técnicas e em sua difusão pelos meios de comunicação. A característica principal da procriação artificial é que se torna cada vez mais difícil distinguir discurso "científico" e discurso de mídia, como se pôde constatar na confusão do discurso dos "pacientes".

A propósito da Fivete, J. Testart observa: "As indicações médicas se ampliam com os crescentes sucessos: o método poderia tornar-se mais eficaz que a reprodução natural, que poderia então passar a ser praticada apenas pelos ecologistas."[32] Mas de que maneira as indicações se ampliam, senão precisamente pelos efeitos do discurso do desempenho?

O discurso promocional das técnicas da procriação artificial repousa num argumento central: a partir do momento em que o artifício for tão eficaz quanto a natureza, a fecundação externa tão funcional quanto a fecundação natural, inaugurar-se-á o reino da eficácia que enquadrará a procriação natural entre as práticas retrógradas. É esta a evidência martelada nos discursos sobre os resultados. Evangelho da nova procriação. A prática do "extravasamento" das demanas é imediatamente legível no próprio discurso dos promotores sobre suas técnicas, na superestimação sistemática dos resultados das técnicas de procriação artificial. Todos sabem que não é a mesma coisa dizer dez por cento de êxitos ou noventa por cento de fracassos, para um leitor não familiarizado com a metodologia conducente a este resultado. Mas esta lógica aparentemente pouco "científica" é perfeitamente racional, desde que a consideremos como o próprio meio através do qual vem a ser organizado num discurso o extravasamento das demandas possíveis.

Podemos encontrar, nos trabalhos de Joachim Marcus-Steiff,[33]

---

[32] J. Testart, *De l'éprouvette ao bébé-spectacle, op. cit.*, p. 11.
[33] Marsden G. Wagner e Patricia Saint-Clair, "La Fivete bénéficie-t-elle à tous?", in *Le Magasin des enfants*, p. 107-117.

uma análise rigorosa de um aspecto determinante do processo que conduz à fabricação da demanda. J. Marcus-Steiff estabelece para começar que não dispomos de um conhecimento positivo rigoroso dos efetivos índices de êxito da FIV. Ele evidencia um exagero sistemático dos resultados médicos. "Uma hipótese (simples) permite ligar esses diferentes fatos uns aos outros: os índices reais de sucesso da fecundação *in vitro* são atualmente muito mais fracos do que desejariam os médicos que desenvolvem essas técnicas. Alguns deles apresentam 'índices de êxito' mais favoráveis (porque parciais, excepcionais, calculados de forma positiva, incluindo crianças concebidas naturalmente, etc.) *em lugar* dos índices reais de sucesso." Antes de demonstrar em detalhes os mecanismos dessa exageração, ele frisa seu contexto ético e prático, a saber, a credibilidade do discurso biomédico, já posta em dúvida por Michel R. Soulès[34] e Nicole Athéa.[35] Pois não obstante diferenças muito acentuadas nos resultados, centro por centro, "o público é às vezes levado a crer que o número que ouviu é um índice médio válido para todos os outros. Ou seja, a tomar a exceção pela regra".[36] A partir daí, o autor questiona a ética do discurso médico, ao mesmo tempo em sua posição de juiz e parte, *via* o Comitê de Ética que se incumbe de organizar uma "consulta pública" sobre a base de uma tal ausência de informação, e em sua flagrante subestimação dos riscos médicos da FIV.[37]

Mas ele também demonstra o papel capital dos meios de comunicação de massa, na medida em que reproduzem em grande escala uma desinformação originada na fonte, dando conta apenas do positivo e retomando o discurso triunfalista dos biomédicos que se exprimem

---

[34] Michel R. Soulès, citado *in* Marcus-Steiff, *art. cit.*
[35] Nicole Athéa, "La fécondation *in vitro*: de l'anarchie à une réglementation", Mémoire de santé publique, fevereiro de 1985, Rennes; "La stérilité: une entité mal définie", in *La magasin des enfants, op. cit.*
[36] J. Marcus-Steiff, "Pourquoi faire simple quand on peut faire compliqué?", *art. cit.*, p. 5
[37] *Ibid.*, p. 8-11.

sobre o assunto. A única interpretação coerente dessas práticas estranhas parece-lhe ser que transformam os casais estéreis em candidatos da FIV, posição explícita de J. Testart: "A outra singularidade da Fivete é que já conhece um importante desenvolvimento no setor privado, sobretudo fora da França; assim, para contribuir para o recrutamento de uma 'clientela' internacional, existem maneiras vantajosas de apresentar os resultados que, mesmo sem adulteração dos números, não dão conta da totalidade do processo."[38] Soulès, por sua vez, afirma que "a prática geral que consiste em exagerar os índices de gravidez da FIV parece ser um procedimento destinado a transformar os casais estéreis em candidatos à FIV".[39]

A análise de J. Marcus-Steiff dá conta de uma forma rigorosa de uma situação de fato: a superestimação generalizada dos índices publicados. Mas seria fácil extrair-lhe uma conclusão simplista num ponto fundamental. Dar ênfase à debilidade dos resultados efetivamente obtidos na maioria dos centros de Fivete que se multiplicaram de forma alguma implica que resultados muito superiores não possam ser obtidos de forma relativamente rápida em um bom número de centros. Se o aspecto que mais chama a atenção dos mecanismos de indução da demanda reside hoje nessa revisão pelo alto, isso não deve levar-nos a esquecer o objetivo geral, claramente designado, ainda que não raro longe de ser alcançado, que é não apenas de igualar pela Fivete o índice da fecundação natural como, se possível, superá-lo, inicialmente em determinados centros, e posteriormente nos demais. Em conseqüência, a análise da economia do "bebê-business" num dado momento não põe em causa radicalmente a tendência geral, tal como se exprime no texto de J.-L. Touraine e seu programa. Nessa perspectiva, podemos retomar a formulação de Testart sobre a Fivete, que "é apenas duas vezes menos eficaz que a natureza". Podemos identificar aí, como fazem F. Laborie e J. Marcus-Steiff, um dos exemplos de uma apresentação vantajosa, a um ponto paradoxal, dos

---

[38] J. Testart, *De l'éprouvette au bébé-spectacle, op. cit.,* p. 84-85
[39] M. R. Soulès, citado in Marcus-Steiff, *art. cit.,* p. 48.

resultados da Fivete. Situada em seu contexto, entretanto, essa formulação adquire uma dimensão totalmente diferente:

> Cabe questionar o desempenho relativo da Fivete, que no fim das contas é apenas duas vezes menos eficaz que a natureza, não obstante a mobilização de uma série de manipulações que injetam "artifícios" na totalidade do processo de reprodução: estimulação hormonal dos ovários, captura do óvulo antes da ovulação, tratamento do esperma, casamento dos gametas [sic] e cultura do ovo em ambiente sintético, introdução precoce do embrião no útero... É precisamente por causa da criação de uma situação artificial controlada que, apesar dessas manipulações, a fertilidade não é completamente suprimida pelas perturbações induzidas nos gametas e no aparelho genital feminino, e é certamente por ser a fertilidade humana naturalmente fraca que a Fivete surte efeito relativamente bom no Homem. Comparada às espécies animais, nossa espécie é mal adaptada à reprodução: a produção ovariana é fraca (um único óvulo por mês), o esperma é freqüentemente deficiente (20 a 25% dos homens apresentam um espermograma "anormal") e sobretudo não há qualquer controle comportamental do momento da fecundação e logo da idade dos gametas suscetíveis de se encontrarem, ficando a relação sexual na dependência de circunstâncias psicológicas, mais que de regulações fisiológicas.[40]

Em outras palavras, o atual desempenho medíocre da Fivete deve ser situado em relação às condições da fecundação natural na espécie humana; menos como um resultado já encorajador do que como um recurso tecnológico ostentado como alternativa aos "medíocres resultados" de uma fecundação natural dependente de "circunstâncias psicológicas".

É esta mudança de fundamentos, o curto-circuito de regulações fisiológicas dominadas por resistências psicológicas, que vem a ser, de

---

[40] J. Testart, *De l'éprouvette au bébé-spectacle, op. cit.*, p. 88-89.

longe, o aspecto determinante da Fivete e da procriação artificial em geral, e não o índice de sucesso efetivo ou alegado.

AMBIGÜIDADES DA ANÁLISE DA OFERTA DE DEMANDA

Para J. Marcus-Steiff, o estudo dos índices de sucesso alegados da FIV é um exemplo do "funcionamento de nossas sociedades no terreno da produção, da mediação e da utilização da informação sob suas diferentes formas (saberes, representações, discursos)..., uma das questões colocadas por esta análise dos índices de sucesso da fecundação *in vitro* é portanto o dos meios de comunicação na seleção e até mesmo na produção dos conteúdos".[41] Com toda certeza a integração dos meios de comunicação à própria produção dos conteúdos — dos objetos de pesquisa científica — é um acontecimento. Mas a menção das "resistências psicológicas" revela claramente o que está em jogo na retórica científica.

Pois o fato é que a mediatização das pesquisas está relacionada ao triunfalismo "científico". Cabe duvidar que este triunfalismo tenha alguma coisa a ver com uma atitude científica, dita objetiva. Mas será antes de mais nada preciso demonstrar que esta última reina universalmente *de facto* nas práticas científicas. Os debates atuais sobre a falsificação dos resultados científicos tomam o pulso do fenômeno. Mas o problema principal não está aí. Consiste ele em descrever e analisar como este dispositivo de pesquisa mediatizado dirige-se de certa forma aos sujeitos e procura dobrar as "resistências psicológicas" à concepção. Deste ponto de vista, a utilização dos índices de sucesso da FIV e, de maneira mais ampla, as formas mediáticas do discurso científico, persuasivo, da procriação artificial devem ser consideradas como a manifestação exterior mais visível de uma operação

---

[41] J. Marcus-Steiff, "Pourquoi faire simple quand on peut faire compliqué?", *art. cit.*, p. 13.

pela qual os sujeitos são liberados de uma relação com a procriação dominada até então por ideologias essencialmente religiosas, em proveito da gestão científica da procriação e de sua proposição de eficácia. A retórica é, para começar, uma forma de se dirigir aos sujeitos, uma proposta de legar seu corpo vivo à ciência.

Podemos encontrar uma confirmação das análises anteriores comparando a primeira e a segunda versões da obra de J. Testart. Esta comparação é instrutiva, desde que distingamos claramente as declarações explícitas e as inferências implícitas que podem ser feitas, às quais me tenho referido até aqui a propósito da primeira versão, por exemplo, estudando a relação entre "variantes" e "desvios". Esta distinção é indispensável por dois motivos:

1) A segunda versão, mesmo conservando o essencial da apresentação "técnica" da Fivete (com desdobramentos que a atualizam), promove um enquadramento em perspectiva "ética" que contribui para a investigação da inexorável evolução da procriação artificial para uma manipulação científica da identidade.

O próprio rigor da crítica, o peso que lhe é conferido pela decisão pessoal do autor de interromper suas pesquisas neste terreno têm por efeito introduzir um certo hiato entre a análise de um processo (o desenvolvimento da procriação artificial e especialmente da Fivete) e a argumentação de uma defesa de ponto de vista.

2) Na primeira versão, a fabricação da demanda pelos próprios efeitos da concepção das técnicas e de sua experimentação, de sua difusão, é mal interpretada, já que o princípio do "desvio" é apresentado como exterior: é a "demanda" dos sujeitos que "desvia" o processo científico. No lugar dessa representação insustentável, a segunda versão introduz em vários pontos uma visão muito diferente: "Ela [a técnica] prepara os espíritos para temer, em seguida para admitir e afinal para pedir que este ovo seja submetido a novas manipulações."[42]

Da mesma forma, mais adiante: "A técnica produz um desejo que

---

[42] J. Testart, *L'Oeuf transparent*, Flammarion, Paris, 1988, p. 28.

não teríamos ousado imaginar."[43] A heresia dos desejos vem portanto a ser claramente relacionada ao próprio movimento do desenvolvimento tecnológico e científico.[44] O título da argumentação sobre "desvios" (com aspas) passa a ser *perversões* (sem aspas). Certos projetos são explicitamente qualificados como sem sentido.[45]

Entretanto, o reconhecimento do caráter intrínseco (vale dizer, inerente ao próprio modo de desenvolvimento do programa de pesquisa científica) do extravasamento dos projetos da programação da demanda depara-se com um duplo limite. Por um lado, a antiga concepção da demanda exterior volta a se manifestar. "Vou parar, não quero ser arrastado por uma demanda que não possa controlar", declara Testart.[46] "Vamos tender para uma demanda completamente diferente, a de uma criança calibrada."[47] Cabe perguntar: que aconteceria com uma demanda que o autor conseguisse controlar? Na realidade, o fantasma da "demanda não controlada" representa, invertendo-a, a realidade que constitui problema: a saber, precisamente, o exercício positivo atual de um controle muito real, o da demanda pelo corpo biomédico. Pois o controle de que se trata nada tem a ver com um conhecimento exaustivo nem com um fantasma de intervenção ilimitada; corresponde prosaicamente ao exercício limitado, mas efetivo, de micropoderes de decisão sobre o corpo sexuado dos sujeitos.

Esta oscilação da concepção da demanda está provavelmente ligada à identificação, por Testart, da medicina como lugar ao mesmo tempo de detenção e de fabricação da demanda e do poder. O capítulo III, que não constava da primeira versão, representa um ataque virulento contra a autoridade médica e o poder médico. No momento em que a medicina depende cada vez mais estreitamente da biologia e os médicos, dos biólogos, o progresso da biologia estaria nas mãos dos médicos. "Onde está a verdade científica da prática médica?",

---

[43] *Ibid.*, p. 29.
[44] *Ibid.*, p. 103.
[45] *Ibid.*, p. 102.
[46] *Ibid.*, p. 24.
[47] *Ibid.*, 22.

pergunta Testart, desenvolvendo a idéia de que o questionamento ético proviria do laboratório, não dizendo respeito à prática clínica. Descartando o empirismo dos critérios de aceitação das demandas pelos médicos transformados em recrutadores de pacientes, ele invoca a necessidade de um controle político. Ora, cabe aqui dissociar duas questões muito diferentes.

• A questão do caráter "terapêutico" dos atos de intervenção na procriação artificial se coloca desde o início, e desemboca numa análise da evolução da medicina para o que já se convencionou chamar de medicina do conforto ou da conveniência (se não do "desejo", como se acaba dizendo, muito embora, justamente, não se trate dele).

• O questionamento da prática médica em sua relação com a biologia e com o saber científico coloca um problema bem diferente, e particularmente no ponto aqui em consideração: a atribuição da indução da demanda à medicina. "A crescente solicitação da intervenção médica induz a transformação de práticas individuais em práticas institucionais."[48]

Acontece que, neste ponto, as análises de Testart permitem pôr em dúvida esta representação. Pois as hipóteses procriativas, o programa de reprodução artificial, as "variantes" técnicas, as montagens de projetos experimentais evidentemente nada devem em suas "concepções" ao "poder médico" — ainda que este venha em seguida a ser exercido. Testart mostra-se mais inspirado quando evoca "o encadeamento inexorável das técnicas geradoras de outras técnicas menos inocentes", ou quando formula o paradoxo de uma lógica da não-descoberta: "O pesquisador não é o executante de todo projeto que nasce da lógica própria da técnica."[49]

Isso significa situar o princípio do extravasamento no próprio seio da lógica da descoberta, privando-se das comodidades apresentadas por sua atribuição às "más aplicações". Deste ponto de vista, pa-

---

[48] *Ibid.*, p. 121.
[49] *Ibid.*, p. 133.

radoxalmente, a transformação dos "desvios" em "perversão" é mais uma posição moral que um progresso na análise. As aspas indicavam claramente, com efeito, que os "extravasamentos" eram muito mais, do ponto de vista da lógica da pesquisa, ramificações, caminhos como outros quaisquer.

Mas também é a partir daí que podemos sentir a diferença entre o programa de J.-L. Touraine, seu futuro, e o futuro de Testart. Concluindo um raciocínio sobre o diagnóstico genético, efetivamente, ele escreve:

> Naturalmente, cada cariótipo fornecerá simultaneamente o sexo do embrião, e podemos esperar que a Fivete permita selecionar, entre os ovos a serem transplantados, aquele ou aqueles que correspondam ao sexo desejado, à margem de qualquer patologia parental. A escolha, para a Fivete, de uma criança que seja menino ou menina será feita para começar nos casos em que exista um risco importante de doença hereditária ligada ao sexo. Não faltará quem ranja os dentes durante os preparativos, mas todos aplaudirão quando se manifestar a proeza biomédica; imediatamente será colocada a questão da utilização desse método por motivos não justificados medicamente; terá início um grande debate, durante o qual serão pronunciadas belas frases, que terão de ser conservadas em nossas bibliotecas para regalo das gerações futuras: por um lado, a liberdade de escolha, por outro, a sujeição ao acaso; o debate não estará ultrapassado antes mesmo de começar?[50]

O programa do futuro não será provavelmente muito diferente. Mas não é a mesma coisa celebrar, no controle, o avanço do controle, e se questionar sobre o que fatalmente ocorrerá caso não se oponha resistência. É a diferença entre um tom de messianismo científico e o que Testart muito apropriadamente chama de reticência de qualquer um.

---

[50] *Ibid.*, p. 122-123.

DISPOSITIVOS ATUAIS DO BIOPODER

O debate a respeito dos índices de êxito da FIV pode ser considerado de vários pontos de vista. Seria possível reduzir as diferenças de estimativas ao plano estritamente científico e técnico, se a flagrante manipulação dos resultados não forçasse a levantar questões diferentes, de ética e de política científica. Mais globalmente, entretanto, ele é revelador da transformação das bases da procriação, de sua submissão a exigências de rendimento e desempenho. A procriação tende a tornar-se um processo cientificamente regulado, que rivaliza com o da "natureza", a própria efetuação desse processo racionalizado exigindo que os sujeitos a ele se associem. A superestimação dos índices de sucesso reveste-se portanto de um caráter funcional, já que tem por efeito, ao suscitar candidaturas à PMA, alimentar a procreática em sujeitos.

Na mesma perspectiva, a crítica do manejo da noção de esterilidade.

A ambigüidade da referência à esterilidade continua constante e insistente, muito embora numerosos autores, tanto médicos quanto sociólogos e demógrafos, se tenham empenhado em diferençar com todo cuidado esterilidade e infertilidade, assim como a relação entre os conceitos médicos e demográficos[51] a respeito da infecundidade. Cabe portanto concluir que o jogo permanente com os termos, longe de ser um fenômeno secundário, uma espécie de impropriedade relaxada, é pelo contrário o aspecto central do objeto. Verifica-se desse modo a justaposição da evocação do significado médico rigoroso de esterilidade e infertilidade e a organização de uma estratégia médica ativista em relação à infertilidade que volatiliza essa distinção.

Cabe esperar a superação dessas dificuldades com a abordagem da questão em termos de "produção da esterilidade".[52] Essa perspectiva tem um duplo alcance: 1) tem a vantagem de assinalar a natureza histórica do objeto médico, definido sob o nome genérico de esterili-

---

[51] Ver bibliografia *in* Nicole Athéa, "La stérilité: une entité mal définie", in *Le Magasin des enfants* (col.), *op. cit*., p. 68-71.
[52] N. Athéa, *op. cit*., p. 39.

dade, ligando a constatação das impossibilidades de conceber a uma constelação de causas (da contracepção aos efeitos iatrogênicos da própria intervenção na infertilidade, passando pelas DST). Nessa direção, podemos avaliar em que medida o interesse pela solução tecnológica eclipsa uma luta contra os fatores socialmente organizados que geram a "esterilidade"; 2) estabelece uma distinção que não é mais formal, entre esterilidade e infertilidade, mas entre as entidades definidas e as próprias estratégias medicinais. Em outras palavras, longe de precedê-las, a própria definição de esterilidade é dependente das técnicas mobilizadas para abordar a reprodução. Esta dependência revela-se muito claramente nas análises dedicadas por N. Anthéa à modificação das práticas ginecológicas pela FIV, à extensão das indicações.[53] Neste sentido, a intervenção médica, pela preponderância das técnicas oferecidas, produz uma extensão considerável da "infertilidade".

Seja como for, infertilidade e esterilidade existem, e são da esfera da medicina. Mas a *demanda* de tratamento que suscitam nos sujeitos é essencialmente ambígua a partir do momento em que é indissociável da oferta de intervenção biomédica. A esterilidade é o ponto de aplicação principal de uma transformação da procriação em processo biologicamente controlado. A medicina funciona como a ligação indispensável que requisita os sujeitos aos quais pode ser aplicada, numa primeira etapa, a racionalização biológica. É para o entendimento do biólogo ou do geneticista, e não do médico, que os sujeitos acometidos de esterilidade podem ser identificados como "casais reprodutores".[54]

Em 1969, M. Foucault opunha à representação espontânea e edificante do saber médico emergindo dos preconceitos o jogo de forças em cujo interior se desenrolava, num sentido ou em outro, a descrição médica:[55] "Embora os etnólogos saibam que a medicina pode ser ana-

---

[53] *Ibid.*
[54] G. David, P. Jalbert, "Problèmes génétiques liés à la procréation artificielle et dons de gamètes: solutions apportées par les CECOS", *Journal de gynécologie obstétricale et de biologie de la reproduction*, n.º 16, 1987, p. 548.
[55] Michel Foucault, "Médecins, juges et sorciers au XVII siècle", in *Médecine de France*, n° 200, 1969, p. 121-128.

lisada em seu funcionamento social, a medicina do século XIX julgou-se capaz de definir o que seria doente, em qualquer lugar ou tempo." Mas "a doença é afinal aquilo que, numa época determinada e em determinada sociedade, vem a ser prática ou teoricamente medicalizado". Desse modo, na história ocidental da feitiçaria e da possessão, a medicalização não corresponde em absoluto a um progresso, ainda que lento, das luzes médicas, antes residindo nas transformações das posições sociais de um sexteto que associa, então, o juiz, o padre, o monge, o bispo, o rei e o médico. Não se trata de perguntar como puderam os médicos, neste caso, descobrir a verdade e arrancar esses doentes à ignorância de seus perseguidores... mas "como os personagens de feiticeiros e possuídos, que estavam perfeitamente integrados nos próprios rituais que os excluíam e condenavam, puderam tornar-se objetos para uma prática médica que lhes concedia um outro estatuto e os excluía de um outro modo".

Rivalidade dos parlamentos e da Igreja, estratégias opostas das ordens religiosas e da Igreja secular, tais são as forças nas quais se inscreve o recurso a um médico: "O nascimento do positivismo médico, os valores céticos de que se imbuiu só adquirem sentido em todo este conjunto de conflitos políticos e religiosos. Ele não se desenvolveu por si mesmo, numa oposição simples às superstições; desde a origem, estava preso a uma trama complexa: as análises médicas eram indiferentemente direcionadas num sentido ou em outro."

Três séculos depois, a situação é a mesma. Os atores naturalmente mudaram, assim como os saberes: o juiz dos parlamentos não se defronta mais com o feiticeiro no contexto de uma luta entre a Igreja, suas ordens e o Parlamento, mas a parte que cabe à descrição médica (esterilidade) e suas intervenções não é mais autônoma em relação às forças exercidas hoje através do biopoder.

E por sinal a análise de Foucault conduz à virada do século XIX, ao momento em que, através da nebulosidade dos vapores, o caso voltará a adquirir corpo na histeria. Como veremos, entretanto, sob muitos aspectos uma continuidade incontestável, às vezes explícita, liga a história da medicalização da histeria ao moderno tratamento coletivo da "esterilidade".

III   O fantasma do saber e sua medicina

A requisição dos sujeitos pela oferta biomédica permanece abstrata se não descrevemos dois fenômenos. O primeiro diz respeito aos elementos inconscientes que se apóiam nas hipóteses técnico-científicas; o segundo, aos que eles mobilizam nos sujeitos.
    Vimos que a definição de variantes das hipóteses procriativas obedece a uma lógica de invenção experimental. Ela desemboca em hipóteses (IAD, FIV, etc.) que têm necessariamente uma dimensão fantasmática.

O DESEJO DE VER E A TRANSPARÊNCIA

No capítulo que dedica à avaliação da Fivete, R. Frydman, depois de um brevíssimo histórico dos conhecimentos adquiridos em matéria de fecundação, associa-a à sublimação da pulsão de ver: "Esta pulsão iria concretizar-se com a fecundação *in vitro* e a transferência de embrião..."[1] O papel regularmente atribuído às proibições de ver, de olhar e de tocar na *petite histoire* da biologia, com tudo que pode implicar em matéria de simplificação, pode ser melhor apreendido se o relacionarmos ao desejo mobilizado, que não pressupõe necessariamente as proibições sociais cuja transgressão invoca.
    A própria menção do desejo de ver, e de seu aspecto transgressivo, tão facilmente reconhecido, deveria indicar em que medida a incriminação da visão transparente do interior, ou do papel da "pulsão

---

[1] René Frydman, *L'Irrésistible Désir de naissance, op. cit.*, p. 62-64.

escópica", da pulsão de ver, quando não do desejo de saber como tal, representa um impasse na "interpretação" da procriação artificial. Pois não há objeto do saber, em qualquer domínio, que não venha então a ser enquadrado nesse tipo de objeção. A visão romanceada do cientista dissecador ou reanimador de cadáveres banaliza esta representação. Será acaso necessário decretar que o interior do corpo materno como real deve ser objeto de uma proibição particular, na medida em que lhe constitui simbolicamente o objeto?

Permanecendo no "ver" e no "saber" em geral, deslocam-se os olhos — no fascínio pelo antro materno e por aqueles (os meninos) que ousam imaginariamente vergastá-lo, nele introduzir seu saber — da cena prosaica de controle, de poder que se exerce. A análise dessa relação passa pela da mobilização das relações de sexo no dispositivo de bioprocriação. Em caso algum o ver em si mesmo, o saber em si mesmo têm o "poder" que lhe é atribuído tão fantasmaticamente, e que disfarça tão oportunamente a ferocidade dos elementos em jogo no diferendo sexual, e os dos dispositivos flexíveis do biopoder.

"A ciência realiza os fantasmas"

A representação da ciência "transgressiva" globalmente, por trás de uma psicanálise da ciência pouco bachelardiana, é essencialmente ambígua. Não há teoria sexual infantil, concepção inconsciente da concepção que não possamos assim encontrar "realizada" nos casos de procriação artificial. Em que, entretanto, e para quem seria a FIV uma realização do fantasma de fecundação sem sexualidade? A separação do ato sexual e da fecundação define um modo particular de sua articulação, não uma fecundação sem sexualidade. O fato de que as demandas singulares suscitadas em alguns sujeitos pela proposição técnico-científica traduzam tais fantasmas não implica que a técnica proposta obedeça obscuramente a esta finalidade. Exceto se considerarmos no mesmo modo que o controle da concepção tem globalmente um significado homicida em relação à "vida".

As pesquisas sobre a fecundação do ovócito pelo ovócito podem ser encaradas, a uma luz diferente da de seu eventual interesse agroalimentar, como abrindo a perspectiva de uma eliminação radical do homem na concepção, sob uma forma que nada fica a dever ao *Scum Manifesto* de Valérie Solanas, que via na castração generalizada dos machos a mola propulsora de uma regeneração da espécie.[2] Caberá decretar então que a Ciência realiza os objetivos da paranóia masculina? Ou será o caso de dizer que esta, pontualmente, exprime seu fantasma nesse modo particular, depois e ao lado de muitos outros? Ainda que quiséssemos insistir nos aspectos coletivos desse fantasma, seria necessário lembrar que não há nenhuma teoria da origem que não se tenha revestido, neste ou naquele momento, e que não continue aqui e ali a se revestir de um caráter de concepção fantasmática socialmente compartilhada. Também aqui passamos por cima do efeito absolutamente inverso dos discursos científicos, cuja positividade, cujo prosaísmo deixam precisamente em suspensão o fantasma.

Esse discurso, que se mostra eloqüentemente impressionado com o reducionismo indiferenciador da ciência em geral, acompanha-a desde sempre; ele faz eco (num modo por sinal fantasmático) a outra coisa que não a lógica científica como tal, a saber, às concepções do mundo, da vida, à filosofia, mais ou menos espontânea, que ela gera secundariamente. No setor das ciências da vida, o aspecto principal dessas representações corresponde ao *artificialismo*.

A IDENTIFICAÇÃO ARTIFICIALISTA

Uma parte integrante do dispositivo que mobiliza a bioprocriação é constituída pelas identificações opostas suscitadas pela atividade científica, técnica, aplicada à vida.

---

[2] Micheline Enriquez, "Fantasmes paranoïaques, différence des sexes, homosexualité... du père", *Topique*, nº 13, p. 23-57.

Para uns, o artifício é a busca do próprio movimento da vida; para outros, representa sua negação. Aquém das posições assumidas a respeito deste ou daquele modo de procriação novo ou das condições em que é utilizado, a procriação artificial mobiliza movimentos identificadores opostos, que se defrontam independentemente dos outros elementos em jogo (especialmente o diferendo sexual como tal).

Neste sentido, trata-se apenas de um episódio particular do debate encetado desde a origem, no Ocidente, a respeito da "técnica". Uma parte dos argumentos, num ou noutro sentido, tem a ver com esta paixão técnica e antitécnica.

Sobre a exaltação artificialista, os trabalhos recentes de François Dagognet[3] fornecem um exemplo notável. Evidentemente, a perspectiva em que é colocada a história epistemológica da biologia está disposta em direção a sua conclusão: um programa biopolítico, em cujo interior o empreendimento da procriação artificial ocupa um lugar determinante. A biopolítica em nada corresponde a uma simples constituição das positividades bio-lógicas, mas representa um empreendimento de dizer o verdadeiro sobre o verdadeiro: assume necessariamente, portanto, a forma de um discurso de legitimação, o artificialismo.

A *natureza-mãe*

Na intervenção artificialista no vivo, a "natureza" é apresentada menos como um ser do que como um obstáculo — o obstáculo naturalista — que F. Dagognet trata no estilo dos obstáculos epistemológicos bachelardianos. Ao elogio da matéria artificial (os plásticos), desvalorizada pelo "naturalismo", segue-se o da desnaturação, da transubstanciação, no qual reencontramos outros temas de estilo bachelardiano, aplicados então à física.

---

[3] François Dagognet, *La Maîtrise du vivant*, Hachette, Paris, 1988; *Nature*, Vrin, Paris, 1990.

Que é o naturalismo segundo F. Dagognet? É um efeito da submissão secular à natureza,[4] uma ideologia da submissão e da renúncia face à natureza. O naturalismo sustenta desde sempre uma guerra ingrata contra o artificial e o sintético, desvalorizados pela relação com o natural insubstituível. "O naturalismo extrai sua inspiração do vivo e exige o respeito do que vive, que não se deve deslocar nem manipular nem tentar imitar." É a tripla argumentação do naturalismo, que já encontramos em Aristóteles.

Seguindo esses três eixos, ele encontra todo o seu desenvolvimento nos filósofos naturalistas, até o século XIX e a moderna ecologia, que orquestra de maneira particularmente dramática o tema dos riscos que o homem corre por modificar equilíbrios naturais. Em suma, no naturalismo, a natureza vem a ser sacralizada, ao passo que todo um movimento das ciências biológicas se caracteriza por uma produção revolucionária de seres biológicos artificiais, que transubstancializa os seres "naturais".

Na medida em que esse naturalismo funciona como obstáculo epistemológico, da história natural à ecologia, podemos supor que seu enraizamento no vivo tem como efeito multiplicar nele as metáforas vivas que o artificialismo deveria tratar de rejeitar. Ora, curiosamente, constatamos que o projeto artificialista é ele próprio integralmente metafórico. A metáfora principal é a do matricídio, do assassinato da mãe Natureza. Mas, se a maternidade atribuída à natureza é repreensível na representação naturalista, como legitimar a do matricídio artificialista?

Da mesma forma, se o gesto do artifício deve dar seguimento ao da natureza, é porque esta é uma mãe insuficiente. Réaumur, citado por Dagognet, já escrevia: "Para os pintinhos, não há mãe natural que se compare à mãe industrial."[5]

---

[4] F. Dagognet, *La Maîtrise du vivant, op. cit.*, p. 60.
[5] René-Antoine Réaumur, "Art d'élever les poulets éclos dans des fours de toutes espèces", Premier Mémoire, p. 20, citado *in* F. Dagognet, *La Maîtrise du vivant, op. cit.*, p. 88.

Não caberia acaso pôr fim aos fracassos de uma vida que foi mal transmitida? Sempre exigimos o direito de aumentá-la, ou de prolongá-la ou corrigi-la; conhecemos, com efeito, a lógica surda que comanda sua atividade. Pois que a exerça! Caso contrário, o homem tem o direito de intervir.[6]
"Que a exerça!" A quem dirige-se o artificiante artificialista? *Nós* quem?

O artificialismo é um naturalismo

Não basta atacar o "naturalismo" para livrar-se dele. Na realidade, a crítica artificializante é simplesmente uma maneira de enunciar a preferência por certas qualidades da natureza e rejeitar outras, mas se trata sempre de fazer como a "natureza", a "vida". Em vez de contemplá-la, reverenciá-la, o projeto é violá-la, penetrá-la, submetê-la para não curvar-se a ela. Fazer melhor, entretanto, ainda é uma forma de fazer parecido: em nada estamos saindo da identificação a seu princípio e de seu culto: estamos mudando os traços de identificação.

O traço escolhido é o princípio de diferença, de diversidade que ela manifesta, ao qual se faz necessário (por quê?) conferir toda a sua (desmesurada) dimensão, quando se desencaminha. O imperativo consiste em salvar a vida "recusando-se a se encerrar com ela".[7] Podemos identificar aí um discurso que atravessa todo o século XIX, e do qual o darwinismo social representa a forma vulgar. Esse discurso sobre a vida seleciona na "vida" os princípios de funcionamento (seleção, eliminação, busca da diferença, etc.) que dominam as relações sociais, e que são os mais capazes de fundar e justificar "naturalmente" (é isto o naturalismo) objetivos de intervenção nos humanos vinculados a todas as formas da destrutividade. A natureza, nessa pers-

---

[6] F. Dagognet, *op. cit.*, p. 162.
[7] *Ibid.*, p. 151.

pectiva, é tudo que os seres humanos se vedaram em suas relações com o semelhante.

Nessas condições, passamos sem dificuldade da reprodução dos mamíferos à procriação humana. Que importa que a procriação seja desde as origens da humanidade, como a morte, dominada entre os humanos pelas relações de sexo, as relações de parentesco e uma forma de sexualidade que nada tem a ver com a reprodução? Não há então qualquer dificuldade em fazer reinar o incesto entre as plantas, apagando o registro humano da proibição, reduzido mais uma vez a seu valor vital "biológico" de diversificação máxima; nem em reduzir a relação entre homens e mulheres à *ratio* demográfica que é considerada, de passagem, como uma expressão direta dos equilíbrios biológicos.[8] No mesmo movimento, entretanto, atribuem-se à "natureza" as operações humanas mais singulares, mais homicidas. A natureza justifica antecipadamente as intervenções no humano vivo: ele pode ser desintegrado ao bel-prazer e sobreviver à "biurgia" — que vem tomar o lugar da biologia, ainda excessivamente contemplativa. Enuncia-se claramente, assim, a *passagem ao ato* generalizada no ser humano. "Ninguém contestará que o homem que objetiviza os vivos e os subordina a seus fins industriais deva e possa aplicar a si próprio esse tráfico ou essa submissão ao rendimento."[9] Eis portanto o programa.

A partir daí, só os impasses do artificialismo, na procriação humana, são definidos em função do imperativo categórico da variedade. Antes de lhes examinar as conseqüências, é preciso perceber claramente o alcance desse naturalismo. Redunda ele sem dúvida em atribuir à "natureza" formas de transgressão — ou de interdição —, objetivos de eliminação, segregação e seleção que são, na acepção do termo, invenções humanas. E é este o benefício, fundamental na justificação naturalista, de mergulhá-los na continuidade da "vida". Mas esta operação só é possível e mesmo concebível se se pode encontrar nessas leis, às quais obedeceria o vivo independentemente do ser hu-

---

[8] *Ibid.*, p. 142
[9] *Ibid.*, p. 143.

mano, algo que inspire esta visão. Neste sentido, o naturalismo artificialista diz provavelmente a verdade sobre a "natureza" e a pouca importância que ela atribui ao ser humano. O problema todo consiste em saber se cabe cortar-lhe o caminho. Ora, o registro das identificações sustentadas pela interdição nunca teve entre os humanos nada a ver com esses valores "vitais". E a empreitada artificialista surge assim como uma extraordinária regressão cultural.

Na ótica da exaltação dos valores "vitais", os impasses possíveis da procriação artificial são puramente definidos por sua contradição com o princípio de diversidade. Desse modo, a clonagem, segundo F. Dagognet, é um "desvio narcísico" que contradiria o objetivo da variedade, como o eugenismo. Não é a transformação dos humanos em rebanho que constitui problema, mas o fato de que a fabricação de subomens acabaria assinalando o fim biológico dos outros.[10]

Da mesma forma, segundo Dagognet, não existem razões para opor resistência a uma evolução da prática da maternidade de substituição (mães portadoras...), ainda que conduza a uma exploração das mulheres da zona Sul — ocupando as mulheres, aqui, a mesma posição que os subomens. Exceto que, também aqui, esta evolução acabaria por indicar a degenerescência biológica das reprodutoras. A exploração não constitui problema. "É verdade que nossas sociedades compreendem duas frações gerais: os exploradores e os explorados, e as duas se adaptam a isto."[11] O fato de esta divisão das tarefas entre mulheres expor as mulheres que escapam à gestação a cair sob a dependência dos outros tampouco vem a ser realmente determinante. É a vida! Por que então "preocupar-se"? O verdadeiro obstáculo "é que de tanto avançar e transferir para outros uma 'função', logo estarão acometidas de esterilidade aquelas que se houverem esquivado. Uma atividade biológica que deixa de ser exercida acaba por não ser aceita, e mesmo por desaparecer".[12] É portanto em nome apenas da ameaça

---

[10] *Ibid.*, p. 149.
[11] *Ibid.*, p. 150.
[12] *Ibid.*, p. 151.

"biológica" que instaura que uma prática pode vir a ser descartada. Mas a ameaça "biológica" alegada, único princípio aparente de condenação "científica", tem imediata continuidade numa consideração de tipo totalmente diferente, que na realidade ela exprime. "Serão fabricados então outros antagonismos e uma inversão definitiva de dependência entre os países ou os continentes. Entramos então no irreversível e selamos assim nossa própria alienação." Desse modo, a vida, as exigências da diversidade não querem a inversão das relações Norte-Sul, que, como a exploração em geral, as representam adequadamente! A "vida", pode-se perceber, é a vida do Norte e das mulheres dos países desenvolvidos! Do mesmo modo, serão exaltadas as "proezas" da vida que representam as três possibilidades de substituir o pai e a mãe.

É assim que a IAD nos é apresentada como uma extraordinária proeza da ciência. Que revolução científica, com efeito, não está contida na possibilidade de colher esperma por masturbação e introduzi-lo "cientificamente" no útero de uma mulher! E o autor passa a descrever, com toda seriedade, o grande avanço da ciência: "A inseminação com o esperma de um doador IAD revoluciona ainda mais: a incurabilidade do marido força a recorrer a um terceiro. Com esta finalidade, foram criados bancos, centros de estudo e de conservação do esperma (CECOS): as amostras são então encerradas em lâminas de plástico e dispostas no interior de tinas de azoto líquido. O descongelamento pode ser feito em poucos minutos."[13] Que triunfo do gênio biológico! Nosso cientista epistemólogo limita-se, e não é difícil perceber por que, a plantar o cenário sumário da oficina do saber — pois onde está a ciência? Que vocabulário para descrever o templo: bancos, conservação, amostras, lâminas de plástico e sobretudo "tina de azoto líquido"! Com o *azoto líquido*, estamos em plena revolução científica, em plena proeza (muito embora a coisa não funcione mal com esperma fresco, não pasteurizado). O Sr. Dagognet confunde seu fascínio pelo frio, a conservação e o plástico — que poderia exercer-se igualmente no relato de uma visita epistemológica à Findus — com

---

[13] Ibid., p. 152.

uma revolução científica. A "revolução biológica" mistura confusamente[14] a descoberta do ADN e os transplantes de órgãos (imunologia + cirurgia) com as técnicas de laboratório (FIV). Por trás da "ciência", no entanto, é a indústria que está sendo festejada em sua eliminação das pequenas profissões. Acabou-se o artesanato paterno e materno, abrem-se as portas para a indústria da procriação. "Ficamos por demais presos à procriação dita artesanal ou natural, quando a mãe e o pai exercem todos os papéis (genético, gestacional, adotivo, educativo). Ora, não nos custa [sic] que eles sejam distinguidos: a tecnociência os desmantelou e sabe 'regulá-los' separadamente."[15] Mas será que é a ciência que está falando quando se diz que "também o conceito de maternidade precisa ser rompido"? Esta representação, em termos de destruição, seria acaso "científica"?

Resumindo, cabe estabelecer a diferença entre o desenvolvimento dos saberes positivos da biologia e um discurso que lhe acompanha obstinadamente a história. Foi possível isolar certas propriedades desse discurso, especialmente a identificação inconsciente com certas propriedades dos objetos construídos pelo saber (diferença, variedades etc.) e, mais além, com a atividade do próprio vivo, celebrada, em suma, com todas as formas do naturalismo, ainda que artificialista, que redundam de uma forma ou de outra em uma identificação com o princípio da natureza e particularmente com sua atividade suposta, objeto de um amor e de um ódio ilimitados.

Esse discurso, que se desenvolve habitualmente nas inúmeras formas de celebração dos triunfos da biologia e de suas perspectivas, caracterizava-se até aqui, quando merecia algum exame, sobretudo pela maneira como projetava na "natureza" viva os aspectos mais flagrantes das relações sociais históricas. É esta a linha de toda a crítica, marxista ou não, do darwinismo social, para levar em conta apenas uma das formas mais explícitas desse discurso.

---

[14] François-André Isambert, "Révolution biologique ou réveil éthique", in *Éthique et biologie*, Cahiers STS, CNRS, 1986, p. 9-43.
[15] F. Dagognet, *La Maîtrise du vivant, op. cit.*, p. 154.

O FANTASMA DO SABER E SUA MEDICINA

Sem contestar a orientação dessas análises, no entanto, a perspectiva aqui definida é sensivelmente diferente. É com efeito necessário dar conta de um aspecto desses discursos que se reduz desajeitadamente à expressão de relações sociais projetadas: a sedução por propriedades supostamente naturais do ser vivo e a intensidade dos elementos identificatórios em jogo. Podemos supor que a invocação das propriedades "naturais" (variedade, diferença, seleção etc.) cumpre uma função absolutamente fundamental para os sujeitos, a de assegurar-lhes uma espécie de *identidade artificial*, nas circunstâncias em que as condições de constituição da identificação não se apresentam. Encontrar na "natureza", na "vida" e/ou na "ciência" próteses identificatórias seria o dado vital, se assim podemos dizer, para os sujeitos. Essa perspectiva, longe de contradizer a análise tradicional do biologismo, vem antes completá-la num ponto fundamental.

Mas também é preciso perceber que esse discurso artificialista corresponde hoje a um projeto historicamente engajado em velocidade acelerada: a transformação do ser humano em objeto de experimentação, da concepção à morte. A este respeito, o trabalho de F. Dagognet é extremamente característico e instrutivo. Em sua radicalidade, ele economiza as justificações, essencialmente médicas, que habitualmente permitem escamotear discretamente a amplitude do projeto de transformação do ser humano em objeto de experimentação. Passa-se abertamente, sem inúteis floreios, da "usina vegetal (cap. III) que trata das hibridações à procriação artificial, através de um breve desenvolvimento sobre as manipulações genéticas e a zootecnia".

Esta visão é perfeitamente justa: ela desnuda sem piedade a lógica idêntica que governa o campo único que vai do milho à mulher. Compreende-se por sinal que, se para a biologia, segundo Dagognet, não existem mais "seres", não há por que fazer do "ser humano" um império dentro do império. Na realidade, a atual confusão das discussões sobre a procriação artificial deriva em grande parte de seu ponto de partida imaginário, a saber, a demanda suposta dirigida aos médicos "desde sempre" por sujeitos afligidos por problemas. Essa interpretação não permite em absoluto avaliar o alcance do projeto de experimentação com o ser humano, do qual a procriação artificial é para começar um aspecto particular. É portanto desse projeto que devemos partir. Nessa perspectiva, a questão das identificações, tão flagrantes no discurso naturalista, mesmo o artificialista, assume uma outra dimensão. Não apenas porque não se limita aos "devaneios" eugênicos de antanho, mas porque assume a forma das identificações impostas aos sujeitos pelo próprio projeto experimental: o que denominamos demanda.

Que ensinamento extrair das considerações de F. Dagognet? Para começar, a necessidade de distinguir os saberes e técnicas biológicos e sua exploração industrial (que são processos) das identificações imaginárias a que servem para os procriadores artificiais exaltados. Só é possível encontrar na vida o que nela foi posto: traços identificatórios singulares ou coletivos.

Numa perspectiva um pouco diferente, houve quem fizesse da identificação possível a seu sujeito um dos aspectos da demarche científica, de forma a regular-lhe os limites do interior.

Na época da inflação tecnológica, é preciso compreender que esse ponto de chegada é essencial. Muitas vezes nos conformamos com a idéia de que a "ciência não pensa", ou não deveria pensar. Ora, o fato de que o pesquisador se identifique a seu objeto vai de encontro a essa ideologia dominante. Em sua prática, com efeito, o pesquisador estabelece inconscientemente uma relação de similitude entre a imagem próxima do objeto científico de que se apodera e a imagem distante do objeto psíquico que o habita. Esta relação — fantasmática — implica toda uma série de substituições de uma imagem por outra, substituições de que o pesquisador tem apenas uma vaga percepção e que na maior parte das vezes se recusa a considerar como condições de seu pensamento epistemológico.

Nesse contexto, a identificação deve ser considerada, não como um procedimento cognitivo, mas como um procedimento ativo de investimento do objeto científico pelo sujeito-pesquisador. Pois a relação pesquisador/objeto científico não pode ser arbitrária. Se o fosse, o pesquisador não passaria de um instrumento separado da intenção do instrumentista, um executante que se recusaria a reconhecer que assume como legado — por sua própria iniciativa — o legado da ciência. Semelhante negação seria, concretamente, o prelúdio da constatação de ininteligibilidade da ciência.[16]

É preciso no entanto reconhecer a fragilidade e a ambigüidade, a ambivalência dessa suposta "identificação". Seria fácil multiplicar os exemplos de situações nas quais a forma assumida por esta identificação é essencialmente a de uma agressão caracterizada da natureza representada como maternal ou feminina. Eis como Primo Levi descreve a caça aos níqueis em *Le Système périodique*:[17]

> Passividade hostil; uma fortaleza maciça que eu precisava desmantelar bastião por bastião, para pôr as mãos no butim oculto, no caprichoso níquel-Nicolas que saltita, inapreensível e astucioso, com suas longas orelhas atentas, sempre pronto para fugir ante as investidas da picareta investigadora, para nos deixar plantado, com uma careta zombeteira. Mas a época dos duendes, dos Nicolas e dos kobolds já passou. Somos químicos, vale dizer, caçadores, "as duas esperanças da vida adulta" de que falava Pavese são as nossas: o sucesso e o fracasso, matar a baleia branca ou afundar o barco; não devemos nos entregar à maneira incompreensível, não devemos permanecer sentados. Estamos aqui para isto, para nos equivocar e nos corrigir, para receber golpes e dar outros. Não devemos nunca nos sentir desarmados: a natureza é imensa e complexa, mas não é impermeável à inteligência; é preciso girar a seu redor, furá-la, sondá-la, buscar a passagem ou abrir uma. Minhas conversas semanais com o tenente pareciam planos de guerra.

---

[16] Gérard Huber, Monique Bydlowski, "Les nouvelles procréations entre biologie et psychanalyse", *Psychanalyse à l'Université*, n° 47, julho, de 1987, p. 440-441.
[17] Primo Levi, *Le Système périodique*, Albin Michel, Paris, 1987, p. 95.

De maneira geral, formas extremamente particulares de identificação ao objeto acompanham todo o desenvolvimento da biologia. Elas são perfeitamente identificáveis em tudo que se apresenta como identificação aos genes, e é esta identificação que está na base dos delírios sociobiológicos.[18]

Por outro lado, no entanto, todo o esforço científico consiste inegavelmente em despojar, num movimento de sentido inverso, os elementos biológicos dessas identificações projetivas, recorrentes. O tratamento científico das "diferenças" manifesta claramente essa questão e um esforço permanente por desarmar o retorno dessas identificações. Não se pode portanto atribuir seriamente ao saber biológico como tal os movimentos de identificação e de diferenciação seletiva, de segregação, de inclusão que remetem a um funcionamento absolutamente geral.

Se é possível chegar a se dispensar de identificar a "ciência", a "técnica" a essas práticas históricas, poder-se-á talvez pensar ao mesmo tempo suas condições particulares, seus efeitos fantasmáticos, o princípio de sua recorrência eventual. O fato de que o pensador mais experimentado da técnica, Heidegger, se tenha visto mobilizado numa das mais vastas experiências de massa tendo em vista a fabricação do "homem novo" é algo que deveria levar a refletir. Pode-se no mínimo supor que o estranho ódio à técnica em geral, imemorial no Ocidente desde Platão, deriva menos de uma análise positiva das técnicas que da rivalidade entre o controle do real, limitado, e o poder absoluto do verbo filosófico e sua pretensão de dizer o verdadeiro. A este respeito, a filosofia da biotécnica de Dagognet representa uma simples variante, que leva a biologia ventríloqua a dizer o poder absoluto da palavra filosófica.

No debate sobre as procriações artificiais, ou sobre as intervenções genéticas (seqüenciamento do genoma etc.), são portanto identificações contraditórias à vida que se opõem. Uns se identificam projetivamente, por exemplo, com a "seleção natural", para se elegerem como selecionadores das formas vivas a serem conservadas. Os outros preferem a suposta ordem imutável, intangível, das coisas. Mas a crí-

---

[18] Marshall Sahlins, *Critique de la sociobiologie*, Gallimard, Paris, 1980.

tica do parricídio-matricídio fantasmático que a ciência realizaria (e que na realidade perpassa muitos discursos biológicos) pode constantemente desembocar num realismo naturalista que defende a Mãe (Natureza) e os Pais (das ordens antigas que teriam vivido em seu culto). A mesma fantasmática edipiana vem portanto a ser compartilhada entre os acólitos da ciência e os apóstolos da vida-natureza, acompanhando os desdobramentos científicos e técnicos desde seu início.

CAPTURA MÉDICA DA DEMANDA

Mas as identificações que acompanham a produção do discurso científico — que supostamente as exclui — só adquirem seu alcance através dos dispositivos biomédicos práticos que incluem as populações. Não há por que imaginar de forma paranóica esses dispositivos, denominados de biopoder por Foucault em sua análise das formas do governo dos homens, como uma potência tentacular e oculta manipulando sujeitos que nada demandassem. Para demandar — inclusive, e por excelência, um filho — não é preciso esperar a procriação artificial. Mas essas demandas de sujeitos são múltiplas, heterogêneas, hábeis, flutuantes, razoáveis ou absurdas.

Os biomédicos tampouco são os primeiros a captar essa demanda: antes deles, as ideologias mais diversas desde sempre se empenharam neste sentido. Quando opomos à medicalização da procriação — que está materialmente por trás dessa captação da demanda — a dependência a que a procriação esteve outrora sujeita em relação à "cultura", à "referência", estamos instituindo uma oposição capenga. É antes com o velho enquadramento religioso ou mítico da procriação que teríamos de compará-la (e não com os sistemas de parentesco como tais) enquanto operadores de conversão da demanda.

Como demonstra L. Gavarini, a crítica da medicalização da procriação desenvolveu-se pela conjunção de uma crítica das práticas médicas quotidianas (IVG, contracepção, parto) e de pesquisas históricas sobre as relações entre as mães e os médicos que não deixam muita dúvida sobre a submissão progressiva das mães ao discurso médico e a seus modos cíclicos.[19]

Tanto mais necessário será definir claramente o que é utilização de saberes, de técnicas médicas, e o que se pode designar como dominação. É por sinal este traçado de uma linha divisória que se verifica tanto nos textos feministas quanto nos trabalhos cada vez mais numerosos dos médicos.

A separação entre o saber feminino do corpo e o saber médico

Como nos outros setores da medicina, o saber espontâneo sobre o que acontece no corpo é questionado pela clínica médica com seus aparelhamentos técnicos, seu poder de tornar visível ou legível a opacidade do interior do corpo. Acontece que esta evolução se caracteriza por uma contradição. A positividade dos saberes biológicos constitui paradoxalmente uma forma particular de *insabido* para o sujeito, que lhe é restituída. É verdade que as condições dessa restituição, que podem ser muito diferentes, abrem o espaço de um poder exercido não apenas sobre o corpo, mas sobre o próprio sujeito. Mas nem por isso é menos verdade que o poder suposto do médico, baseado em seu saber, também é o de operar essa restituição ao sujeito e de pôr fim ao insabido.

Não podemos portanto perder de vista que a utilização das técnicas de investigação (amniocentese, ecografia) longe está de se apresentar simplesmente como a aplicação de uma manipulação do corpo feminino. É também objeto de um investimento positivo, no mínimo por mostrar-se capaz de fornecer respostas às questões ligadas ao que Winnicot denominou "preocupação materna primária", dizendo res-

---

[19] L. Gavarini, *Les Procréations artificielles au regard de l'institution scientifique et de la cité: la bio-éthique en débat*, tese, Universidade Paris VII, 2 vol., p. 191

peito, por exemplo, à normalidade/anormalidade da criança. Esta preocupação pode ser retomada pelo saber médico segundo um declive eugênico, mas é também — e mesmo sobretudo — um fenômeno materno normal. Não mais que nas outras investigações médicas, não existe uma harmonia preestabelecida entre o saber espontâneo dos sujeitos sobre seu corpo e o saber médico que pode vir a questioná-lo. Assim, a relação estabelecida entre a hipertensão da mãe e a hipertrofia do recém-nascido não provém de nenhum saber feminino do corpo, mas da epidemiologia ginecológica. Os conflitos repetitivos que pontuam a consulta ginecológica, confrontando o sentimento materno (tudo vai bem) e a interrogação médica não podem ser atribuídos a uma intrusão médica (e masculina). Estão ligados ao questionamento pela medicina de um saber-poder feminino, com o que implica em matéria de imaginário e onipotência. Uma parte da onipotência atribuída ao olhar médico é constituída pela reação projetiva à opacidade proibida do continente "negro", submetido a um processo de visibilidade do interior do corpo, e pelo questionamento do saber sobre a criança.

"O bem-estar do corpo materno não é obrigatoriamente testemunha do bom desenvolvimento da criança."[20] O saber biomédico funciona portanto como limite à onipotência materna.

Mas este lembrete não deve esconder que, por outro lado, um discurso insistente deixa as mães em posição de conhecimento insatisfatório, pelo próprio modo de enunciação do saber. O poder científico sobre o corpo depara-se com o obstáculo da despossessão do corpo de palavra que organiza na realidade.

A mãe ou a criança? A mãe-tela

Observa-se efetivamente que o discurso médico tende a fazer do corpo das mulheres uma "tela" — em todos os sentidos da palavra — para a apreensão do desenvolvimento da criança. "Esta vigilância só

---

[20] Bernard Fonty, *Bonjour l'aurore*, Clims, Paris, 1986, p. 127.

pode se dar através do corpo da mulher que se constitui em tela."[21] O mesmo autor evoca pouco mais adiante "tantos recursos para jogar em curto-circuito esse corpo de mulher que o incomoda, para controlar o desenvolvimento da criança".[22]

Muito mais que numa espécie de incompatibilidade abstrata entre o olhar médico e o saber feminino do corpo, é nesta clivagem do corpo em tela maternal/corpo objeto da criança, e na invalidação da palavra materna, que podemos encontrar a mola propulsora dos protestos contra o poder médico e contra a transformação das mães em chocadeiras de risco, que prepara sua substituição por um útero artificial sem frase. Tanto mais que este poder é reivindicado sem pestanejar como tal, até em seus aspectos mais infantilizantes (por exemplo, no manejo do medo). De maneira geral, a utilização de uma pesquisa experimental sobre a procriação humana tem sobretudo como efeito conceder ao feto um valor particular, que não atende necessariamente às exigências éticas tradicionais, correspondendo a considerações menos ideais.

Até uma data recente, o terreno principal do confronto entre as mulheres e o poder dos médicos situava-se ou bem nas primeiras semanas da concepção (com a possibilidade do aborto) ou nos últimos meses (com a problemática da prematuração).[23] Foi provavelmente pelo poder de dar vida ao prematuro que se delineou o controle médico sobre o conjunto da gravidez. Medicina e cirurgia fetal ampliam as perspectivas de controle sobre o território feminino.

É portanto este poder quotidiano que será questionado e interrogado sobre seus resultados, seus custos físicos e psíquicos para as mulheres.[24]

---

[21] *Ibid.*, p. 127.
[22] *Ibid.*, p. 128.
[23] Émile Papiernik, *Le Prix de la vie*, Robert Laffont, "Réponses", 1998.
[24] Louise Vandelac, "L'enceinte de la maternité: sexes et sexualité", in *Maternité en mouvement, op. cit.*, p. 220-287; Françoise Laborie, "D'une banalisation sans évaluation et de ce qui peut s'ensuivre", in *Le Magasin des enfants, op. cit.*, p. 83-109.

O delegado social para o Íntimo

Muito além do saber comunicado, entretanto, e das condições nas quais vem a sê-lo, que muito se diferenciam segundo os práticos, um ponto parece muito mais determinante. Diz respeito à posição global na qual se vê instituído o médico (homem ou mulher) em relação à gravidez e ao parto. "O médico é naturalmente visto pelo que é em relação à sociedade: um delegado autorizado a penetrar na intimidade".[25] Tanto pelo menos quanto um lugar em que um saber pode ser enunciado, a situação médica é cada vez mais definida como lugar onde tudo deve ser dito.[26] Lugar de um amor declarado ou calado, de entendimento médico, lugar do íntimo sexual, no qual devem ser confessadas as relações que conduziram à concepção.

> Não procurem. Eu sei que cada uma de vocês será tentada a se reconhecer através da tela desses nomes escolhidos ao sabor da minha imaginação. Mas não se trata realmente de vocês, embora possam imaginar por um momento, ao virar uma página, que é de seu caso que se trata... ao longo desses momentos compartilhados que vivemos durante uma gravidez, vocês me deram muito, muito mais que soube eu mesmo fazê-lo, e é a vocês que devo minhas maiores emoções... Assim, é a todas vocês que dediquei essas páginas que escrevemos juntos.[27]

Ao poder-saber sobre o corpo sobrepõe-se um poder-dizer sobre as relações entre os corpos e os sujeitos. No exato momento em que se propõe a limitar o saber suposto, mostrando seus limites, a palavra tende a fazer da gravidez e do nascimento aquilo em que se transformaram: o objeto de um inexaurível dizer médico. "Delegado autorizado a penetrar na intimidade": não se poderia dizer mais claramente que a palavra é aqui representada como o prolongamento do exame

---

[25] B. Fonty, *Bonjour l'aurore, op. cit.*, p. 106.
[26] *Ibid.*
[27] *Ibid.*, p. 7.

somático do interior do corpo, palavra somatizada, sedução autorizada pela justificação médica. Terreno no qual se preparam, com efeito, "as proposições mais loucas" e sua aceitação no gozo.

Neste sentido, muito antes de qualquer importação de esperma estranho ou de FIV, a medicalização da gravidez e o exame médico repetido com o delegado para o íntimo tendem a ocupar o lugar da palavra e do coito, que tradicionalmente asseguram no imaginário, para além da fecundação, o lugar criador do homem. Mas esta operação só é possível na medida em que o representante do saber vem ativamente sustentar com uma oferta sedutora uma transferência sobre o pai inesquecível. O que está em questão não são, evidentemente, as passagens ao ato dos praticantes, mas a incestualização biomédica difusa que rejeita o pai real, o homem, por meio do falo científico.

O médico e as mães

A partir daí, podemos abordar o outro aspecto do mal-entendido (bem entendido) sobre o "poder" médico. Pois a questão não seria tanto a submissão da interioridade do corpo feminino, como dos outros territórios corporais masculinos ou femininos, à visibilidade do saber. Diria antes respeito ao fato de que o médico, homem ou mulher, mas cada um a sua maneira, teria vindo ocupar um lugar outrora ocupado pelas "mães": aquele em que a questão em que consiste toda maternidade lhes é formulada inicialmente por uma mulher.

Nada mais característico a este respeito que a versão que R. Frydman dá da "mulher sem sombra". Lá onde os psicanalistas[28] identificaram a necessidade de simbolizar a relação da mulher com sua própria mãe para que a concepção fosse possível, o biomédico responde, do lugar onde é apanhado desprevenido por uma interpelação — a

---

[28] Michelle Montrelay, *L'Ombre et le Nom*, Minuit, Paris, 1977; Eugénie Lemoine-Luccioni, *Partage de femmes*, Seuil, Paris, 1976.

mãe complementar —, pelo fornecimento no real de um produto médico. "São numerosas as mulheres que, como a imperatriz, estão em busca de uma sombra. Para uma mulher que não tem ovários em bom funcionamento *[sic]*, a doação de óvulos constitui teoricamente uma solução espelho à da doação de esperma."[29] Nessas condições, também poderíamos interpretar o "dizer o nascimento", tal como se escora na medicina, incorporando seu saber, como uma simbolização para uma mulher da maternidade, que já não pode desenrolar-se em referência à mãe, à genealogia feminina. O saber médico relativiza, com razão, certos saberes tradicionais transmitidos pelas mulheres. Mas através da desvalorização dos saberes femininos, maternais, sobre a maternidade, é o próprio movimento de mobilização da genealogia feminina que pode vir a sofrer um curto-circuito. Requisitada para o jogo das gerações e sua lógica edipiana, a posição médica nele inscreve suas próprias escansões. O retorno do apelo ao "materno" em certos discursos femininos traduz o efeito nas genealogias de uma certa forma de utilização do médico, da luta contra a "ordem médica" na geração anterior. Em outras palavras, a continuidade entre a contracepção e as concepções induzidas não é apenas uma continuidade lógica no desenvolvimento da biologia, mas também a continuidade — e a solução de continuidade — entre gerações de mulheres.

Na promoção da contracepção, tratava-se fundamentalmente da mãe da menina. Na maternidade da menina, ou de sua filha, a questão da mãe em relação a esta terceira geração mantém-se articulada. A intervenção médica deve ser portanto considerada como um elemento e, já agora, como um vetor na transmissão de uma genealogia histórica. As concepções induzidas têm uma história, para os sujeitos, que não se reduz de forma alguma nem ao desenrolar do saber nem à sua história oficial, que apagam os elementos subjetivos, remetendo-os caso a caso ao psicólogo. Acontece que os dados históricos que atravessam as gerações — no mínimo por engendrarem cada geração sob uma determinada forma — são ao mesmo tempo dados incons-

---

[29] R. Frydman, *L'Irrésistible Désir de naissance*, PUF, 1986.

cientes. Existem formas gerais, para um conjunto cultural determinado, *das relações de procriação*. São essas limitações que cumpre identificar, através mas também para além das situações singulares.

Antes, porém, o texto tão impressionante de Primo Levi conduz à questão das relações entre o saber, a experimentação e a diferença dos sexos, que assume uma importância capital a partir do momento em que o próprio objeto dessa experimentação é, sob muitos aspectos, antes de tudo a capacidade "reprodutora" das mulheres.

A questão do exercício do saber em sua relação com a diferença dos sexos é um campo de pesquisas considerável;[30] ela pressupõe que seja dialetizada a afirmação do caráter "másculo" da ciência — tal como se exprime nas orientações radicais do feminismo — que vê na masculinidade, por trás da "ciência", a mola propulsora dos empreendimentos científicos.

Tratar-se-ia de encarar a atividade de conhecimento como tal, sendo difícil defini-lhe a lógica como sexuada sem contradição (que validade compartilhável teria este mesmo ponto de vista?), ou de identificar as sexuações do discurso, as formas de identificação sexuada, tal como se evidenciam por exemplo no artificialismo de um Dagognet? É preciso portanto abordar de frente a questão das relações de sexo, de seus elementos inconscientes, no que diz respeito às NTR.

A lógica bioindustrial aparentemente não se preocupa com o sexual. Precisa apenas — e ainda assim, acredita, provisoriamente — de materiais sexuados de reprodução conduzidos por seus suportes humanos, homens e mulheres, cujo coito experimental ela regulamenta nos menores detalhes. Outrora, o médico mensurava a intromissão do pênis para autentificar a consumação do casamento. Hoje, faz melhor. Garante ele próprio a operação, cujas condições transformou, graças às maravilhas da biologia. Resta saber por onde passa e para onde impulsiona o sexual, e, antes de mais nada, como um e outro sexo pretendem "prestar-se" à experiência, já que passou a ser este o vocabulário.

---

[30] Cf. Monique David-Ménard, Geneviève Fraisse, Michel Tort, *L'Exercice du savoir et la différence des sexes*, L'Harmattan, Paris, 1991.

IV As relações de sexo na procriação e o inconsciente

Alterando a base da procriação, transformando-a em uma atividade de laboratório, o artificialismo produtivista evidencia à sua maneira, brutalmente, que a procriação nada tem de natural. Se a apreciação das NTR é objeto de polêmicas apaixonadas, é porque, por outro lado, a procriação se efetua no contexto de relações de sexo e de seus elementos inconscientes. Um dos aspectos de sua naturalização consiste precisamente em apagar essas relações, que dominam as formas da família, recalcando os elementos de desejo que a sustentam.

Nada há de surpreendente, portanto, no fato de as transformações dos modos de procriação serem apanhadas no jogo desses elementos e darem lugar a interpretações contraditórias. Mas é preciso não fetichizar as posições respectivas, históricas, dos sujeitos nessas relações, identificando posições masculinas ou femininas *in aeternum* — ainda que em nome da psicanálise. Sabemos apenas que a dominação masculina é um fato, mas que não é natural, e que o diferendo sexual opõe os desígnios dos dois sexos. As NTR sobrevêm num certo dispositivo coletivo das relações entre os sexos, ao mesmo tempo que o transformam revelando-o, tanto coletiva quanto singularmente. Tanto a contracepção quanto a despenalização do aborto dão lugar a posições opostas. A procriação medicinalmente assistida exerce um efeito de retorno sobre as posições assumidas a respeito da contracepção e do aborto e gera novas perspectivas.

A mobilização da procriação-produção não tem por que escapar às forças que se exercem sob a forma das relações de sexo, cabendo portanto descrever como é que a assediam. Mas não devemos perder de vista que as relações de sexo em si mesmas estão cada vez mais claramente submetidas a modelos de relações derivados da produção mercantil; e isto nos dois sexos, nos quais compõe de maneiras diferentes com o diferendo sexual. Multiplicam-se as análises revelando a nova racionalidade econômica que preside aos encontros, à manutenção e à dissolução das relações entre parceiros. A impopularidade do casamento, generalizada nos países mais ricos,[1] a multiplicação das situações monoparentais, o esfacelamento das formas tradicionais da família, o desmantelamento da autoridade paterna, que são inexplicáveis longe dos efeitos da produção mercantil, constituem a base sobre a qual os sujeitos sexuados passaram a se aventurar, de forma calculada, na questão da procriação eventual. Este cálculo, submetido à racionalidade mercante da lógica e da "vontade" livre, em nada implica por sinal que eles sejam "senhores" de seu desejo no que quer que seja. Como no caso do consenso superficial sobre a liberdade (sexual) de procriar etc., ninguém o encara da mesma maneira. No século XIX, a instituição matrimonial era objeto de críticas virulentas, num contexto totalmente diferente. Mas as razões pelas quais umas e outros vinham a aspirar a sua supressão não eram diferentes, mas *stricto sensu* opostas, vale dizer, apanhadas no contexto do diferendo sexual. Supressão que se tornou estranhamente caduca, pois a instituição se esgarçou a partir do surgimento de forças muito mais poderosas — com o paralelo deslocamento, mas não, é claro, com a "resolução" dos elementos em jogo dos sexos.

A ficção do sujeito de direito, que os colocou de acordo, ao mesmo tempo tratando, com o divórcio, do mais prodigioso contencioso que a história jamais conheceu — ficção que continua a transformar as relações de sexo —, não pode dissimular o antagonismo subjacente dos desígnios dos desejos. Ele explode na interpretação das NTR. Poder-se-ia inclusive dizer, sem paradoxo, que em grande medida as posições, na medida em que se opõem, não se caracterizam principalmente por uma influência do alcance real dessas técnicas para os dois sexos, mas antes pela posição assumida em função da posição suposta do outro

---

[1] Évelyne Sullerot, *Pour le meilleur sans le pire*, Fayard, Paris, 1984.

sexuado e dos desígnios que lhe são atribuídos. O que poderia explicar, muito mais que os riscos que muitos se comprazem em brandir, o apelo angustiado ao terceiro, ao "legislador". Muitas vezes, não é preciso ir buscar muito longe para descobrir, por trás da acusação das técnicas em geral ou dos sujeitos e de seu poder-absoluto, a imputação da origem dos desvios possíveis a *um* dos sexos, causa de todo o mal.

O LIBERALISMO REPRODUTIVO

Chamemos de liberal o discurso que apreende o desenvolvimento das novas técnicas de reprodução como efeito inelutável e positivo do avanço das ciências e técnicas biológicas, e que enuncia seu poder liberador sobre as relações entre os homens e as mulheres. Na representação liberal, as relações sociais entre os sexos só existem na medida em que são modificadas pelos progressos da ciência num sentido unilateralmente liberador. A própria "ciência" é concebida como um processo de progresso dos saberes e das técnicas totalmente autônomo: não é percorrida pelas relações sociais, não representa nem organiza qualquer elemento de jogo de poder; não tem, enfim, relações com a diferença dos sexos.

Muito antes do desenvolvimento das NTR, foi na questão da contracepção e da despenalização do aborto que o discurso liberal escorou sua argumentação. Ora, as polêmicas virulentas, algo esquecidas, a que deram lugar a despenalização do aborto e a generalização da contracepção medicalizada, há apenas uns vinte anos, manifestam claramente que resultavam de uma transformação das relações sociais, pelo menos tanto quanto vieram elas próprias a produzir essas transformações.

No discurso liberal, o controle científico da reprodução dissociando sexualidade e reprodução libera o exercício da sexualidade do lado feminino, com isso liberando as mulheres do jugo da maternidade sem escolha.

Nessa questão, é preciso voltar sempre à contracepção. Com efeito, tudo conduz a ela a cada momento. Foi ela que permitiu a dissociação entre a sexualidade e a reprodução, liberando assim as mulheres — no sentido forte da palavra liberar — de sua incumbência de maternidade sem escolha. A partir de então, as mulheres puderam programar a gravidez ao longo da vida genital, escolher ter um filho quando queriam e, corolário fatal, com quem queriam. O que significava que podiam, como qualquer homem, entregar-se aos prazeres do amor físico sem risco de ter um filho. Foi assim que a calça passou a ser vestida pelas mulheres e os homens que elas escolhiam começaram a demonstrar um início de vaidade. Foi também esta liberdade de costumes que levou a um aumento das infecções genitais e ao desenvolvimento de que veio a ser pomposamente chamado de "doenças sexualmente transmissíveis", como se não se tratasse mais das boas e velhas doenças venéreas. Pois se as infecções genitais causadoras de esterilidade se desenvolveram em função da multiplicidade de parceiros, muitas vezes se esquece que de nada adiantaria a uma mulher de ontem ter por único parceiro o seu cônjuge se este tivesse relações com muitas mulheres! A liberação dos costumes da mulher, se conduziu a esterilidades suplementares, também tornou necessária a busca de novos meios de conseguir um filho. Supondo-se que a fecundação *in vitro* tivesse experimentado um real florescimento sem a "demanda" das mulheres, é pouco provável que o método continuasse a se desenvolver hoje, como se desenvolve, sem elas. A imagem da esterilidade é ela própria transformada pela existência de novos meios de procriação, que, banalizando-a, reduzem-lhe o significado pejorativo.[2]

A ciência modifica portanto os "costumes", que por sua vez precisam de outras intervenções da ciência, pois a liberação dos "costumes da mulher" apresenta, através das DST, doenças sexualmente transmissíveis, inconvenientes importantes, que a ciência pode remediar.

---

[2] Jean Cohen, Raymond Lepoutre, *Tous des mutants*, Le Seuil, Paris, 1987, p. 101-102.

AS RELAÇÕES DE SEXO NA PROCRIAÇÃO E O INCONSCIENTE

Dando-se no entanto tal ênfase ao poder liberador da ciência, separando-o das relações sociais que ela se limita a transformar, logo se coloca a questão da enigmática autonomia dos desígnios. É portanto preciso que seu próprio movimento — é o que o fim do texto citado indica claramente — venha em dado momento a convergir para o desejo de sujeitos sociais. A noção ambígua que designa esta junção é a de "demanda".

Oscilamos portanto entre o reconhecimento de um movimento próprio da pesquisa e a necessidade de promover a intervenção de uma "demanda". De acordo com o momento — e com as necessidades da causa —, será dada ênfase ou bem aos efeitos dos saberes na lógica autônoma de sua invenção ou bem ao fato de que só se desenvolveram em relação a essa "demanda".

Enfim, o progresso é considerado inelutável: não há como voltar atrás, no mínimo em razão de considerações sobre a transformação das relações sociais que, globalmente, são apresentadas como efeitos imediatos das aplicações do saber ou dos remédios aos problemas sociais.

E no entanto as paixões acirradas pelas novas tecnologias da reprodução parecem ligadas ao papel contraditório que lhes é atribuído numa redistribuição dos papéis possíveis da maternidade e da paternidade, que opõe os homens e as mulheres. A interpretação liberal não está longe de enxergar nas NTR uma solução elegante, se não galante, para os conflitos dos homens e das mulheres, dos quais a maternidade sempre foi o objeto na medida em que, suportada pelas mulheres, introduziria uma "desigualdade" gritante entre elas e os homens. É o ponto de vista expresso por J.-L. Touraine quando se refere ao que estranhamente denomina, em seu texto antológico, de "liberalização das mulheres" pela promoção triunfante do útero artificial futuro. Não seria possível melhor dizer que as técnicas reprodutivas, ao mesmo tempo em que "liberam" as mulheres (como sujeitos), também as "liberalizam", integram-nas ao mercado da reprodução.[3]

---

[3] Jean-Louis Touraine, *Hors de la bulle, op. cit.*, p. 202.

É também, claramente, a opinião do filósofo: "Estamos avançando para a celebração de duas núpcias numa só: as do artifício com a natureza, inesperadas e previsíveis; e as do macho, reduzido pela natureza à geração cultural, com a mulher, longamente condenada por algumas culturas a se contentar com o trabalho dito natural. Estamos avançando para sua igualdade por processos em vias de se unificarem."[4]

Não é sem razão que L. Gavarini, que cita este texto, relaciona essa igualdade programada à promoção do liberalismo econômico. "Essa revolução na ordem política, essa nova partilha do poder reprodutivo caminhará de par com um avanço do liberalismo econômico, pois as mulheres, reduzidas mas liberadas do dirigismo da 'natureza' e de sua fertilidade pela incubadora, poderão, 'livres' e participando da concorrência, atacar plenamente o mercado do trabalho e da libido..." Por analogia com o trabalho industrial, vemos surgir uma racionalização da reprodução: do artesanato materno ao trabalho científico reprodutivo organizado, contribuindo para a normalização da produção. Nessa ótica, a da "solução liberal", a reprodução artificial já não é um elemento em jogo das relações entre os sexos, transforma-se em "desafio das ciências e técnicas à natureza"[5] recalcando as relações de sexo que a percorrem.

DAS RELAÇÕES DE SEXO SEM INCONSCIENTE

As relações de reprodução

Quando as relações sociais entre os sexos, no que diz respeito à reprodução, tornam-se o objeto principal da análise, a perspectiva referente à procriação artificial transforma-se profundamente. Multiplica-

---

[4] Michel Serres, *Génétique, procréation et droit*, Actes Sud, Arles, 1985.
[5] Laurence Gavarini, "De l'utérus sous influence à la mère-machine", in *Maternité en mouvement, op. cit.*, p. 195-197.

AS RELAÇÕES DE SEXO NA PROCRIAÇÃO E O INCONSCIENTE

ram-se as discussões críticas nas quais o desenvolvimento de uma antropologia que leve em conta críticas feministas ocupa um lugar determinante.[6]

No contexto do problema crucial — o do estatuto da dominação masculina e de sua universalidade —, a procriação é com efeito constantemente invocada para "fundamentar" a desigualdade entre os sexos em seu papel na procriação. Por sua vez, a análise da procriação em termos de "relações de sexos" toma seu modelo de empréstimo à análise marxista da produção, estendendo-o à esfera da reprodução.[7]

A relações de produção responderiam relações de reprodução que precisariam ser descritas. A crítica de certos conceitos correntes, como o de fecundidade,[8] revela com efeito que a relação entre os sexos é apagada em benefício de representações naturalistas. A fecundidade é normalmente representada como problema exclusivo das mulheres, como se os homens não interviessem na procriação senão para "controlar" — num sentido limitativo — essa atividade "transbordante". A troca das mulheres é solidária com essa representação de mulheres reprodutoras naturais, às quais se opõe a ordem masculina, política. Com isso, a intervenção ativa dos homens, o exercício social de sua sexualidade, as relações de submissão da procriação e da sexualidade das mulheres são apagados.

---

[6] Para uma visão de conjunto, ver Élisabeth Copet-Rougier, artigo "Femme, Perspectives anthropologiques", *Encyclopaedia Universalis*, 1988.

[7] Mary O'Brien, *The Politics of Reproduction*, Routledge and Kegan Paul, 1931; trad. fr. *La Dialectique de la reproduction*, Éditions du Remue-Ménage, Montreal, 1987.

[8] Hervé Le Bras, "Histoire secrète de la fécondité", *Le Débat*, n° 8, 1981, p. 77-101.

Reprodução forçada

Em seu trabalho de 1985,[9] Paola Tabet esboça uma descrição geral dessas relações de reprodução, cujas transformações atuais permitiriam pensar o verdadeiro alcance das NTR. Seu aspecto principal é o de uma limitação imposta à reprodução. Em outras palavras, mediante um deslocamento importante de perspectiva, a limitação da reprodução é um aspecto particular das intervenções na capacidade reprodutiva de uma espécie humana relativamente pouco fértil.[10] O casamento é a instituição que, entre outras funções, garantia assim, até data recente, uma regularidade e uma freqüência máximas das relações sexuais, expondo a um coito fecundante. Neste sentido, a vigilância da fecundação, da gravidez e do parto são, muito antes de sua forma medicalizada atual, uma prática tradicional de controle da intensificação da reprodução, da qual as posições pastorais da Igreja representam hoje um resquício.[11] O modelo pastoral do "rebanho", das "ovelhas" humanas, com a competência técnica na determinação da fertilidade, evidentemente diz respeito às mulheres[12] ao mesmo tempo em que serve de modelo de submissão para o conjunto da sociedade.[13]

Paola Tabet extrai uma das conseqüências paradoxais da natureza singular da pulsão sexual humana, que costuma ser esquecida: na medida em que a pulsão sexual e a ovulação são desarticuladas, em que a pulsão sexual fica livre em relação à reprodução, uma reprodução *forçada* torna-se possível, através da canalização da sexualidade.

---

[9] Paola Tabet, "Reproduction forcée", in *L'Arraisonnement des femmes* (col.), Éd. de l'EHESS, Paris, 1985, p. 61-146.
[10] Confirmado recentemente pelos trabalhos sobre os abortos espontâneos. Ver *Grossesse perdue*, Ramsay, Paris, 1990.
[11] P. Tabet, "Reproduction forcée", *op. cit.*, p. 67-96.
[12] *Ibid.*, p. 85: "É preciso frisar a considerável competência técnica que muitas populações pastorais (massai, chogga) parecem ter adquirido — e provavelmente em relação com sua prática da criação — na reprodução em geral, nas etapas da formação do feto, na anatomia dos órgãos genitais."
[13] M. Foucault, "Omnes et singulatim", *Le Débat*, 41, set.-nov. 1986, p. 5-87.

AS RELAÇÕES DE SEXO NA PROCRIAÇÃO E O INCONSCIENTE

Estamos acostumados, com efeito, a celebrar — ou a estigmatizar — a subversão libidinal, o desenvolvimento de uma sexualidade "selvagem", desvairada, deslocável, capaz de mudar de objeto, de se projetar nos mais desconcertantes. Mas a "liberação" da sexualidade (em relação às limitações biológicas) também preside uma tendência totalmente oposta a canalizar o sexual na "reprodução", operação na qual a instituição social da heterossexualidade representa um papel primordial.[14] Enfim, se a reprodução é uma atividade social (e não, nos humanos, uma atividade biológica), se está portanto relacionada às relações de reprodução, pode dar lugar a uma exploração específica, de tal modo que a própria noção de trabalho poderia ter sido construída sobre a exclusão prévia das mulheres como produtoras-reprodutoras da espécie: é o debate secular sobre o lugar das mulheres na divisão do trabalho e sua origem.[15] É aliás aqui que essas análises abrem uma perspectiva totalmente diferente do liberalismo reprodutivo, sobre a significação das NTR.

A transformação atual das relações de reprodução

A exteriorização dos elementos da seqüência reprodutiva, que é um fenômeno social, exterioriza as funções biológicas na procriação como nos outros terrenos segundo o esquema clássico.[16] Nessa ótica, por um lado o próprio fenômeno da exteriorização (do aleitamento à ectogênese) não é mais nem diferentemente problemático que as outras transferências de função; por outro lado, no entanto, não se trata de um fenômeno social "em geral", pois a procriação mobiliza

---

[14] P. Tabet, "Reproduction forcée", *op. cit.*, p. 95.
[15] *Ibid*. J. Testard, "Essai sur les fondements de la division sexuelle du travail chez les chasseurs-cueilleurs", *Cahiers de l'homme*, n° 5, XXV, EHESS, Paris, 1986.
[16] André Leroi-Gourhan, *Le Geste et la Parole*, Albin Michel, Paris, 1965.

as relação de sexo, e as formas históricas da submissão que as caracteriza (a dominação masculina).

Para P. Tabet, a novidade das "relações de reprodução" modernas estaria no fato de se passar "da apropriação privada da reprodutora, no liame de dependência pessoal constituído pelo casamento, à emergência de relações nas quais a apropriação global da pessoa reprodutora não é a condição da reprodução em si".[17] A situação seria análoga à que caracteriza a passagem da servidão para o capital no terreno da produção. E a questão consistiria em saber em que medida esse tipo de evolução, que lança luz tanto sobre as formas novas da exploração da reprodução (locação do útero) quanto sobre a monoparentalização tendencial, é suscetível de questionar a dominação masculina.[18]

As relações de sexo e o diferendo sexual

As análises visando descrever as relações sociais que interferem na procriação têm hoje uma importância determinante. Elas permitem com efeito revogar a incurável naturalização da procriação que vai de par com a naturalização das mulheres. Entretanto, a analogia com a produção também tem seus limites. Por um lado, ela implica que sejam mais precisados os vínculos entre a esfera da produção social e a da reprodução. Algo que tem sido visado, por sinal, por numerosos trabalhos que dão ênfase à noção de "trabalho" da reprodução.

Por outro lado, parece evidente que as relações de sexo não se reduzem a uma relação de dominação, que os próprio mecanismos dessa dominação — empiricamente constatável na quase totalidade das sociedades sob formas por sinal de extrema diversidade — ainda estão por esclarecer, a partir do momento em que não são reduzidos, impli-

---

[17] P. Tabet, "Reproduction forcée", *op. cit.*, p. 127.
[18] *Ibid.*, p. 180.

AS RELAÇÕES DE SEXO NA PROCRIAÇÃO E O INCONSCIENTE

citamente, à lógica estritamente econômica (a dominação seria uma exploração econômica das mulheres pelos homens).

A estas considerações acrescenta-se que, em nossas sociedades, nas quais, precisamente, as formas das relações de sexo, das relações de procriação, são objeto de um tratamento social explícito e de um confronto ideológico e político declarado, não é muito possível limitar-se a reduzir as relações de procriação a uma exploração reprodutora das mulheres. As procriações artificiais não se reduzem de forma alguma a técnicas de aluguel ou venda do corpo feminino. Seu desenvolvimento deixa as mulheres numa posição que pouco tem em comum com as formas tradicionais da intensificação da reprodução, no mínimo porque se escora na prática maciça de uma autolimitação da qual as mulheres participaram amplamente (contracepção).

De maneira mais geral, o limite do esquema que trata a procriação em termos de relações de reprodução está em reduzir as relações de sexo a seu esqueleto econômico ou a uma representação abstrata e unilateral da violência. Não resta dúvida de que as formas da violência masculina representaram um papel preponderante na dominação masculina generalizada. Mas nem por isso lhe desvendam os mecanismos. Os desígnios da sexualidade masculina como tal, e da sexualidade das mulheres, são identicamente separados das análises da dominação.

Num sentido, a teoria das relações de sexo radicaliza a teoria analítica da pulsão sexual, evidenciando o fato de que é mediante uma construção social — e não em virtude de um desenvolvimento natural — que o sexual converge para a reprodução. Cabe por sinal advertir que a finalidade da "reprodução" passa então a ser a reprodução da própria sociedade (que já não é de forma alguma um objetivo natural) e a reprodução das relações de dominação.

Mas o paradoxo está também em que, livres das limitações da reprodução, as relações entre os sexos obedecem igualmente a uma lógica diferente, aquela mesma que a psicanálise tenta formular na teorização da "diferença dos sexos".

"Não levemos longe demais a diferença dos sexos": quando Poulain de la Barre publica *De l'égalité des deux sexes* em 1673, institui-se uma relação entre diferença e igualdade. Ela diz respeito ao estatuto político da diferença. O *diferendo*, o conflito entre os sexos de que trata o psicanalista, não se reduz em absoluto à questão da igualdade; vem de certa forma a ser transversal a ela, ou melhor, escora-se no diferendo político. Não tem cabimento procurar em sua relação com a reprodução a "razão" da dominação das mulheres pelos homens, pois esta representação já reserva implicitamente a "reprodução" à "raça" feminina. Mas a dominação masculina, que se apóia em elementos pulsionais e fantasmáticos particulares da organização sexual masculina e explora certos aspectos da fantasmática feminina, exprime-se pela submissão das mulheres à reprodução e pela naturalização da diferença dos sexos.

Na medida em que a contracepção médica permitia um novo controle das mulheres sobre sua atividade sexual e sobre seu papel na procriação, o discurso feminista em seu conjunto veio num primeiro momento unir-se às teses do liberalismo, antes de lhe identificar as ambigüidades.

Cabe perguntar se as mulheres, e mais particularmente as feministas, estão em posição de criticar, como geralmente fazem, as novas técnicas de reprodução, se não foram, mesmo sem sabê-lo, as primeiras a lhes favorecer o desenvolvimento, pela distinção que reivindicavam entre sexualidade e reprodução, em sua luta pela contracepção e o aborto, se não forneceram argumentos aos experimentadores ao levarem a distinguir entre o embrião, pelo menos no primeiro estágio de seu desenvolvimento, e a pessoa humana.[19]

Cabe também perguntar se, para esclarecer esta questão, basta distinguir, como faz o autor, o domínio de uma pessoa sobre seu próprio destino do domínio neutro e de certa forma extrapessoal de um saber e de um poder.[20]

---

[19] Françoise Collin, "De la parenté à l'eugénisme", *Cahiers du Grif*, nº 36, 1987, p. 128.
[20] *Ibid.*, p. 129.

AS RELAÇÕES DE SEXO NA PROCRIAÇÃO E O INCONSCIENTE

As implicações das novas tecnologias da reprodução, precisamente porque não teriam *a priori* nada de incompatível com as críticas virulentas da maternidade no feminismo, obrigaram com efeito o discurso feminista a transformar suas posições e a rever sua história; a se distanciar, especialmente na França, da depreciação violenta da maternidade no discurso de Simone de Beauvoir. Reduzir esta desvalorização a sua função crítica, com o objetivo de "liberar a maternidade de seus elementos patriarcais", vale dizer, do controle masculino "escorado na medicina", é algo que não está isento de ambigüidade; pois a problemática da "liberação" move-se num espaço voluntarista e desprovido de inconsciente. "A mulher retoma assim seu lugar na mãe, que não passava até então de substituto do pai. Ela já não fala no lugar dele, mas em seu próprio nome... uma mãe liberada, vale dizer, que voltasse a ser uma mulher, afrouxaria o torniquete da família edipiana."[21] Mas cabe perguntar se o torniquete está no "peso" da tirania paterna sobre a família ou no lugar do pai no édipo — ainda que possa ser formulado em versões muito diferentes. Como integrar os dados do inconsciente à inteligência das relações de sexo sem reduzir as relações mãe-filha ou mãe-filho a seu aspecto educativo consciente[22] ou ao esquema da imposição? Mas é preciso ir mais longe, pois as conseqüências logo se fazem sentir. Logo se percebe, para começar, como o feminismo deve adaptar seu discurso a uma evolução das representações e práticas femininas quando é evocada a questão do desejo de filho. Como estamos longe das décadas anteriores! Muito embora a razão fundamental dessa evolução não deva muito a uma brusca eclosão dos desejos femininos e tudo à programação biomédica do desejo de filho, que é recente,[23] muito embora essa questão seja fundamental, vem a ser amplamente deslocada pela representação ideológica da alienação. "A título de preâmbulo, parece-me no

---

[21] F. Collin, "Les maternités et leurs interprétations", *in* Mouvement pour le planning familial, *L'Ovaire-dose*, Syros, Paris, 1989, p. 43.
[22] *Ibid.*
[23] Ver *infra*.

entanto importante chamar a atenção para o fato de que as mulheres foram freqüentemente levadas a designar prematuramente como desejo e desejo de filho desejos que teriam podido exprimir-se de outras maneiras, e que a criança tem sido tradicionalmente a maneira mais simples de resolver, sem dar-lhe ouvidos, a demanda de uma mulher."[24] Quem resolve o quê? Demanda de quê? Parece sobretudo difícil supor que o recente florescimento do "desejo de filho" seja uma espécie de operação sorrateira para ocupar as mulheres: se ele é "o objetivo tradicionalmente", por que assumiria esta forma especial a partir dos anos oitenta? A idéia de reprodução forçada tem a vantagem de ser clara, ainda que não abarque a totalidade dos fenômenos. A partir do momento em que se pretende descrever os mecanismos mais sutis de submissão, não se pode reduzir as relações de sexo a relações de força simples.

É provável que o próprio desenvolvimento da procriação artificial tenha permitido esclarecer determinadas implicações do controle médico da concepção, tal como foi progressivamente sendo estabelecido. Um dos axiomas básicos do discurso liberal consiste na suposição de que o controle da reprodução atribuída às mulheres é a única realidade do controle da sexualidade; e de que, uma vez dissociada a reprodução do exercício da sexualidade, esta estaria livre de todo controle. Ora, numa perspectiva totalmente oposta, algumas mulheres sustentaram que a própria "concepção" da contracepção — controle do conjunto do ciclo — mobilizava uma representação implícita das práticas sexuais inteiramente alinhada pela sexualidade masculina. O bloqueio global da fisiologia dos ciclos de fertilidade femininos por certos modos de contracepção só se justificaria em função da necessidade de proteger as mulheres de uma sexualidade masculina que se apresenta como permanente e transbordante e impõe esta representação.

"O ciclo das mulheres é quimicamente modelado em função do não-ciclo de fecundidade masculino — não raro pagando-se o preço

---

[24] F. Collin, *ibid.*, p. 44.

da dependência médica, de múltiplos transtornos —, e sendo tudo isso estranhamente chamado de liberação sexual."[25]

Seria assim possível compreender melhor por que a maternidade tenderia cada vez mais a ser representada como um fardo e a fertilidade como um entrave: fardo e entrave para a exigência de disponibilidade sexual permanente das mulheres para a sexualidade masculina. Convergência da disponibilidade sexual (fantasma masculino glorificado como liberdade para os dois sexos) e da disponibilidade econômica para a produção que seria limitada pela maternidade. Desse modo, a separação entre sexualidade e procriação, realizada em particular pela contracepção médica, ficaria evidente. Ela encobriria uma ligação bem mais radical entre sexualidade masculina e procriação, imposta às mulheres através de uma *norma sexual*, a exigência de penetração permanente, que comporta uma inseminação potencial. A ligação ou a dissociação entre sexualidade e reprodução assumiria então um significado totalmente diferente. Tudo contribui, com efeito, para fazer com que se considere "natural" a ligação sexualidade-procriação, que viria a ser artificialmente dissociada pela contracepção médica. Nessa ótica, se nada viesse opor resistência ao movimento da "natureza", a atividade sexual desembocaria inelutavelmente numa fecundação possível. Ora, não estaria esta representação neutralizando as relações sociais, as relações de sexo, que garantem a disponibilidade permanente exigível das mulheres? O "controle feminino da concepção" surge como um engodo, ocultando um simples deslocamento do controle masculino, uma transformação de seus dispositivos.

Esta posição desvenda a "ingenuidade" do discurso liberal: "dissociar" reprodução e sexualidade significa, por um lado, evacuar os elementos sexuais inerentes à reprodução controlada (sua modelização masculina), e, por outro, pacificar os elementos sexuais em jogo na sexualidade "liberada".

---

[25] Louise Vandelac, "L'enceinte de la maternité", in *Maternité en mouvement, op. cit.*, p. 320.

A *sexualidade do outro*

Mas o esquema de uma imposição social de disponibilidade sexual, que paradoxalmente teria portanto continuidade através do controle médico da concepção, corre o risco de reintroduzir o naturalismo que denuncia. Caberia então fazer da exigência de disponibilidade sexual permanente do outro sexo um dado pulsional masculino, reservando as intermitências ao feminino?

No início, encontramos uma crítica antinaturalista que questiona a ligação natural suposta entre sexualidade e procriação.[26] Mas esta crítica vale para os dois sexos, pois diz respeito à função sexual humana. É que a "separação entre sexualidade e procriação" é essencialmente ambígua, desembocando com efeito em modos de articulação diferentes e tributários das relações de sexo, do sentido que dão às formas psíquicas e sociais da sexualidade e da procriação.

A independência possível da sexualidade em relação à procriação tende para começar a ser identificada à imposição da heterossexualidade — ou, versão atenuada, da heterossexualidade fecundante.[27] E se tentará então demonstrar que, por trás do discurso sobre a dissociação sexualidade-procriação, que seria engendrada pela contracepção médica, dissimula-se uma ligação socialmente organizada, reforçada, entre sexualidade e procriação, sob a forma de uma solidariedade entre uma prática heterossexual masculina particular (a penetreção peniana — ejaculação vaginal — sempre) e a procriação, que dela resulta.

Mas se o fato da imposição às mulheres de relações sexuais fecundantes não pode ser realmente negado — nem seus efeitos (ginecológicos e psíquicos) —, pode-se acaso deduzir que se trata de uma imposição da heterossexualidade (e não da sexualidade do outro?), ou que os modos "espontâneos" da sexualidade feminina concederiam um lugar muito mais limitado à penetração?

---

[26] *Ibid.*
[27] *Ibid.*, p. 120.

AS RELAÇÕES DE SEXO NA PROCRIAÇÃO E O INCONSCIENTE

O tema da "imposição da heterossexualidade" é dúbio. Ele corresponde, no movimento feminista, a uma contradição particular a respeito da posição da homossexualidade,[28] que alguns formulam claramente. "A culpabilização do feminismo heterossexual, ligada ao deslocamento das hierarquias sexuais no interior do movimento das mulheres (Newton e Walton, 1985), não facilitou a liberdade de palavra ao redor dessas questões. Para muitos, como a luta contra a opressão sexual deve necessariamente passar pela rejeição da heterossexualidade, é verdade que o lesbianismo encarnava ao mesmo tempo um ideal de coerência política e a esperança de relações sexuais mais igualitárias, não passando então a heterossexualidade de ingenuidade patogênica ou, pior ainda, de colaboração (Vence 1985, Comparat 1981) etc."[29]

Mas se a homossexualidade se apresenta como a posição lógica "politicamente", não nos estaríamos arriscando a reinstaurar, no exato momento em que pretendemos distanciar-nos dela, a confusão entre posição sexual e posição política, evocando simplesmente as "hierarquias" no movimento feminista? Louise Vandelac censura a ideologia contraceptiva por "evacuar toda dimensão inconsciente e simbólica".[30] Mas a questão da homossexualidade longe está de ter sido resolvida pela declaração peremptória de uma perspectiva heterossexual crítica. O questionamento da famosa seqüência masculina imposta, que podemos considerar como uma teoria sexual inconsciente, em nada prejulga quanto aos mecanismos *inconscientes* que presidem a sua imposição nos dois sexos. O imaginário da penetração não pode ser considerado como uma fantasia masculina imposta, como aliás a potência.

A "ditadura patriarcal" é apresentada como se o desejo de um homem fosse uma realidade quase inexistente nas mulheres; ou como se se reduzisse a uma sujeição deliberada; como acontece quando se

---
[28] *Ibid.*, p. 222.
[29] *Ibid.*, p. 229.
[30] *Ibid.*

afirma que as mulheres se envolvem em programas de procriação artificial para satisfazer os desejos de um novo parceiro, representado como alguém que compensa sua própria esterilidade.[31]

Da mesma forma, o transexualismo será visto como uma concorrência desleal dos homens, uma "colonização final das mulheres"[32]. "Através de uma mudança de sexo 'male-to constructed-female', homens são capazes de possuir corpos de mulheres, energias e capacidades criadoras das mulheres. Eles são as mulheres mais femininas. Mulheres feitas pelo homem (*made by man*) para serem tão femininas quanto os homens. Através desse processo, as mulheres *man-made* tornam-se ao mesmo tempo mãe e pai para uma criança. O sonho-mito patriarcal torna-se uma realidade."[33]

É verdade que existe uma ligação entre o transexualismo (que implica transexualização médica) e a artificialização da procriação. Esta ligação não é senão a própria intervenção médica. Mas a problemática dos transexuais dificilmente poderia ser reduzida a uma "colonização das mulheres"! Não se pode incriminar uma manobra masculina numa prática que liquida a sua maneira o masculino, da mesma forma que os traços masculinos detestados como patriarcais; é preciso escolher. Em nenhum outro exemplo pode ser melhor avaliado a que ponto a questão da procriação mobiliza do lado feminino (e masculino) angústias de perda de identidade que estão por trás das posições "teóricas".

O mesmo se pode afirmar sobre a posição a respeito dos modos de procriação, se forem examinados unicamente do ponto de vista de um "interesse" das mulheres. Será então condenado o eugenismo da determinação do sexo, porque supostamente reduz o nascimento de meninas. Isso significa adotar o ponto de vista da reprodução de um

---

[31] Robyn Rowland, "Reproductive Technology Creating Women's Procreative Alienation", *in Sortir la maternité du laboratoire*, 1988, p. 76-87.
[32] R. Rowland, *op. cit.*
[33] F. Collin, "Les maternités et leurs interprétations", in *L'Ovaire-dose, op. cit.*, p. 47.

gênero, logo, de um dos sexos independentemente do outro. Não se fará então objeção aos modos de procriação visados nessa perspectiva. "Outras [aplicações dessas descobertas] podem interessar, como a possibilidade de criar um embrião não mais a partir de um espermatozóide e de um óvulo, mas de dois óvulos, o que permitiria a duas mulheres reproduzirem-se e mesmo desenvolverem duas gestações paralelas."[34]

De maneira geral, os elementos em jogo no controle da reprodução são considerados excessivamente transparentes. O discurso liberal não leva absolutamente em conta os determinantes inconscientes da decisão de ter filho. Interpreta erroneamente os conflitos que se verificam na procriação, subjacentes à promoção das "vontades" individuais. Mas em sua maneira de questionar a transformação da maternidade em "fardo", do qual teriam as mulheres de se liberar, vendo nisso unicamente uma percepção "masculina" ligada a certos aspectos das relações de sexo, certas análises sócio-econômicas veiculam a mesma psicologia da procriação, não menos racional que a do liberalismo. Privadas de sua dimensão inconsciente, as relações de sexos não permitem descrever as condições nas quais os sujeitos "fazem filhos" ou recusam-se a tê-los.

Quem controla quem?

É evidente portanto a necessidade de distinguir aquilo que pode ser globalmente descrito como uma relação de controle social (a dominação masculina) dos elementos subjetivamente em jogo, masculinos e femininos, muito mais complexos e contraditórios, que se desdobram no espaço desse controle. Mas não basta distingui-los, é preciso também ordená-los. A clínica psicanalítica identifica relações de procria-

---

[34] F. Collin, "Les maternités et leurs interprétations", in *L'Ovaire-dose*, op. cit., p. 47.

ção que obedecem à lógica da subjetivação. Jamais será possível deduzir um desejo de criança singular de um sistema de controle da reprodução. Mas o inverso é igualmente verdadeiro. Convém portanto colocar o problema de sua relação de outra forma que uma dedução recíproca.

Por isso, aliás, é que podemos entender de forma muito diferente a interrogação perspicaz sobre o papel das mulheres no impulso conferido às NTR, não por sua posição em favor da despenalização do aborto, mas pelos argumentos apresentados. "Pode-se lamentar que, na preocupação de eficácia necessária a seu combate, as mulheres não tenham suficientemente insistido no caráter conflitual da escolha que deviam fazer."[35] Mas como poderia ser reconhecido o conflito num espaço dominado pelo "controle da reprodução", no qual o aborto continua a ser representado como "a legítima defesa contra um intruso" (*ibid.*) e como "o direito (que as mulheres se atribuem) de uma resposta violenta contra uma violência que lhes era feita"? Como distinguir, com tal vocabulário, os elementos em jogo para as mulheres dos que estão em jogo no biopoder, já que são os próprios termos que transformam a procriação em produção? Como dar lugar à dimensão do inconsciente?

A menos que consideremos que só é possível atribuir-lhe seu devido lugar a partir do momento em que, através da despenalização do aborto, uma antiga relação de dominação entre os sexos fosse abolida. Mas o simples fato de que o número de abortos se tenha mantido estacionário (e considerável) após a generalização da contracepção medicalizada basta para indicar que para além dos elementos manifestamente em jogo, que dizem respeito à dominação nas relações de sexo, a concepção *e* seu aborto mobilizam algo muito diferente, que ressurge timidamente na menção do caráter "conflitual da escolha".[36] "As práticas de reprodução ditas *in vitro* em nada atendem portanto à exigência que se manifestava no combate das mulheres pelo contro-

---

[35] F. Collin, "De la parenté à l'eugénisme", *art. cit.*, p. 129.
[36] *Ibid.*

le da reprodução. Tratava-se para elas de ter o direito de decidir sobre uma maternidade da qual assumiam todos os encargos biológicos e educativos."[37] Controle da reprodução? Encargos biológicos? Não há a menor chance de alcançar os elementos inconscientes sexuados em jogo na procriação no contexto de uma representação dominada pelo "controle". Mas de um outro ponto de vista o enunciado transparente dos desígnios de controle exibe os elementos de apropriação, femininos tanto quanto masculinos, da procriação.

A INTERPRETAÇÃO HISTÉRICA

A referência às "relações de sexo" conjuga portanto, em geral, uma análise sócio-econômica sofisticada da dominação das mulheres e uma psicologia sumária das estratégias subjetivas entre os sexos, que tende a deduzir-se dela; mas passa por cima do inconsciente, que necessariamente reaparece sob uma forma mais ou menos explícita, mas numa perspectiva na qual o "inconsciente" corresponde afinal à identificação dos desígnios atribuídos ao outro sexo.

Nessa direção, um esquema retorna com insistência: seria este novo "poder feminino" sobre a reprodução, representado por contracepção e despenalização da IVG, que seria retomado pelo novo controle masculino, exercendo-se através das NTR.

Esta interpretação desenvolve-se em várias direções.

1. Ela estabelece que a artificialização da procriação representaria uma liquidação da maternidade em proveito da paternidade, transformando a maternidade em parentesco puramente educativo e adotivo (ao passo que a paternidade seria, paralelamente, dotada novamente de um significado biológico).

---
[37] *Ibid.*

2. Ela identifica a biomedicina em seu princípio ao exercício de uma onipotência masculina sobre as mulheres. "É, ao que me parece, um dos lugares de revanche possível de uma onipotência médica e biológica sobre um território feminino."[38] Mediante uma espécie de reversão da teoria freudiana da inveja do pênis, os artifícios da procriação exprimiriam uma inveja masculina da maternidade. Intitulando um artigo "A reprodução: as mulheres e a ciência; cientistas desejosos de maternidade?",[39] o mesmo autor escreve em outra parte: "Sabe-se por outro lado a que ponto o temor inspirado pelo controle da mulher sobre o parto suscita em muitas sociedades tabus, proibições, rituais e mitos que em certos casos exprimem o desejo de uma concepção sem atividade procriadora ou sem recorrer às mulheres. A ciência ocidental permitiria acaso pôr em ação esses fantasmas que em outras são manipulados simbolicamente?"[40]

3. Segundo a mesma lógica, pode-se então enxergar em algumas das formas das novas procriações, especialmente no recurso à maternidade de substituição, ou bem uma passagem ao limite do esfacelamento da maternidade ou bem uma espécie de réplica feminina à razão científica e masculina. Nesta última perspectiva, veríamos então ser dividida a unidade aparente da procriação artificial, seguindo a linha divisória da assimetria sintomática entre a inseminação artificial com doador e a maternidade de substituição. O esquema é o seguinte: as mulheres estéreis foram submetidas à razão científica (IAD, FIV), mas inventam, com as mães portadoras, um sistema decididamente feminino, não científico, sua solução para o problema da esterilidade.

Eis portanto que, contrariando toda razão, e quando já se pensava ter alinhado as "mulheres estéreis" com a Razão, razão científica, razão médica: ao passo que se julgava, afirmava, reivindicava poder

---

[38] F. Laborie, "Ceci est une éthique", art. cit., p. 1220.
[39] F. Laborie, "La reproduction: les femmes et la science. Des scientifiques en mal de maternité", in *Maternité en mouvement, op. cit.*, p. 181.
[40] F. Laborie, Joachim Marcus-Steiff, Josyane Montet, "Procréations et filiations", *L'Homme*, nº 95, julho-setembro de 1985, XXV, p. 9.

restaurar sob controle sua maternidade, sua feminilidade... Impertinentes, elas dão um pontapé, um simples tabefe em toda a maquinaria científica, médica, burocratizada; ingratas, preservam para seu próprio proveito aquilo que, no sistema da ciência, consideram de seu interesse; cabeçudas, recusam todas essas complicações sofisticadas, hospitalares; concretas e sem visão, simplificam absurdamente as coisas; provocantes, malbaratam a injunção médica e sua concepção científica da reprodução e da ordem do mundo; retrógradas, inventam um sistema atemorizante no qual ciência, técnica e medicina deixam de ser convocadas; cúmplices, só entre mulheres, uma "entrega" à outra seu filho, e se faz pagar por isso. Teria eu conseguido aqui surpreender? Vou redizer, mais calmamente, menos espe(ta)cularmente, em que consiste minha hipótese: e se as mães portadoras (o plural da formulação parece-me dever ser notado) constituíssem uma das formas modernas da histeria, uma daquelas cujo contágio caberia temer e de cujos exemplos está cheia a história?[41]

Desse modo, as mães portadoras encarnariam "uma das formas modernas da histeria". Para escorar a hipótese, F. Laborie faz referência ao retrato-falado da histérica na clínica psicanalítica, à maneira como, colocando-se como enigma, ela leva contraditoriamente a produzir saber sobre o sexo cuja inanidade procura demonstrar. Mas ali onde a mulher histérica não estéril pode encontrar no parto uma forma de se forçar a ser mulher, e de decidir a questão "Sou um homem ou uma mulher?", "Que é uma mulher?", a mulher estéril, privada no real dessa solução clássica, só teria como recurso inventar a solução histérica da mãe portadora.

De um ponto de vista empírico, a "hipótese histérica" não corresponde nem à diversidade real das situações alinhadas sob o termo "maternidade de substituição" nem a sua realidade freqüentemente trivial e sórdida, que pouco tem a ver com a "sororidade histérica". É arbitrário aplicar o que pode ser revelado na clínica da histeria, em

---

[41] F. Laborie, "Ceci est une éthique", *art. cit.*, p. 1521-1527.

sua relação com a concepção, à gravidez, à "mulher estéril", à margem de qualquer elemento material clínico obtido nas condições da situação analítica. Não serão algumas entrevistas de mães portadoras que poderão fazer-lhe as vezes.

De modo que a idéia de que a maternidade de substituição seria uma solução e um achado femininos veio a ser vigorosamente combatida por aquelas que não se dispuseram a fazer a distinção entre as invenções masculinas próprias para remediar a esterilidade masculina e o resto da procriação artificial. Em seu princípio, a artificialização da procriação é, a seus olhos, um esquema de recorte masculino da sexualidade e da procriação. A maternidade de substituição torna-se então "a compra pelo genitor de seu meio-filho biológico".[42]

Mas também se pode considerar que invocar a "histeria" é uma maneira de reconhecer que os desdobramentos da procriação artificial mobilizam as estratégias inconscientes dos dois sexos, no contexto do que veio a ser identificado como relações de procriação. É, justificadamente, considerar como insuficiente a psicologia racional que acompanha a análise sociológica na maioria dos casos. Na prática, uma certa maneira de reivindicar a histeria redunda, entretanto, em conduzir a análise dessas estratégias inconscientes a uma identificação sem distância com algumas dentre elas.

• O termo poder oscila permanentemente do exercício *de facto* de um poder real, socialmente exercido, inscrito em posições legislativas e práticas sociais, a um poder imaginário que supostamente o sustém. Este poder imaginário — a onipotência — é atribuído aos homens, e a interpretação consiste em identificar os fantasmas masculinos realizados pela biomedicina. "O sadomasoquismo e os fantasmas masculinos não são mais sublimados ou transpostos para a arte, não mais operam à margem, são legitimados pela ciência e os progressos, beneficiando-se com isso da cumplicidade ativa da sociedade."[43]

---

[42] Louise Vandelac, "Une clôture d'ouvertures", in *Sortir la maternité du laboratoire,* p. 369-380.
[43] Anne-Marie de Vilaine, "Faut-il tuer le père pour que la mère puisse fonctionner?", in *Maternité en mouvement, op. cit.*

AS RELAÇÕES DE SEXO NA PROCRIAÇÃO E O INCONSCIENTE

Acontece que o poder imaginário de procriar, a onipotência infantil que se exerce sobre este objetivo são equanimemente repartidos entre os homens e as mulheres. A força histórica das racionalizações masculinas, a recuperação do princípio feminino da procriação em certas teorias não são em absoluto incompatíveis com a existência maciça de uma onipotência imaginária das mulheres sobre a procriação. Do fato de que os homens possam visar controlar num modo onipotente a capacidade feminina de carregar um filho não decorre evidentemente que as mulheres estejam livres da onipotência!

• O fantasma imputado ao outro sexo não basta para fazer com que a análise saia da psicologia. É preciso escolher entre o registro do fantasma e o da imposição no real, solidária com a psicologia da dominação. A referência à "consciência reprodutiva" decorrente dos trabalhos de Mary O'Brien[44] é esclarecedora a este respeito. Se restitui sob este termo certos aspectos da vivência feminina da maternidade (a consciência da continuidade temporal, de uma relação com o tempo ligada às regras e à gravidez), ela mantém intacta a questão das relações desses elementos com a dinâmica do inconsciente.

• A onipotência feminina e materna ocupa certamente um lugar considerável no imaginário masculino. Não se trata portanto de "fundamentá-la" simetricamente numa "realidade da onipotência feminina" que por sua vez a explicaria, mas de reconhecer que a procriação mobiliza *nos dois sexos* elementos de onipotência que assumem por excelência a forma de uma atribuição desta à outra. A este respeito, o lugar atribuído à gravidez masculina e mais amplamente ao desejo de maternidade no homem é absolutamente característico. Uma coisa é o reconhecimento de um desejo de ter filho no menino ou no homem, com tudo que ele veicula em matéria de teorias sexuais infantis. Outra coisa, a reviravolta mediante a qual, para estender uma armadilha a uma interpretação da inveja do pênis, se tende não só a dar-lhe como elemento simétrico uma suposta e geral inveja de maternidade no homem, como ainda a interpretar projetivamente a teoria da inveja do

---

[44] Mary O'Brien, *The Politics of Reproduction*, op. cit.

pênis como uma construção a serviço dessa inveja da maternidade. É o mesmo que acontece — simplesmente porque o que está em jogo é o mesmo — no debate a respeito dos méritos respectivos do pênis e do clitóris. Nathalie Zaltzman demonstrou a progressão inexorável pela qual a teoria sexual fantasmática readquire seus direitos, ao evocar um momento das análises de Kate Millet: "E no entanto todo o seu senso do humor não a impede de sacar o argumento ingênuo de um privilégio exclusivamente feminino, que lhe garantiria, se não sua superioridade, pelo menos uma determinação mais precisa que a do homem: só a mulher possui um órgão unicamente sexual, o clitóris, que ainda por cima teria uma capacidade de gozo muito superior ao pênis. Uma vez que nos encontremos apanhados no campo de uma teoria sexual, sua força de atração se exerce a expensas daquela mesma que a critica... mais facilmente no homem que nela mesma."[45]

• A imputação da onipotência aos homens-pais é acompanhada de uma idealização da figura materna, da restauração de uma figura da mãe desprovida de ambivalência e sobretudo de onipotência, mãe ideal reparada do assassinato que teria sido perpetrado pelos filhos-homens contra a maternidade.

Nessa versão do romance familiar, a relação da filha com a mãe se veria comprometida pela identificação com o pai "imposta" pelo pai.[46] Significa situar a dialética das identificações num registro em que seriam diretamente dedutíveis das situações sociais. A dominação exercida socialmente sobre a procriação modula certamente a constituição dessas identificações; mas seria liquidar a realidade do inconsciente, tanto em suas estratégias coletivas quanto singularmente, pretender definir uma relação global da mãe com a filha. Inelutavelmente, semelhante posição conduz a um devaneio a respeito de um matriarcado originário, no qual se vê denegada a onipotência materna, e a instauração vindoura de uma nova "cultura feminina" na qual

---

[45] Nathalie Zaltzman, "Du sexe opposé", in "Du secret", *Nouvelle Revue de psychanalyse*, nº 14, 1976, p. 202-203.
[46] A.-M. de Vilaine, *op. cit.*, p. 81-85.

o materno seria "simbolizado". A história real, que opõe violentamente os homens e as mulheres, torna-se um intermédio entre dois paraísos maternos.[47]

Essas representações têm uma função: imputar ao *socius* e a seus representantes masculinos o ódio, a culpabilidade edipiana sentidos em relação à mãe. Vão de par com uma nova idealização da maternidade e do "materno", tão fortemente renegadas nos anos sessenta por uma grande parte do discurso feminista. Apagam sistematicamente a ambivalência, remetendo a agressividade e a destruição apenas ao lado masculino. "Quando odiamos nossas mães, quando rompemos com elas, submetemo-nos contra a vontade a essa ordem e a suportamos."[48]

Mas a histeria assim invocada, reivindicada, transformada desde sua promoção psicanalítica em porta-voz credenciada do discurso feminino, deve ser entendida em sua dimensão de enunciado de verdade. Poderíamos situá-la em relação ao que M. Foucault designa como *histerização do corpo da mulher*,[49] como um dos episódios desse conjunto estratégico — que Foucault separava da socialização das condutas procriadoras. É nestes termos de histerização que foram abordados certos aspectos da descrição sócio-econômica da êmbrio-economia. "Assim, em um século, a histerização do corpo das mulheres de sexualidade pretensamente transbordante e ameaçadora, de fecundabilidade incontrolável e de fertilidade debilitada, em suma, essa hiper-histerização da sexualidade, da fertilidade e da infecundabilidade constituiu a pedra-de-toque do discurso ginecológico e das ciências reprodutivas sobre a sexualidade e a geração."[50]

Entretanto, o recurso à noção de histerização não está isento de ambigüidade. Tem ele interesse em conferir estatuto de operação estratégica a manobras concernentes ao sexo, despsicologizando a referên-

---

[47] Luce Irigaray, *Et l'une ne bouge pas sans l'autre*, Minuit, Paris, 1988.
[48] L. Irigaray, entrevista a A.-M. de Vilaine, in *Maintenant, Société*, p. 18, 1989.
[49] Michel Foucault, *La Volonté de savoir*, op. cit., p. 137.
[50] L. Vandelac, in *Le Magasin des enfants*, op. cit., p. 127-128.

cia à histeria. Mas um dos grandes problemas persiste, a relação entre o sexual e a procriação, já delimitados na análise de M. Foucault. Por outro lado, o termo não pode servir para encobrir a questão histérica em proveito de um dispositivo qualificado de masculino, esvaziando mais uma vez as relações de sexo e sua dimensão inconsciente.

O fato de a estratégia das mães portadoras ser reivindicada como "histérica" bem demonstra a existência reconhecida de estratégias femininas não redutíveis ao que seria um estatuto "imposto". Não há histerização sem requisição de uma histeria que não se reduz a um funcionamento imposto. Já frisamos que as relações da contracepção química com a representação da fecundidade transbordante das mulheres não são tão simples. Não apenas mulheres apoiaram muito ativamente as pesquisas de Pincus[51] como a vontade de um controle, se não de um rebaixamento da maternidade "a qualquer preço", constituiu efetivamente uma dimensão do movimento feminino, como indicou oportunamente Françoise Collin.

Foi possível identificar nessa histerização um retorno da histeria ginecológica, assinalando, justificadamente, um marcante deslocamento coletivo da contestação histérica.[52]

A histeria ginecológica — ou interpretação uterina da histeria — que cedera lugar desde os anos 1880 à histeria neurológica,[53] base da histeria psicanalítica, voltaria assim à cena. No século XIX, a histeria teria investido a paixão amorosa em detrimento da reprodução; a histérica quer então o amor sem produção de filhos (quando os pais exigem que ela os tenha). Mas a generalização na cultura da disjunção entre sexualidade e reprodução tornaria inoperante a estratégia histérica de contestação da reprodução forçada.

---

[51] Étienne-Émile Baulieu, *Génération pilule*, Odile Jacob, Paris, 1990.
[52] Jean Guyotat, "Retour de l'hystérie gynécologique?", *Psychanalyse à l'Université*, nº 41, 1986, p. 129-139.
[53] Segundo a tese, que por si mesma mereceria uma discussão, de Gladys Swain, "L'âme, la femme, le sexuel, le corps: la métamorphose de l'hystérie à la fin du XIXe siècle", *Le Débat*, 1983.

AS RELAÇÕES DE SEXO NA PROCRIAÇÃO E O INCONSCIENTE

"Encontramo-nos numa situação de bloqueio da pulsão de reprodução que pouco a pouco conscientiza as histéricas fascinadas pela contracepção e a IVG de que se trata efetivamente de uma pulsão que nada tem a ver com a 'sociedade de consumo' ... A medicalização do ato procriador oferece uma nova trama sexual do funcionamento histérico, como acontecia outrora com as crises, as paralisias, e mais recentemente com a depressão."[54]

A invocação da histeria, impertinente se se pretende com isso "explicar" o avanço das mulheres em direção às NTR, assume todo o seu significado se a considerarmos como desenvolvimento de uma interpretação histérica dos elementos em jogo nas NTR. Ela representa a versão ao mesmo tempo singular e compartilhada, coletiva, que algumas podem configurar de uma história real, a das gerações de mulheres, com sua genealogia, através da história imaginária passada e futura das mulheres, para tentar simbolizá-la.

Deste ponto de vista, apreende-se melhor a necessidade de amplas perspectivas históricas sobre a procriação, para além da violência que impõem à história. Que fazem elas senão encenar a história recente dessa geração? É esta então a pertinência da questão: "Por que isto acontece com a nossa geração?"[55] Corre-se no entanto o risco de deslocar para a história os elementos em jogo que não podem ser elaborados no presente. Há aquilo que "Mary [Shelley] sabia", a qual, como relata brilhantemente Monette Vacquin, concebeu o personagem da criatura de Frankenstein, modelo das criaturas artificiais; o que ela sabia sobre esses elementos em jogo nas relações entre os homens e as mulheres, e que pode parecer conferir a sua criatura romanesca seu valor profético. Mas há também o que ela não sabia no que ela sabia. Não podemos acaso entender igualmente o mito frankensteiniano como um mito histérico da procriação, interrogando a sua maneira, clássica, a (oni)potência masculina?

---

[54] J. Guyotat, *art. cit.*, p. 137.
[55] Monette Vacquin, *Frankenstein ou les délires de la raison*, *op. cit.*, p. 180.

O discurso sobre a procriação não é ele próprio mais natural que outras representações; sobretudo, as posições assumidas sobre esta questão são dominadas por seu endereço imaginário, seus interlocutores implícitos. Não causará estranheza então que venham a ser extraídas, do mesmo ponto de partida aparente, conseqüências absolutamente opostas.

TÉCNICAS LIBERADAS

A representação das NTR e algumas de suas regulamentações atuais (especialmente no que diz respeito aos CECOS) mostram a força subjacente das crenças naturalistas.[56] Essas crenças são afinal compartilhadas pelos homens e as mulheres. Desse modo, a reabilitação da maternidade, com suas ênfases naturalistas incontestáveis em certas posições femininas, será então criticada por outros em nome de sua incoerência em relação ao amplo movimento crítico do feminismo histórico. Com efeito, é preciso escolher entre a assimilação sistemática das técnicas em si mesmas a armadilhas falocráticas e uma análise das relações de procriação dominantes. "O problema é descartado adotando-se uma posição de rejeição global das NTR em virtude da crença que reúne certas feministas e mais de um falocrata ao caráter 'masculino' da técnica *versus* a essência 'feminina' da natureza e da vida."[57] Nessa perspectiva, pode-se distinguir a utilização atual das NTR e sua utilização possível, por eles entravada. O interesse das NTR residiria nas novas possibilidades sociais de que são portadoras, nas novas formas de arranjos "familiares" que podem impulsionar na mesma dire-

---

[56] Marie-Jo Dhavernas, "Il revient au galop", *Les Temps modernes*, nº 489, abril de 1987, p. 39-69.

[57] M.-J. Dhavernas, "Comme les carabiniers, les enjeux politiques des NTR", *Cahiers du Grif*, "De la parenté à l'eugénisme", 1987, nº 36, p. 84-85.

ção que as novas práticas sociais da família. O que caracterizaria então o uso atual das NTR seria seu alinhamento moralizante pelas normas familiares, manifesto na IAD e na estigmatização da maternidade de substituição. O problema das NTR seria portanto o fato de serem levantados os limites atuais para as indicações que as reservam aos casais e excluem as mulheres sozinhas e os homossexuais dos dois sexos.[58] Esta exclusão fundamenta-se explicitamente em alguns na obsessão de uma utilização onipotente das novas tecnologias pelas mulheres e de um retorno do mítico "matriarcado". As posições assumidas por Robert Badinter em Viena em favor da inseminação celibatária repousam igualmente numa interpretação da procriação artificial que faz dela uma liberdade maior para a mulher e uma limitação do poder do homem.[59] Em *L'un est l'autre*, Élisabeth Badinter sustenta uma posição que representa uma variante da representação liberal. Depois de descrever a transformação igualitária das relações de sexo nas sociedades ocidentais, ela designa na maternidade o único poder feminino que limitaria essa igualdade.[60] Logicamente, lança a hipótese de uma ostentação tecnológica da parte dos homens, da qual o projeto de gravidez masculina representa o aspecto mais manifesto na artificialização da procriação.

Encontramos mais uma vez, aqui, o equívoco do "poder" sobre a maternidade, a superposição do poder imaginário atribuído às mulheres e das condições reais da maternidade na história, que chegaram a ser descritas, às avessas, como o lugar de um poder imemorial exercido *sobre* as mulheres. Em compensação, é verdade que a partir do momento em que as mulheres dispõem do controle das condições da procriação através da contracepção e da despenalização do aborto, passam a ser detentoras de um poder sobre a maternidade e a procria-

---

[58] *Ibid.*, p. 74.
[59] Robert Badinter, "Les droits de l'homme face aux progrès de la médecine, de la biologie et de la biochimie", *Le Débat*, nº 36, set. 1985, p. 4-14.
[60] Élisabeth Badinter, *L'un est l'autre*, Le Seuil, Paris, 1986, p. 363.

ção. É preciso observar, entretanto, que este poder não resulta apenas do controle tecnológico, mas de disposições do direito.

Cabe duvidar que a igualdade entre os sexos dependa do recurso aos artifícios procriativos. A idéia da gravidez masculina como tática geral supõe uma espécie de universalidade do desejo de maternidade nos homens que não está muito próxima da experiência, senão a título de fantasma feminino. Ela confunde o fato positivo da dependência recíproca dos homens e das mulheres em relação à procriação, a possibilidade de as mulheres controlarem as condições da maternidade, com uma espécie de partilha imaginária da maternidade, concebida como fonte de igualdade. Nessas condições, por que não ver no fato de pertencer a um só sexo (um ou outro) uma fonte de desigualdade? É por sinal uma representação freqüente nas mulheres (injustiça do fato de pertencer ao sexo feminino), correlativa das representações masculinas de superioridade.

É incontestável que o desenvolvimento das NTR caminha no sentido de um enfraquecimento das normas familiares dominantes e de uma individualização crescente das práticas procriativas. Mas um e outra longe estão de estarem livres de ambigüidade. Para começar, esperar do desenvolvimento das NTR o reconhecimento das "singularidades individuais" não tem cabimento sem esquecer a força, não aparente, das técnicas que organizam discretamente, mas impiedosamente, o conjunto das soluções possíveis apresentadas no mercado. A singularidade apresenta aí a mesma medida que aquela que pode resultar da livre escolha de qualquer produto no mercado, nem mais nem menos.

Mais profundamente, entretanto, a exaltação da inovação social e das diferenças individuais em nome do desejo apaga os mecanismos inconscientes que presidem tanto à oferta de técnicas quanto às demandas que suscitam. Não há com certeza qualquer razão para considerar como sintomáticas apenas as demandas atípicas de NTR, o que significaria esquecer que as procriações mais naturais, normais, oficiais têm os determinantes inconscientes mais diversos e disparatados, e de modo algum menos "sintomáticos". O que não quer dizer que se

AS RELAÇÕES DE SEXO NA PROCRIAÇÃO E O INCONSCIENTE

deva ignorar a que ponto a procriação-produção pode favorecer imperturbavelmente uma *exploração* em grande escala do sintoma.

Concluindo, constatamos que os efeitos da transformação da procriação em produção, pelas NTR, se exercem sobre as posições dos homens e das mulheres. A divisão das mulheres, absolutamente clara, não se deixa reduzir aos efeitos desastrosos produzidos por um empreendimento "masculino" sobre mulheres que não conhecessem devidamente sua feminilidade e seus interesses femininos. No fim das contas, não seria possível entender muito, se assim não fosse, como a oferta biomédica recrutaria e portanto acolheria demandas que, na imensa maioria, são as daquilo que denominamos, em nossa época, casais.

Observa-se em seguida, se nos atemos aos discursos que se exprimem, que as posições assumidas de modo algum traduzem exclusivamente uma identificação às modalidades propostas pelas NTR, mas toda uma gama de posições fantasmáticas nas quais seja possível expressar-se, como em outras partes, o diferendo sexual. Cabe assim supor, o que vem a ser confirmado pela experiência, nos casos em que os sujeitos podem exprimir-se, que a adesão tática às ofertas das NTR vai de par com estratégias inconscientes diferentes e mesmo opostas dos homens e das mulheres. Trate-se de aborto, da contracepção ou da procriação artificial, não se pode deduzir atos decididos às vezes em comum a estratégias inconscientes idênticas nos dois sexos, inclusive à margem dos aspectos singulares.

No fundo, a procriação-produção exerce sobre as relações de sexo dois efeitos contraditórios. Por um lado, liquidando à sua maneira (pois não é a única a contribuir para isso) certo número de estereótipos dos modos de procriação anteriores, conferindo ao sujeito um poder jurídico relativo sobre seu próprio corpo, ela dá lugar à expressão e à realização, em certos casos, de desejos contraditórios. É esta expressão aberta dos desejos, e especialmente, por sinal, quando provém de mulheres sozinhas que querem ter um filho, que alimenta a estigmatização da "onipotência". Mas é a força do mercado, da produção de filhos que deveria causar espécie, muito mais justificadamente. Ela transforma sem rodeios o que séculos de ideologias utópicas não conseguiram cortar, separa para acasalar, dissocia sexualidades e conjugalidades sucessivas, retalha em pedaços os elementos da procriação para voltar a reuni-los *ad libitum*. Como falar de onipotência dos sujeitos, se permanecem duplamente submetidos à mão invisível da nova procriação e ao próprio desejo?

Por outro lado, de maneira mais sensível e geralmente menos percebida, a procriação-produção define novos consensos, vale dizer, novas formas de compromisso entre os sujeitos sexuados. Como os outros compromissos, eles se mantêm naturalmente nas aparências, em nada prejulgando quanto ao direito. Vistas desse ângulo, as NTR podem ser consideradas meios de prolongar a vida dos agregados momentâneos chamados de casais; o que não implica que visem este resultado nem que o alcancem. Podemos limitar-nos a supor que ao lado de muitos outros meios que funcionam neste sentido, ou em sentido inverso, elas contribuem para tal. E cabe perguntar se o que muitos teriam dificuldade para admitir, na virulência com que chamam à ordem, à ordem da relação sexual (liquidada *in vitro*), não é a indiferença orgulhosa com que o tratamento produtivo da reprodução humana, que tem sua lógica, ignora a questão sexual.

v O desejo de filho e sua somatização médica

Na representação espontânea, a procriação artificial apresenta-se como a resposta biomédica ao desejo de filho não consumado, finalmente possível graças aos avanços espetaculares dos saberes. Mas, se o motor do desenvolvimento da procriação artificial é a lógica conjugada da experimentação biomédica de massa e das relações de sexo, já não surpreende tanto que a promoção do discurso sobre o desejo de filho, com a inversão do movimento real que implica, seja estritamente contemporânea do desenvolvimento da contracepção, da IVG e das procriações artificiais. "O desejo de filho e o desejo de ter um filho são noções pelas quais o interesse foi renovado desde a generalização da contracepção e mais recentemente ainda pela utilização dos métodos novos de procriação."[1] Não se sai da esfera do equívoco ao associar, depois de havê-las separado, como acontece na maioria dos casos, uma invocação do "saber psicanalítico" em matéria de "desejo de filho" e uma análise histórica e sócio-econômica, mesmo levando em conta as "relações de sexo" e os "desejos de filho".

Na realidade, a contracepção, o recurso à IVG e o próprio desenvolvimento das técnicas artificiais também devem ser considerados estratégias do desejo, coletivas e singulares. É verdade que o desenvolvimento da pesquisa biomédica obedece às lógicas já mencionadas: a produção de filhos é inseparável historicamente do modelo do resto da produção; mas afinal ela comporta intrinsecamente desígnios que

---

[1] F. Cukier-Hémery, Irène Lézine, Julien de Ajuriaguerra, "Désir d'enfant", *Psychiatrie de l'enfant*, XXX, 1, 1987, p. 59-83.

levam em conta, de uma nova forma, um "desejo de filho" em nada próprio das sociedades que inventaram a produção de filho.

Não há por que deixar-se encerrar numa espécie de raciocínio que não deixou de ter êxito em outros tempos, a propósito do "amor materno" ou da própria diferença dos sexos, tanto mais que remete provavelmente ao mesmo fenômeno global, considerado sob ângulos diferentes. Segundo este raciocínio, seria possível escolher, caso se consiga demonstrar a relatividade do amor materno, da diferença dos sexos, do desejo de filho como temas ideológicos, entre a possibilidade de considerá-los como puras construções culturais e de se fechar na crença em universais abstratos e ilusórios. O resultado principal dessa perspectiva relativista, liberal, progressista é vedar toda espécie de análise das estratégias inconscientes que são inerentes às construções culturais. Ora, se todos concordarão sem problemas em que o "desejo de filho" é um objeto de interesse social recente, contemporâneo do controle biomédico da reprodução, não se haverá de concluir por isto que desejar um filho data, para os homens e as mulheres, da existência da pílula, exatamente como o amor materno não esperou a era clássica para se manifestar, ou, como se tem posto com certa freqüência na boca de Philippe Ariès, a própria criança, etc. Se passamos com tal facilidade da análise da diversidade das formas históricas para a história de uma criação *ex nihilo*, não é apenas pelo peso da retórica histórica. Existe aí, de maneira muito mais radical, uma razão ligada ao próprio objeto: a mãe, o pai, o filho, o desejo. Atribuir-lhe um ponto de emergência histórica, datá-lo, é antes de mais nada pôr-se em posição de tornar-se o autor da mãe, da criança, da diferença dos sexos, do desejo, simples objetos do discurso histórico e, em conseqüência, negar que se trata de realidades que atravessam a história, negar que "o autor" resulta de uma transmissão da vida num desejo, de uma mãe e de um pai, que foi filho do encontro de dois sujeitos sexuados.

É preciso portanto descrever as estratégias pelas quais cada sociedade, e no caso a nossa de hoje, compõe, em dado momento, com os sujeitos de que dispõe. Neste sentido, é perfeitamente verdadeiro que o "desejo de filho" é um discurso de hoje. Mas a questão consiste em

O DESEJO DE FILHO E SUA SOMATIZAÇÃO MÉDICA

saber como entendê-lo, como entender os desejos inconscientes que se abrem na falsa claridade do filho "desejado", contraceptado, abortado, do filho reclamado, reproduzido industrialmente.

Imaginamos incuravelmente o inconsciente e as estratégias do desejo como probleminhas de um indivíduo, ao passo que as questões dos coletivos obedeceriam a mecanismos mais sérios. Valemo-nos do fato de o psicanalista estar na escuta da emergência de um sujeito para concluir no fundo, uma vez descartada a óbvia cordinha do "inconsciente coletivo", que as práticas sociais, as leis positivas estariam tranqüilamente ao abrigo do desejo, do fantasma.

Na realidade, não há produtores de filhos que atendam à demanda singular de sujeitos ou que se limitem a impor-lhes formas de reprodução. Há sujeitos identificados a pais reprodutores ou a mães reprodutoras que em seu desejo engendram filhos através dos casais e suas questões de desejo. A ciência limita-se a retomar o lugar do mito ou da religião. Em qual cena particular, é bem esta a questão.

Os dados que a clínica analítica pode assim fornecer sobre os determinantes inconscientes e a concepção são ao mesmo tempo gerais e neutros em relação ao contexto social no qual emerge o "desejo de filho". Devemos portanto, numa demarche diferente do processo analítico de um tratamento, mas a partir desse processo, perguntar como a instauração de condições sociais particulares de controle da concepção modifica as condições inconscientes de emergência do desejo de filho. Por um lado, essas condições sociais dependem de determinações exteriores à psicanálise: avanços biomédicos mas também transformação das relações sociais de sexo no contexto da lógica econômica e política.

Nem por isso é menos verdade que tais transformações, que obedecem a lógicas heterogêneas ao inconsciente, são atravessadas por estratégias inconscientes: as próprias discussões sobre o controle masculino ou feminino da concepção bastam para demonstrá-lo. São efetivamente tais estratégias, incorporadas aos dispositivos sociais, e seus efeitos na emergência do desejo dos sujeitos que cumpre analisar. Mas dizer estratégia é dizer também que não podemos nos limitar a definir elementos em jogo *in aeternum*, entre os homens e as mulheres: que se trata de descrever formas de confronto histórico. A questão da contracepção é perfeitamente adequada para ilustrá-lo.

UM DESEJO POR DEMAIS CONTROLADO

Um lugar-comum introduz numerosas considerações sobre a procriação artificial. Ele tende a demonstrar como a contracepção medicalizada e seu voluntarismo engendrariam os impasses, as impossibilidades de ter um filho, que conduzem diretamente a recorrer às "novas técnicas de procriação". Este esquema, se comporta uma parte de autenticidade, apresenta por outro lado dois grandes inconvenientes.

Primeiro, não é muito difícil enxergar nele a expressão de um julgamento, de uma culpabilidade: a sanção, por alguma forma de justiça distributiva, da recusa de ter um filho a qualquer momento seria a impossibilidade de ter um. Caberia aqui distinguir a realidade de um sentimento de culpabilidade, que poderia ser um dado de outra forma ignorado, ligada ao fato de adiar a realização do desejo de filho ou de interrompê-lo; e a utilização culpabilizante de um argumento, tão perceptível no discurso moralizador herdado da tradição, sustentado pela ordem médica que explora a culpabilidade inconsciente. Diferenciar os dois fenômenos é essencial, já que não têm o mesmo sujeito; um exprime angústia e culpabilidade do "querer" feminino e se manifesta perfeitamente na IVG; o outro, a estigmatização que emana do discurso da tradição.

Observemos entretanto que nesses debates é hoje estranhamente minimizado o alcance histórico do controle da contracepção científica, indissociável das relações de sexo que ela supõe e que ao mesmo tempo transforma. O dispositivo sintomático da procriação artificial, que liga de maneira complexa as ofertas tecnológicas da biomedicina e os sintomas de seus sujeitos, também contempla, na virulência das críticas que lhe são dirigidas, a ambivalência dos sentimentos engen-

O DESEJO DE FILHO E SUA SOMATIZAÇÃO MÉDICA

drados pela liberação da restrição do sexual à reprodução. Com toda certeza, essa "liberação", como as outras e particularmente a do "sexo" na pornocratização generalizada, está profundamente ligada à progressão da forma mercantil das trocas, que transforma "o sexo" em mercado como outro qualquer, sob formas muito mais diversificadas que a prostituição *stricto sensu*. Além do fato de que não é em absoluto incompatível com formas novas de sujeição das pessoas, ela de modo algum assegura o acesso singular dos sujeitos ao desejo.

Mas ela representa, apesar de tudo, uma espécie de extraordinária demonstração, em escala social, de algumas das teses freudianas sobre a separação da "coisa sexual" em relação à reprodução no homem. Costuma-se frisar de forma algo complacente a pretensão humana de "controle": são lembradas as "benfazejas leis" que a limitam, e quase se veria nas fantasias artificiais a sanção de sua transgressão. Que idealização ao mesmo tempo das leis da natureza (culto da fecundidade e da reprodução) e dos usos positivos históricos, leis ou costumes, das sociedades que nos precederam!

Invectivando o "controle", desloca-se o olhar pudicamente, pois ele não passa do meio material de uma realização do desejo sexual independente de seus efeitos de reprodução ou de seus desígnios de geração. Essa realização só é por sua vez possível em razão da natureza transgressiva do desejo, que a sua maneira ela expõe, com brutalidade em sua busca de satisfação.

Entretanto, restituir este significado recalcado do desenvolvimento da contracepção científica não implica em absoluto que para cada sujeito sua utilização seja transparente e desprovida de ambivalência. A própria importância da IVG, estacionária não obstante a contracepção eficaz, dá testemunho do fato de que na contracorrente desse movimento de emergência do desejo, a contracepção também pode ser utilizada antes mesmo da procriação artificial, como um meio de manter em xeque o desejo do sujeito.

PROJETOS

Cabe, para começar, perguntar quais são as conseqüências das novas condições gerais que limitam o desejo de filho, a intencionalização da procriação, seu modelo produtivo, sua intermediação médica.

O calculável e o imponderável

O desejo de filho, como aliás todo desejo, adapta-se mal estruturalmente à fixação de um objeto, de um objetivo fixo, estável no tempo. Caracteriza-se por seu empuxo, sua impaciência, sua labilidade, sua dependência face à relação com o outro — com quem o desejo se relaciona numa eleição momentânea, mas equívoca (ele pode ter visado um outro e poderá ressurgir com um outro).

Ora, a intencionalização de "fazer um filho" compromete esse desejo no caminho de uma programação fixa, estável (pelo menos momentaneamente). Lá onde o sexual, a relação sexuada introduz um incalculável, uma ordem do aleatório, ligada particularmente ao gozo, o projeto programado fabrica algo calculável, um funcionamento, no modo da racionalização da reprodução, bioindustrial.

As obrigações sociais e os determinantes individuais

Como as obrigações ideológicas da reprodução social perderam seu poder coercitivo sobre os indivíduos, o desejo de filho depende cada vez mais exclusivamente dos determinantes psíquicos singulares: vivência da gravidez, usufruto da criança, experiência da feminilidade materna ou da paternidade. É verdade que podemos considerar o conjunto desses objetivos como as novas normas ideológicas do grupo, mas nem por isso é menos verdade que seu poder coletivo de coerção sobre o indivíduo tem a originalidade de depender radicalmente de condições singulares, diferentes e mesmo opostas.

O desejo do outro

Desimpedido das grandes manobras da reprodução social, o desejo de filho torna-se um dos pontos de focalização dos elementos de desejo em jogo no "casal", essa união transitória de dois sujeitos. Da mesma forma, torna-se tributário das fragilidades desse desejo, de sua ação conjugada, de suas incertezas. É ao mesmo tempo cada vez mais manifestamente dependente em sua realização dos componentes inconscientes da relação com o Outro; e cada vez mais independente da relação com *determinado* outro, na medida em que cada sujeito, homem ou mulher, se coloca em sua individualidade de sujeito desejante — que se manifesta nos novos encontros possíveis e nas separações repetidas.

Para cada sujeito, o desejo de filho está na dependência cada vez mais exclusiva de objetivos narcísicos e edipianos próprios de sua história, e portanto independentes das condicionantes sociológicas da reprodução para a sociedade e a espécie. A própria maneira de satisfazer as novas exigências individuais coletivamente cultivadas implica a promoção da singularidade, de suas complexidades.

Mas nenhum dos elementos como a vivência da gravidez, a experiência da maternidade ou da paternidade está fundamentalmente ligado ao outro sexo, senão como a uma espécie de condição material, que pode ser reduzida ao mínimo. A dependência recíproca das condições da concepção na qual se encontravam homens e mulheres dá lugar ao modelo de uma vontade individual, eventualmente concorrente, ou oposta, de obter um filho para si; e ao registro da demanda desse objeto a um Outro.

DESEJO DO PAI?

As críticas habituais da "programação" de filho e do voluntarismo decorrente da contracepção científica vêem-se no mesmo movimento numa singular posição em falso, incriminando a liquidação em geral do desejo sexual pela vontade. Pois nada contribuiu tanto quanto as transformações recentes da procriação-produção e das relações de sexo para singularizar as condições do desejo de filho. Mas há bons motivos para que esta singularização seja precisamente mal suportada, o que vem a ser uma questão totalmente diferente.

É bem verdade que a programação do filho modifica as condições nas quais pode manifestar-se o desejo de filho entre dois sujeitos, em sua dimensão de inclusão no corpo dos símbolos de cada um.[2] Observemos logo de entrada que o questionamento do desaparecimento do desejo sexual fecundo corresponde por demais precisamente à estigmatização da emergência do desejo sexual separado de seus efeitos procriativos para deixar de levantar suspeitas. Para Marie-Madeleine Chatel, o desejo de filho se esboroa no sistema voluntarista da contracepção, na medida em que deixa as mulheres em posição de decidir quanto à criança, de serem suas autoras. A relação do sexo com a paternidade ficaria assim comprometida pela entrada do médico na decisão de gerar filho. Teríamos passado do desejo sexual de um homem, como causa da criança, ao querer feminino.[3] Neste sentido, a contracepção e sua promoção do querer seriam uma forma de teste da função paterna. Semelhante interpretação apresenta o inconveniente de associar o desejo de criança apenas à "função paterna". Ela reconduz na psicanálise o confisco tradicional do simbólico e da dimensão do desejo pela figura paterna.

Podemos certamente interpretar a intermediação médica, desde a

---

[2] Marie-Madeleine Chatel, "Le désir escamoté", in *Le Magasin des enfants*, François Bourin, Paris, 1990, p. 72-82.
[3] *Ibid*. Ver também, do mesmo autor: "L'infertilité aujourd'hui, ou on demande un enfant hors-pères", *Dialogue*, n° 104, 1989.

contracepção científica e a IVG, como privando possivelmente o homem de seu papel na concepção do filho. Note-se entretanto que não há necessidade do artifício médico para realizar esta operação nem para as mulheres nem para os homens: ele se presta a isso no máximo de maneira particular.

Dá-se crédito, por outro lado, à estranha idéia de que antes da intervenção da medicina reinava uma espécie de harmonia preestabelecida na qual os sujeitos, obedecendo apenas ao desejo, podiam conceber a seu bel-prazer, ano sim, ano não. Naturalização paradoxal do desejo de filho, ainda que formulada em termos analíticos. Seria contradição ao mesmo tempo sustentar a tese da "não-relação sexual", que exclui esta harmonia, e apresentar uma versão da concepção desejante que não deixa muito lugar para a alteridade irredutível dos desejos — e para uma de suas expressões: a infertilidade, que é então apresentada como reação a seu controle.

Não seria precipitação atribuir à programação do filho as falhas e complicações do desejo masculino e feminino que esse "controle" simplesmente expõe muito mais claramente a partir do momento em que não tomamos como referência a "natureza"?

Finalmente, *last but not least*, esquece-se que em matéria de harmonia preestabelecida reinava globalmente, antes da contracepção científica, uma imposição masculina maciça da reprodução, uma verdadeira reprodução forçada[4] sem relação com o idílio do desejo amoroso de outrora. Que as modalidades dessa contracepção científica coloquem problemas importantes do ponto de vista das relações de sexo que nelas se exercem não significa que o estado anterior possa ser considerado isento dessas mesmas relações, que simplesmente apresentavam uma outra forma.

É portanto necessário avaliar bem o inconveniente que pode haver em sustentar que a "função paterna" é como tal questionada a partir do momento em que mulheres requerem historicamente um controle

---

[4] Paola Tabet, "Reproduction forcée", in *L'Arraisonnement des femmes*, op. cit., p. 61-165.

da reprodução. Seria esta função compatível apenas com a dominação masculina? "Para avançar depressa, se a época é marcada, como anunciou Nietzsche, pela morte de Deus, é a morte de um Deus-Pai tido como desejante, de um desejo que garantia os outros desejos em cadeia na geração e no vínculo social."[5] Por que o exercício da função de pai e a concepção haveriam de ser solidários dessa arquitetura simbólica extremamente particular, há séculos em crise? Nada impede, de qualquer maneira, que consideremos que uma nova articulação das funções parentais seja possível, levando em conta de outra forma a atividade dos desejos masculinos e femininos, e deles fazendo sua lei.

Uma coisa é certa: nos anos em que a contracepção médica e a IVG são objetivos prioritários da luta das mulheres, o que nelas está em jogo é explicitamente apresentado como ligado ao desígnio masculino de uma limitação à reprodução. Esta se manifesta por sinal muito claramente nas resistências obstinadas dos meios médicos e políticos. É neste contexto que se desenvolve, de forma militante, o tema da reapropriação pelas mulheres de seu próprio corpo. A lei social reconhece o sujeito de um direito[6] e uma livre disposição de si num terreno fundamental. "Muito pelo contrário, é contra e não a favor do controle da ciência sobre a reprodução que as mulheres estavam assim lutando. O controle da reprodução que elas reivindicavam, e reivindicam, era o controle de uma pessoa sobre seu próprio destino."[7] Deste ponto de vista, antes de se apressar a enxergar aí apenas o surgimento de uma onipotência, cabe identificar antes de mais nada a emergência do sujeito do desejo: "um filho se eu quiser, quando eu quiser". A interpretação através da histeria preenche aqui sua função habitual, imemorial, de remeter o mencionado feminino ao útero, apagando a posição de conjuração obsessiva do desejo pelos pais de direito.

---

[5] M.-M. Chatel, "Le désir escamoté", in *Le Magasin des enfants, op. cit.*
[6] Não entro aqui na discussão do ponto fundamental que é a qualificação do "direito" quando se trata de aborto.
[7] Françoise Collin, "La fabrication des humains", in "De la parenté à l'eugénisme", *Cahiers du Grif*, Éd. Tierce, nº 36, 1987, p. 127.

O DESEJO DE FILHO E SUA SOMATIZAÇÃO MÉDICA

Por outro lado, entretanto, a mesma fórmula em que pode ser entendida esta dimensão do desejo veicula também a ilusão possível de um controle pelo sujeito daquilo que se passa nesse "corpo" quanto ao desejo ou não-desejo de filho. Não é indiferente escolher dar ênfase sistematicamente a este aspecto sem associá-lo ao precedente. Insistindo unilateralmente na onipotência feminina, estamos implicitamente associando o desejo de filho a sua dependência ao pai de direito. A obscuridade dos caminhos que a análise reconstitui nos determinantes inconscientes do desejo é igualmente renegada, pela luz enceguecedora que sobre ela é projetada desde sempre pela Anunciação do "desejo" do pai de direito. A este respeito, a afirmação peremptória do "eu quero", do lado feminino, restituiria, pelo contrário, o espaço dos desejos inconscientes que já não seriam iluminados *a priori* pela solução primitiva e final dos pais de direito que sabem do que as moças precisam (de um filho). Nada haveria então de tão surpreendente no fato de as aporias do "desejo de filho" apenas começarem a poder se manifestar (o que se costuma chamar de infertilidades), a partir do momento em que a questão do desejo pôde ser colocada, para as mulheres, de uma outra forma, vale dizer, sem ser antecipadamente forcluída pela resposta dos pais-do-direito-do-desejo.

ANTIMÃES

Nesse novo espaço, as contas são acertadas singularmente com o pai e a mãe edipianos, sob formas extremamente diversas que vão da provocação homossexual ao desafio histérico. Mas a questão histórica da contracepção não pode ser reduzida a nenhuma dessas posições, que, pelo contrário, compõem na diversidade um feixe de estratégias novas face ao desejo de filho. O estereótipo que associa contracepção e infertilidade move-se assim numa certa abstração histórica, que vai de par com sua conotação moralizante. Ele esquece que não só a contracepção como a despenalização do aborto foram em dado momento objetivos, mobilizaram estratégias, antes de ceder lugar a uma banalização dessas práticas, no decorrer da qual a preocupação do "desejo de filho" se manifestou. Existe aí uma história que não se reduz à das invenções tecnológicas, uma história de gerações reais de mulheres e homens, que liga obscuramente, ao redor do desejo de filho, o filho impossível do fim dos anos oitenta às gerações que deram luz aos sujeitos que se exprimiam nos anos sessenta. São certas características dessa estranha transmissão que cabe aqui restituir.

A contracepção apresenta-se assim, no discurso de sua instauração, como uma contra-concepção. Sob muitos aspectos o desejo feminino pode identificar-se em sua subtração à procriação, no campo em que a feminilidade se separa de sua identificação forçada à maternidade, concedendo-se um tempo para experimentar-se como tal. Nessa direção, entretanto, a filha encontra a mãe, aquela que não teve a "escolha" — inclusive de conceber a filha. A mãe da geração anterior surge ao mesmo tempo como alienada aos apetites do pai reprodutor e ela própria identificada como reprodutora animalizada. O meio anticoncepcional passa a jogar com a ambivalência da relação com a mãe. Ele situa a maternidade possível num registro de identificações separado da figura materna. Tampouco aqui seria muito possível imaginar, naturalmente, que os elementos singulares em jogo no desejo de filho que atravessam as gerações sejam "controlados" pela existência de um meio consciente de controle da contracepção: a IVG por si só provaria o contrário. Mas o controle da concepção modula também as identificações maternas que determinam em grande parte a possibilidade de conceber. O poder de não conceber vem equilibrar para a filha, imaginariamente, o poder de conceber materno invejado e adia o encontro com a concepção. Mais sutilmente, se pensarmos no modo de funcionamento de uma organização como o Planejamento Familiar, podemos dizer que a luta pela contracepção também foi, e continua sendo, amplamente apoiada pelas mães que não chegaram a conhecê-la, num movimento no qual mães e filhas identificam-se mutuamente.

Ilustração suplementar do fato de que a instauração da contracepção medicalizada corresponde a um momento particular, a um remanejamento das condições de identificação intergeracional para gerações reais: se contracepta em relação a elas, com o que elas têm em comum, para além da infinita diversidade das situações singulares: controlar a reprodução não forçada pelos pais de direito e abrir espaço para uma feminilidade que não seja escamoteada pela maternidade das mães de natureza, resultado da reprodução forçada de ontem.

Mas que acontece quando a contracepção deixa de ser um elemento histórico em jogo, quando se banaliza, se quiserem, o "se eu quiser quando eu quiser"? Que sucede quando a questão do desejo ressurge além da luta militante contra as interdições edipianas socialmente organizadas?

ESTERILIDADES

A ambigüidade do controle "feminino" da reprodução surge na consulta de IVG.[8] Esta, com efeito, se o psicanalista mantém sua posição de permitir que o sujeito se diga, dá acesso ao aspecto sintomático da gravidez, singular. Mas também informa sobre a relação entre este sintoma e o contexto: o controle contraceptivo e seus erros. Como demonstra M.-M. Chatel, a gravidez não desejada, que conduz à demanda de IVG, logo surge como a reação somática a um transe subjetivo que põe em risco a programação contraceptiva.

Eis o paradoxo da IVG: "A contracepção existe em princípio para evitar os filhos não desejados, logo, para evitar os abortos. Em boa lógica, se se opta pela contracepção, não se corre o risco de gravidez indesejável, não havendo portanto aborto." Ora, a contracepção não diminuiu o número de abortos, "o que significa que, se continuam existindo gestações indesejáveis, não é por uma questão de contracepção, tratando-se de algo diferente da decisão de ter ou não ter filho".[9]

---

[8] M.-M. Chatel, "Insidieux maléfice dans la filiation", *Psychanalyse à l'Université*, nº 49, 1988.
[9] *Ibid.*, p. 126-127.

Poderíamos supor que contracepção e IVG funcionem em dupla; a IVG completa o sistema de controle programador, contendo a reemergência do desejo no próprio interior do controle contraceptivo. Assim, o controle da concepção e a interrupção da gravidez são inseridos na dramática das relações edipianas e narcísicas, nas quais a figura do médico ginecologista ocupa um lugar, mais ou menos discreto, que se tornará para muitos invasor e determinante em relação à infertilidade. Em outras palavras, a emergência da questão do "desejo de filho" traduz uma subjetivação coletiva nova da procriação, ligada à economia da procriação-reprodução. Os mesmos que incriminam a onipotência das mulheres (contracepção) ou dos homens (procriação artificial e eventualmente contracepção medicalizada) não levam em conta o caráter contraditório dessa subjetivação que ao mesmo tempo promove o desejo e o põe em xeque.

Cabe perguntar se, em termos globais, a contracepção não estaria a serviço de uma estratégia visando adiar o desejo, estabelecendo uma linha demarcatória entre desejo sexual e desejo de filho. Através do desejo de filho, seria o desejo pura e simplesmente que estaria sendo visado, nos dois sexos, com suas estratégias próprias, dominadas pelo limite que a dependência do desejo em relação ao outro sexo representa. A onipotência suposta (o que é, cabe lembrar, um pleonasmo, pois a onipotência é sempre um fantasma) atribuída às mulheres na contracepção feminina esbarra por sinal no fato pouco contestável de que os homens a aceitam muito bem. Trata-se portanto muito mais de um equilíbrio sintomático da onipotência, tendo como objeto não ter filho — ou, por outro lado, ter um filho.

Controlar o desejo é um objetivo amplamente compartilhado entre os homens e as mulheres. O saber científico, com o controle que permite da concepção, e para além da procriação, parece essencialmente recrutado pelos homens e as mulheres numa operação na qual se trata, aqui como em outros casos, de nada querer saber do desejo.

Nessa perspectiva, a demanda de uma despenalização do aborto deve ser entendida como uma condição fundamental de garantia do desejo. Em nenhum outro ponto manifestam-se melhor os impasses,

O DESEJO DE FILHO E SUA SOMATIZAÇÃO MÉDICA

mas também a realidade. As "precariedades" do desejo alegadas para a IVG, que tão sensivelmente indispõe os gestores da "vida", devem ser entendidas, para desviar e inverter uma formulação célebre, como a ironia do inconsciente face à comunidade e do discurso sobre a razão das concepções.

O desejo de filho ressurge onde se revela impossível, naquilo que se diz infertilidade, esterilidade. Mas como? Em que relação com o desejo? Se a questão se coloca, é porque não se trata de "desejo de filho" em geral, mas daquele que compõe com essa história comum, coletiva, das contracepções, do controle dos nascimentos, das IVGs, pela qual caminha.

Se quisermos restabelecer-lhe os paradoxos, teremos certamente de ir além do que se apresenta com tal insistência, na linha da interpretação voluntarista, e que serve de justificação para a intervenção da maquinaria artificialista. O esquema é de extrema simplicidade: haveria um desejo de filho que não chegaria a se realizar, por não levar em conta que não basta dizer "se eu quiser, quando eu quiser" e que "o corpo" forma uma espécie de obstáculo, sobretudo se acrescentarmos seus avatares ligados às conseqüências da outra vertente do "se eu quiser, quando eu quiser", as DST. Versão moralizante sem confessá-lo, que vê na infertilidade o resgate do querer, vale dizer, na realidade, o preço dos desejos sexuais realizados. Ela pressupõe por definição a realidade de desejo do desejo de filho. Tem como conseqüência sua realização por intermédio de um terceiro médico, por intervenção sobre o "corpo". Mas se o desejo de filho, aquele que está na origem das concepções, está em relação com seus determinantes inconscientes, o desejo conscientemente alegado, por mais ruidosamente que o seja, nada diz do desejo. Da mesma forma, não basta em absoluto reservar, como se passou a fazer, um capítulo particular, marginal às "esterilidades psicogênicas", ou seja, rebeldes à intervenção médica. É verdade que se pode perfeitamente pretender satisfazer uma demanda explícita consciente de filho pelas operações apropriadas, mas continua de pé a questão de saber que desejo é aí enunciado. É preciso, portanto, inverter resolutamente o problema.

Esta inversão é empreendida pelos trabalhos que questionam a evidência comum da noção de "esterilidade". Esta crítica desenvolve-se em três direções:

— a primeira, sócio-econômica, analisa a "esterilidade" ao mesmo tempo como um efeito real de certas prática sociais — inclusive médicas — e um discurso que, recobrindo, apagando essas práticas, dá à esterilidade que delas resulta o aspecto de uma demanda natural, de uma ameaça invasora, endêmica. Na mesma direção, este interesse pela esterilidade será interpretado como a primeira etapa de uma experimentação e de um controle sobre o embrião;[10]

— por outro lado, uma crítica em nome da ética médica e de uma política de saúde pública estabelece a irracionalidade profunda da extensão de um modelo de tratamento (a FIV) e de suas indicações;[11]

— finalmente, para responder à objeção persistente segundo a qual as próprias mulheres demandariam, cada vez mais numerosas e com crescente insistência, o recurso às NTR, dá-se ênfase à relação masoquista que se estabelece com o médico sobre a base da culpabilidade das mulheres, ligada a sua impossibilidade de ter um filho.[12]

---

[10] Louise Vandelac, "L'enceinte de la maternité", in *Maternité en mouvement, op. cit.*; "Une clôture d'ouvertures", in *Sortir la maternité du laboratoire, op. cit.*, p. 369-380; "L'embryoéconomie du vivant, ou du numéraire aux embryons surnuméraires", in *Le magasin des enfants, op. cit.*, p. 117-140. Laurence Gavarini, "Les procréations artificielles au regard de l'institution scientifique et de la cité: la bioéthique en débat", tese, 1987; "Conférence", in *Sortir la maternité du laboratoire, op. cit.*, p. 120-126; "Experts et législateurs de la normalité de l'être humain: vers un eugénisme discret", in *Le Magasin des enfants, op. cit.*, p. 157-180. Françoise Laborie, "D'une banalisation sans évaluation et de ce qui peut s'ensuivre", in *Le Magasin des enfants, op. cit.*, p. 83-107.

[11] G. Marsden, Wagner e Patricia Saint-Clair, in *Le Magasin des enfants, op. cit.*, p. 107-117.

[12] Nicole Athéa, "La Fécondation *in vitro*...", memória de saúde pública, Rennes, fevereiro de 1985; "Stérilité, interventionnisme et masochisme", *Société de gynécologie psychosomatique de l'Ouest*, junho de 1989; "La stérilité: une entité mal définie", in *Le Magasin des enfants, op. cit.*, p. 37-72.

Podemos, assim, opor à representação do desenvolvimento inelutável do progresso das ciências e das biotécnicas uma realidade bem diferente e paradoxal. Nada menos racional, em certo sentido, que um tratamento que, submetido a exame, revela-se assim arbitrariamente extensível às "indicações" mais discutíveis, e nada mais lógico e racional de um ponto de vista tecnicista. Mas a objeção que evidencia a irracionalidade da demarche médica não dá conta de um fenômeno fundamental, estreitamente ligado à própria medicalização, a saber, a redução de uma demanda (de filho, aqui) a uma resposta somática fornecida pela medicina. O problema não é próprio da medicina ginecológica, mas se reveste, no momento da demanda de filho, de uma clareza particular, pois a justificação da incriminação do "somático" nada tem de evidente, tanto mais que a demanda endereçada à medicina é menos a de um tratamento que a de uma doação de filho.[13]

Como a acusação da onipotência do sujeito (que não passa da imagem projetada do poder real da ordem biomédica), a remissão ao masoquismo implica a análise da *somatização induzida*:

— o único acesso de que dispomos ao desejo de filho nas situações de infertilidade ou esterilidade é o obtido pela palavra, na medida em que a dimensão do inconsciente pode nela exprimir-se;

— o conjunto dos dispositivos que pretendem satisfazer sem rodeios o desejo de filho limita-se a explorar uma demanda, em total desconhecimento do desejo dos sujeitos e dos médicos. A esterilidade se diz; ela é um dizer sobre o corpo que não consegue criar. Mas ela só se diz se um espaço de escuta é preparado para ouvi-la como dizer, dizer de outra coisa, o inconsciente, e daí extrair as devidas conseqüências. É algo evidente para o analista quando o desejo de filho caminha no decorrer de uma psicanálise. Mas, precisamente, não é aí que a esterilidade vem dizer-se como tal. Ela vem dizer-se como esterilidade, sintoma, num lugar onde o que ela diz tem alguma chance de não ser ouvido, segundo seu desejo, como dizer; numa consulta espe-

---

[13] Neste ponto, a concordância é geral, mas em nada impede a redução ao somático.

cializada onde o sujeito designa as desordens de seu corpo como estranhas a ele mesmo e as entrega ao saber médico. Entretanto, quando, nesse tipo de consulta, em condições às quais retornaremos, pois é este mesmo dizer que as esclarece, a palavra é deixada ao sujeito, quando o sintoma é entendido como o dizer vivo de um sujeito singular, que se entende do desejo de filho e de seus impasses? Neste ponto, a coletânea de histórias de mulheres em torno do *Enfant inconcevable*[14] [Filho inconcebível] representa um depoimento eloqüente.

Nela a esterilidade revela-se efetivamente um dizer — dizer-se, para uma mulher, para um homem, acreditar em si, fazer-se estéreis — e não um simples estado do corpo biológico. A prova mais evidente disto encontra-se na persistência de seu dizer na concepção, no parto. "Inútil falar de contracepção, doutor, pois na minha cabeça continuo sendo estéril", declara uma mulher após o nascimento da criança.[15] Mesmas palavras numa outra paciente quatro meses depois do parto.[16] Melhor ainda, a mãe de uma paciente estéril, que por sua vez deu à luz dois filhos, nem por isso deixa de considerar-se estéril.

Mas também é um dizer no sentido de que se trata de uma palavra transmitida sobre seu corpo e sobre o corpo do outro, com o qual o filho é feito, enunciando sua incapacidade de conceber. Essa palavra reduz a possibilidade da concepção à visibilidade das falhas orgânicas que a medicina pode evidenciar: ela se esquiva como palavra que age no momento em que designa a causa obscura no corpo reduzido ao orgânico. E isso não obstante ter-se verificado, com uma persistência impressionante, que esses desvios das funções (ovulação, número e mobilidade dos espermatozóides) não terão impedido a concepção, uma vez que uma palavra daquela ou daquele que escuta tiver ouvido esse dizer.

---

[14] Guite Guérin, *L'Enfant inconcevable. Histoires de femmes*, Acropole, Paris, 1988.
[15] *Ibid.*, p. 39.
[16] *Ibid.*, p. 111.

O DESEJO DE FILHO E SUA SOMATIZAÇÃO MÉDICA

É também esta natureza de dizer do sintoma que dá conta do paradoxo representado por uma espécie de incerteza que persiste sobre a atribuição da esterilidade e que governa subterraneamente a busca da causa e de sua determinação num problema real do corpo de um ou de outro. Ora, o dizer da esterilidade, que conjuga à auto-acusação a insinuação, é enunciado entre sujeitos, visa sujeitos, atingindo-os em sua possibilidade de simbolizar o corpo biológico: no poder de gerar, congelado pela palavra materna, no poder de fecundar negado sutilmente ao homem. Só a palavra não dita dá conta da neutralização recíproca dos corpos que está no centro da "esterilidade do casal". De maneira que podemos perguntar se, muito além da configuração particular que esta expressão visa, toda esterilidade não seria, nesta acepção, fundamentalmente esterilidade do casal. Se renunciamos ao questionamento puramente biológico dos corpos, ao que os encerra em sua individualidade biológica, objeto da ciência, se lhes restituímos as palavras que os engendraram na genealogia e que bloqueiam seu poder de dar por sua vez vida, seria realmente possível continuar a fazer da esterilidade propriedade de um indivíduo, separando-a do desejo do outro?

A esterilidade revela-se como encarnando um desejo inconsciente, uma proibição sobre o corpo do sujeito, e cuja fórmula, verdadeira maldição, pode ser reconstituída: "Eu podia ter morrido por causa do teu nascimento" (p. 47) — "Não te vejo grávida" (p. 49) — "Não sabemos de onde vens" [os pais adotivos de uma mãe desconhecida] (p. 66) — "Mal me sentei na cama, eu estava grávida" [a avó que é chamada de mãe pela paciente estéril e que dizia não ter desejado seus filhos] — "Ele nem consegue fazer filhos" [a tia à mãe da paciente] (p. 122) — "Ela vivia dizendo [a mãe] que uma única relação deixava grávida... estou me vingando" (p. 47). Etc.

Em muitos casos, a esterilidade manifesta-se como uma espécie de realização, na terceira geração de mulheres, de uma recusa de filho que não se concretizou para a mãe das pacientes.

Podemos assim extrair dessas histórias de mulheres a lição principal.¹⁷A mulher estéril encontra-se às voltas com uma mãe fantasmada de que não se separa, nem depois da morte. Tendo a existência acidental que sua própria mãe conheceu, elas não terão descendência. Filhas de mães que por diversas razões não puderam sê-lo, porque vivendo-se destruídas pelos nascimentos, depressivas, ausentes ou destruidoras, elas não darão o que não receberam e que não têm o direito de dar existindo.

O encontro do homem com o qual a criança é conccbível apresenta-se como uma abertura possível para fazer frente à proibição de dar vida, para a geração da filha. Mas é preciso que ele possa, em função de sua própria história, não se deixar arrastar à demonstração de impossibilidade que o espera identificando-se ao estado de seus espermatozóides.

QUAL "CLÍNICA"?

Caberia ir mais longe, observando mais de perto a problemática inconsciente do sujeito estéril, deixando por um momento em suspenso uma oposição entre esterilidade "patogênica" e esterilidade "somática", que por sua vez só adquire significado se ouvirmos para começar o dizer do sujeito estéril à margem dessa repartição, para captar também essa própria partilha no que tem de sintomático, despindo-a de sua evidência.

Sylvie Faure e Georges Pragier interrogaram-se sobre o lugar estranho da esterilidade — feminina — nos textos freudianos.¹⁸ Eles revelam a importância na abordagem freudiana das representações da esterilidade da idealização da relação mãe-filha. Comentando a análise freudiana de *Macbeth*, demonstram que a esterilidade está ligada

---

17 *L'Enfant inconcevable*, op. cit., p. 131 *sq*., p. 226 *sq*.
18 *In* "Les enjeux d'une recherche psychanalytique sur la stérilité féminine", *Revue française de psychanalyse*, n° 6, 1987, p. 1.543-1.567.

ao impulso parricida e ao desejo de poder contraditório com a realização da maternidade. Freud nega a qualidade de mãe a esta assassina representada por Lady Macbeth. A hostilidade assassina impede as mulheres de procriar, ainda que, como acontece com Lady Macbeth, já tenham filhos, o que, por sinal, confirma o paradoxo, já indicado, segundo o qual o sentimento da esterilidade é relativamente independente do fato de ter tido um filho.

A esterilidade surge também como a punição de um amor incestuoso: o filho incestuoso não pode ser gerado, objeto de uma espécie de assassinato pré-natal. Da mesma forma, na análise de *Rosmersholm*, de Ibsen, a esterilidade pune os desejos edipianos e sua realização; e o desejo do poder exige o sacrifício da feminilidade.

Se deixamos o texto freudiano para considerar a problemática do sujeito estéril tal como se manifesta nos tratamentos, certo número de recorrências vem a se impor, sendo destacadas pelos autores. Em primeiro plano manifesta-se o fantasma incestuoso: a renúncia ao desejo de filho por parte do pai e a identificação possível com a mãe genital surgem como condições da concepção, repousando assim a esterilidade no recalque de um desejo de filho edipiano. Isso não é evidentemente incompatível com as constatações inversas, a saber, que muitas concepções traem uma realização por surpresa do desejo edipiano.[19] Por outro lado, a ligação entre desejo de filho e inveja do pênis traduz-se no fato de que a esterilidade se apresenta freqüentemente associada à frigidez, ligada ao recalque de uma pulsão introjetiva vaginal ameaçadora para o pênis e seu equivalente, o filho em si. O papel dos lutos e traumas foi evidenciado por numerosos trabalhos. Mas a referência ao luto é ambígua, pois a morte de um pai ou de um filho pode funcionar tanto como condição possível para a concepção[20] quanto como constituindo um obstáculo a esta.[21] Finalmente, a esterilidade

---

[19] Cf. Monique Bydlowski, "Les enfants du désir", *Psychanalyse à l'Université*, t. 4, n° 13, dezembro de 1978.
[20] *Ibid.*
[21] Sylvie Faure, Georges Pragier, "Les enjeux d'une recherche psychanalytique sur la stérilité féminine", *art. cit.*

pode assumir a forma de um anteparo à destrutividade: na gravidez após adoção, mas também na problemática infanticida no modo de Lady Macbeth, a esterilidade está ligada aos impulsos infanticidas que o filho "não nascido de uma mulher", inocente do assassinato da mãe ao nascer, viria punir.

Nos mais diversos autores, a relação arcaica com a mãe desempenha um papel de primeiro plano; a coletânea de histórias relatadas por Guite Guérin fornece disso uma ilustração particularmente eloqüente.

Entretanto, mais além desse quadro, a questão "clínica" volta a se colocar: a qual estrutura caberia associar o sintoma de esterilidade? Isso supondo-se que seja adequado entregar-se a semelhante operação, o que pode ser questionado.

Para começar, por uma razão de ordem geral: um resvalar freqüente conduz das histórias de sujeitos ou de "doentes" conhecidas pela psicanálise, com sua caracterização metapsicológica, para uma nosologia de tipo médico que nada prova ser propriamente psicanalítica. Mas também por uma razão mais particular, que pode esclarecer a base do resvalar da história analítica para o medicinal: a esterilidade, ainda que unicamente pelo lugar a que se dirige "espontaneamente" no momento, a medicina, coloca com certo radicalismo a questão dos efeitos da representação médica sobre o devir "clínico" da perspectiva psicanalítica.

Quando se trata de associar a esterilidade a uma estrutura, duas perspectivas se opõem: uma a associa à histeria, outra, à ordem psicossomática. S. Faure e G. Pragier expõem os argumentos respectivos dessas duas interpretações.[22] A relação entre o conflito e o sintoma — é um sintoma que resolve diretamente o conflito — militaria em favor da histeria e da conversão, se o corpo real não fosse envolvido no processo de um modo totalmente diferente da encenação do fantasma. A ausência de "mentalização, o caráter de agir, manifestados e indicados por numerosos autores" conduzem, inversamente, a uma concepção na qual o conflito psíquico provocaria um desequilíbrio real do

---

[22] *Ibid.*, p. 1557 *sq.*

organismo. Finalmente, os autores parecem orientar-se, em referência aos trabalhos de Michel Fain, para a segunda ótica: "A esterilidade acionaria um irrepresentável da concepção com abrasão da mentalização e descarga da excitação pulsional no corpo."[23]

Em sentido oposto, há quem associe o sintoma que é a esterilidade ao fantasma de ter de conceber um filho excepcional, vendo nisso a vertente feminina do mito do herói. A ênfase é dada à ferida narcísica feminina e à impossibilidade, que se assemelha mais à histeria, de reconhecer ao pai a posse do falo.[24]

Nossa ótica aqui não consiste em resolver o debate psicanalítico sobre esta questão, mas em ressaltar, na perspectiva das análises anteriores, as condições extremamente particulares nas quais é conduzido.

Em seu artigo, S. Faure e G. Pragier a sua maneira designam claramente o problema em várias oportunidades. Evocando a hipótese psicossomática, questionam-se sobre as próprias condições da consulta psicanalítica: "As próprias condições do encontro com o psicanalista (inserção da consulta no medicinal) não serviriam para entravar as possibilidades de apreciação de funcionamento mental?"[25]

De maneira mais radical, na última parte desse estudo, os autores relacionam a renegação da realidade psíquica — bastante característica fenomenologicamente — desses sujeitos com a situação médica operatória. O que causa impressão, com efeito, é a afirmação tão peremptória do desejo de filho. Sutilmente, os autores o vinculam, de maneira mais profunda, a um medo de represália da parte do objeto materno (a mãe a quem são roubados os bebês ao conceber) e à culpabilidade de danificá-lo ao apoderar-se dele. A fuga precipitada em direção à realidade externa, o *agir medicalizante* deveria ser considerado como uma defesa maníaca contra uma recusa inconsciente de procriar.

---

[23] *Ibid.*, p. 1561.
[24] C. Flavigny, C. Millot, A. Bizot, J. Belaisch, "La stérilité: situation psychopathologique et compréhension dynamique", *Psychosomatique*, n° 8, 1986, p. 81 *sq*.
[25] *In* "Les enjeux d'une recherche psychanalytique sur la stérilité féminine", *art. cit.*, p. 1559.

O DESEJO FRIO

Esta hipótese apresenta, se lhe extraímos essas conseqüências, um duplo interesse: 1) permite localizar na própria problemática dos sujeitos o lugar de uma transferência médica — em outras palavras, a medicina situa-se, para o sujeito, na linha de sua defesa maníaca; 2) coloca cruamente o problema da maneira como, a partir dessa transferência flutuante, a medicina, *via* o médico, pode vir ativamente, por sua própria iniciativa, cortar o caminho à defesa maníaca.

Por trás da determinação "clínica", vemos portanto perfilar-se uma questão preliminar: qual o lugar do espaço da transferência médica na própria constituição do discurso sustentado pelos pacientes? Falar de "esterilidades não explicadas no plano médico"[26] ou de "esterilidades psicogênicas" significa colocar *a priori* o contexto médico fora de toda transferência e privar-se de cara de interrogar ao mesmo tempo a oferta de transferência de que é portador e a maneira como se constitui como precipitado de uma defesa maníaca, que não seria a de nenhum sujeito singular, mas a que poderia identificar-se com a posição fundamental da própria medicina.

Pode-se por sinal avaliar as conseqüências disso num estudo "psicopatológico". O recalque das condições inconscientes da apreensão médica do fenômeno "esterilidade" leva a distinguir, ao lado das esterilidades "explicadas no plano médico" (as que proviriam provavelmente de sujeitos sem inconsciente?), a zona turbulenta das que escapariam à explicação médica (onde o inconsciente readquiriria seus direitos). Donde uma contradição manifesta. Pois se está pedindo a uma metodologia "sofisticada", derivada da experimentação médica e generalizada em forma de psicologia experimental, que valide uma hipótese "clínica" cuja referência à psicanálise é evidente.

"Como se apreende o 'psicogênico' numa consulta médica de esterilidade? A esterilidade constituiria uma síndrome? A que tipo de funcionamento de personalidade se vincula?"[27] A própria determina-

---

[26] C. Flavigny, C. Millot, A. Bizot, J. Belaisch, "La stérilité: situation psychopathologique et compréhension psychodynamique", *art. cit.*, p. 67-87.
[27] *Ibid.*, p. 69.

ção "psicogênico" já corresponde a um recorte tomado de empréstimo à medicalização do sintoma, já que designa de cara o que escapa inexplicavelmente à determinação somática.

"O estudo foi feito em duplo-cego, cada equipe (médica e psicológica) designa como X, XX ou XXX cada dossiê, segundo se mostre mais provável a etiologia orgânica ou psicogênica."[28]

Entretanto, os autores pretendem com isso "colocar a questão, freqüentemente rejeitada liminarmente, que consiste em saber se a equipe psicológica tem motivos para afirmar ou contestar uma origem psicológica de um sintoma dado, de outra forma que pela simples contradição do ponto de vista médico (que reduz então o psicogênico ao que é medicamente inexplicado)".[29]

Mas no exato momento em que se pretende sair da disputa etiológica, acaba-se por reproduzir-lhe integralmente o dispositivo, que é o da refutabilidade médica, imposto à questão psíquica, pretendendo resolvê-la a golpes da metodologia — tão justificadamente batizada — do duplo-cego. Pois é digno de nota que desde o fim dos anos 1890, ou seja, há quase um século, a psicanálise *deixou* de argumentar a questão etiológica no modo em que fora inevitavelmente levada a fazê-lo a propósito da "etiologia das neuroses": ou seja, no contexto da problemática médica do sintoma. A reintrodução, em nome da psicopatologia, de modos de validação supostamente neutros, e próprios para julgar a pertinência do "psicológico", do "medicinal", representa, segundo o ponto de vista em que nos posicionemos, ou bem a bela continuidade de uma problemática dita psicológica que não passa de um subproduto do somático, ou bem uma regressão metodológica considerável.

Mas isso não é o mais grave. Nas considerações de S. Faure e G. Pragier destacadas acima, a respeito do efeito do contexto da consulta de tipo médico sobre a própria pertinência das entrevistas do psicanalista e do que ele pode deduzir quanto ao funcionamento psíquico,

---

[28] *Ibid.*
[29] *Ibid.*

pode-se notar que o que se faz é limitar-se a encarar a situação estabelecida como apresentando um viés, do ponto de vista analítico. Mas isso já significa, implicitamente, considerar apenas os elementos metodológicos em jogo numa situação de palavra, quando o encontro com o(a) psicanalista não pode de forma alguma ser vinculado a essas considerações "teóricas": o que está em questão é a palavra do sujeito, onde quer que ela se diga. Podemos supor, levando em conta o que um dos autores traduz em outro momento de sua condução da "questão psicanalítica",[30] que é o lugar atribuído à situação metapsicológica da esterilidade que faz passar a segundo plano, no mínimo, toda consideração de ética analítica. Pois o desígnio de pesquisa que domina as entrevistas na metodologia experimental de certos estudos[31] leva a uma posição extremamente problemática. "Cuidamos, de nossa parte, de manter sempre uma grande prudência na condução das entrevistas; o efeito de abertura para uma questão psicológica, que não era a meta da investigação, continua sendo de difícil avaliação."[32]

Até o fim, a ótica da experimentação verificável, aberrante do ponto de vista psicanalítico, domina. Essa demarche assume entretanto todo o seu significado na operação que exprime: ela traduz a estratégia de compromisso adotada pelos "psicanalistas" que pagam o preço de sua aceitação no meio social da fabricação de uma metodologia *ad hoc*, bastarda, resultando de um cruzamento cego da psicanálise com o padrão metodológico da medicina experimental. Num mesmo movimento, o sujeito perde aí sua palavra no dossiê e o "psicanalista", a sua, engolida por uma opinião "de equipe", na qual desaparece numa percentagem. Numa boa metade das "situações estudadas", a convergência das opiniões "diagnósticas" entre as duas equipes é efetiva. A equipe psicológica parece preparada, na maioria dos casos,

---

[30] Sylvie Faure, "La question analytique", *Psychosomatique*, n° 1, 1985, p. 59-65.
[31] C. Flavigny *et al.*, "La stérilité: situation psychopathologique et compréhension psychodynamique", *art. cit.*
[32] *Ibid.*, p. 77.

O DESEJO DE FILHO E SUA SOMATIZAÇÃO MÉDICA

para pronunciar-se sobre a existência ou a ausência de um fator psicológico que poderia estar na origem de uma esterilidade e para estar de acordo com a opinião formulada no plano médico.[33]

Muito além da incorporação do "diagnóstico" de estilo médico, o estudo "semiológico" é concebido segundo o modelo da distribuição empirista dos "fatores" a correlacionar, no qual a "relação com os pais" é posta no mesmo plano que a relação com os irmãos... (p. 73-74). É nestas condições que é apresentada a hipótese de uma vinculação do sintoma à histeria (p. 76): "Poderia a esterilidade psicogênica ser situada na linhagem dos grandes problemas psicopatológicos, tal como se exprimem na mulher?"[34] Em outras palavras, a histeria é deduzida do fato de que "existe uma predominância feminina em nossa população". Reapresentação do gesto ancestral que, desde a medicina grega, associa a histeria ao lugar feminino, regressão problemática radical, que no entanto pretende introduzir a uma análise mais aprofundada da causalidade psíquica.[35]

A SUPRESSÃO DO SINTOMA E A POSIÇÃO DO MÉDICO

Em muitos dos casos relatados pelo ginecologista, a gravidez se manifesta, quando é o caso, "por surpresa", como "por milagre", sem que nada no real do corpo permita esclarecê-la. Na realidade, é o espanto diante dessa "surpresa" que é surpreendente. Ele demonstra a que ponto as condições inconscientes do desejo de filho são espontaneamente denegadas: imagina-se, na realidade, que o universo do querer afirmado e de sua competência deveria produzir filho. As gestações milagrosas do ginecologista não são mais miraculosas que as gestações comuns, que o são sempre — maravilhas do desejo que escapa.

---

[33] *Ibid.*, p. 70-71.
[34] *Ibid.*, p. 75.
[35] *Ibid.* p. 77.

Pergunta-se "o que terá acontecido", sem nada entender. Em momento algum se apreende melhor o caráter equívoco da própria expressão "desejo de filho", pois não se pode precisamente atribuir à repetição obstinada do eu quero, que passa por desejo, sua realização, devida à passagem de um desejo, ou seja, a outra coisa, enigmática.

Passagem sempre manejada por palavras do sujeito, seu dizer da história que interpõe as palavras de maldição, conhecidas desde sempre mas dispostas de outra maneira. Passagem aberta pela escuta e a palavra daquele ou daquela que escuta, nunca por seu saber.

O sujeito vem a falar de seu corpo ou de seus corpos — dele, dela — estéreis. Oferece-o à medicina, que se supõe saber o que se passa nos corpos: como alguém que dá seu corpo à ciência, e não a um homem, senão a um cientista particular. O médico representa um saber geral, biológico já agora, sobre o corpo, e um poder sobre os corpos, onipotente.

Mas o médico também é um sujeito, ao qual se enuncia um dizer sobre a causa do sofrimento, dizer enunciado em termos de corpo. A este título, ele é o suporte da transferência. "Um poeta define a transferência positiva: 'Vou amar quem quer (você, médico, por exemplo) que ouça que eu grito que a amo (você, minha mãe).' A ele se opõe e se mistura a transferência negativa: 'Vou detestar quem quer (mais uma vez você, médico) que ouça que eu grito que te detesto (você sempre, minha mãe)'."[36]

Tudo está portanto disposto, desde o início, para que ao mesmo tempo, como o sujeito, o médico repita a proibição, a maldição — já que ocupa praticamente a mesma posição do outro ao qual se implora graça pela palavra fatal; e para que dela se desligue, se distancie. O saber médico só é "onipotente" na medida e no modo da força das palavras que outrora aprisionaram o corpo vivo.

Donde o equívoco extremo da relação do médico com a medicina, nessa transferência. Por um lado, seu saber positivo, seu *savoir-faire*, na medida em que não constituem para ele uma onipotência fantasmá-

---

[36] G. Guérin, *L'Enfant inconcevable*, op. cit., p. 124.

tica, funcionam como acolhendo, autorizando o desejo proibido. Seus "cuidados" encarnam um sim à demanda de existir como desejante, exatamente onde um não fora inscrito; e dão corpo a esse sim, para além de sua realidade técnica. É neste sentido que podemos sustentar o seguinte paradoxo: "No dia em que a ginecologista abstrai seus sentimentos em relação à paciente, arriscando-se a perdê-la, reassume seu lugar de médico e se torna terapeuta."[37] Não seria possível dizer mais claramente do que nesta formulação de G. Guérin que a posição do médico é antes de mais nada coordenada com e subordinada a seu lugar na transferência do sujeito, que põe assim em xeque a medicina.

Em outros casos, os cuidados só funcionam, como os gestos que outrora não tiveram lugar, encarnando uma palavra amante, porque dizem, com o que dizem, com as palavras que os acompanham e a possibilidade que abrem de falar das palavras assassinas e do que não teve lugar.[38]

O eventual confinamento do sintoma no corpo, por parte do médico, o *forcing* medicinal reproduz portanto o ativismo resistente do próprio sintoma. Nada mais eloqüente, a este espeito, que essa observação[39] na qual o papel desempenhado pelo sujeito na obstinação terapêutica surge ao mesmo tempo estritamente paralelo a seu próprio risco e destruição (matar-se para fazer nascer); e diretamente ligado a uma cena médica inaugural de seu próprio nascimento (parto pelo próprio avô que morre imediatamente). Verdadeira parábola que ilustra admiravelmente, mediante chegada ao limite, a que ponto o intervir médico já está sempre, agora, inscrito na concepção e na esterilidade.

Temos aí uma ilustração sutil de que os cuidados, o agir médico só têm assim a virtude de servir de escora a outras palavras quando se distanciam do lugar no qual são esperados, num movimento que escapa ao controle: "Nada posso por você." Só neste sentido é que se sus-

---

[37] *Ibid.*, p. 126.
[38] *Ibid.*, p. 123.
[39] *Ibid.*, p. 123.

tenta este paradoxo enunciado mais acima: "Ela reassume seu lugar de médico e se torna terapeuta."[40] O sintoma sustenta a persistência da oposição do corpo enquanto o desejo não for ouvido: da mesma forma, a obstinação do cuidado solicitado, fornecido, literalmente o entretém e produz.[41] Que conteúdo dar à posição de "terapeuta", que preserva, da posição médica, o objetivo de cuidar, senão de assinalar a virada de um reconhecimento da ignorância? "Ele preserva em si o lugar da ignorância, de sua própria ignorância. Ele está, nesse lugar, ao lado da paciente cujo sintoma é uma pergunta, um enigma. Atribuindo um lugar a sua ignorância, ele permite à paciente esclarecer seu sintoma."[42] É que enveredamos por um espaço surpreendente, sem garantia pelo saber, o único onde é possível (se) surpreender o desejo; numa relação na qual os fracassos ocupam o mesmo lugar que o sucesso. Mas fracasso de quê? Fracasso da eliminação do sintoma (o dizer estéril), da obtenção do objeto demandado no sintoma (um filho) ou de uma transformação das relações do sujeito com o desejo? O discurso sobre as curas milagrosas tende freqüentemente a substituir implicitamente o agir médico por um poder fetichizado da palavra, um agir da palavra. A obstinação do sintoma encarrega-se de dar um fim a esse deslizamento psicologizante.

A MEDICINA E O CONTRATO DE SOMATIZAÇÃO

Impõe-se assim uma constatação: a partir do momento em que uma esperança de escuta é proporcionada ao sujeito "estéril", torna-se possível um remanejamento que às vezes anula a esterilidade mediante um mecanismo independente de qualquer intervenção médica ou

---

[40] *Ibid.*, cap. 12.
[41] *Ibid.*, p. 123.
[42] *Ibid.*, p. 127.

O DESEJO DE FILHO E SUA SOMATIZAÇÃO MÉDICA

biológica no corpo, pois se produz regularmente a contratempo, na contramão dessas intervenções, quando são propostas.

Trata-se de um fato: esse discurso dirige-se ao médico na imensa maioria dos casos: depositário do saber sobre o corpo, é esta a posição na qual o institui o sujeito. Mas esta constatação exige por sua vez ser interpretada; não é de modo algum transparente, pois se é verdade que a esterilidade é, em qualquer hipótese, um sintoma de um sujeito, que ele apresenta no momento em que vem dirigir-se à medicina, e que por sinal pode paradoxalmente, como vimos, persistir após o próprio êxito de sua intervenção, duas questões se abrem: 1. Como a medicina responde ao que é uma pergunta (e não um capítulo do saber biológico)? 2. Por que é à medicina que esta pergunta é feita hoje (e por que ela responde diversamente)?

Em outras palavras, é preciso manter juntos e não separar dois enunciados, aparentemente contraditórios, que têm por único mistério o da transferência. O sujeito dirige, através da esterilidade, uma pergunta que é *a priori* tomada numa história de desejo e que se apodera do médico, depois de outros e sobretudo depois do outro, materno e paterno. Mas efetivamente dirige sua pergunta à medicina, hoje, desde sempre talvez, porque esta não só atende a sua demanda como reivindica ativamente a posição de responder por antecipação, por uma oferta a qualquer demanda — encarnando uma outra figura do outro, materno e paterno.

Desse modo, a resposta dirigida ao sintoma pode tomar duas direções diametralmente opostas, em função precisamente do desconhecimento do desejo expresso por um sujeito que fala, e do fascínio exercido sobre o médico por esse corpo mostrado.

A consulta pode ser o lugar de um momento de simbolização do corpo biológico, que não teve lugar, tornado possível pela relação com o corpo materno e sustentado pela posição do médico. O corpo biológico apresentado é visto como tal, como algo real, ao mesmo tempo que a demanda de simbolizar seus avatares é percebida. É a prática descrita pelos textos que, no contexto da consulta ginecológica, dão acesso ao significado de desejo da esterilidade, do desejo de filho. Não podemos ignorar que se trata de uma prática socialmente muito marginal em relação ao conjunto das consultas ginecológicas.[43]

Na maioria dos casos, pelo contrário, a consulta é o lugar de uma somatização induzida pelo desejo do médico, seu interesse exclusivo pelo funcionamento do real dos órgãos, das funções. "O que o paciente demanda é um saber a respeito do seu corpo, de sua identidade. Ora, seu corpo é utilizado, contra sua vontade, segundo um código que ele não conhece e que não é o do corpo médico. Este código torna possível a expressão do desejo de saber: o que o paciente não sabe é que seu corpo está cifrado por um discurso específico. Antes que esse discurso particular surja e seja assumido, o paciente apresenta-se com seu corpo, cuja marca é determinado sintoma."[44]

É neste ponto que, através do sintoma, a demanda do sujeito, como demanda desse saber, encontra numa primeira etapa a "resposta" médica que a capta em seu saber. Neste sentido, podemos dizer que o saber científico integrado à medicina produz uma somatização do sintoma que intervém de maneira absolutamente geral na medicina. Esta somatização está implícita em toda demanda ou oferta de intervenção no corpo e corresponde ao processo pelo qual a demanda de um sujeito se vê tomada "ao pé da letra" (vale dizer, do corpo) para dar lugar a uma intervenção nesse mesmo corpo. Podemos distinguir dois aspectos interligados daquilo que poderia ser chamado de contrato médico de somatização.

A somatização induzida

A designação do objeto no espaço clínico procede de uma determinação anatômica e/ou funcional de uma ou das partes do corpo, tais

---

[43] Monique Dagnaud, Dominique Mehl, *Merlin l'Enfanteur*, Ramsay, 1987, cap. 3.
[44] Ginette Raimbault, *Clinique du réel*, Seuil, 1982, p. 25.

como se apresentam no próprio enunciado dos ambulatórios de medicina (cardiologia, pneumologia etc.). Trata-se portanto de um saber anatomo-fisiológico sobre "a mulher" que dá forma *a priori* às demandas sobre a procriação suscetíveis de serem formuladas por sujeitos; é o que eu chamaria de somatização induzida. E no entanto, paradoxalmente, a experiência permanente do somaticista é que os processos fisiológicos, acionados por exemplo na anovulação ou no desenvolvimento da gravidez, escapam a uma definição estritamente somática.

Jean-Claude Emperaire evidencia claramente o paradoxo. Ainda mesmo quando a natureza da disfunção de origem "nervosa" da ovulação é reconhecida, no mínimo porque se mantém misteriosa sua natureza, "ela só raramente, entretanto, vem a ser mencionada, e apenas nos casos extremos, como a anorexia ou as síndromes depressivas graves"...[45]

Ora, o desconhecimento médico é mascarado pelo reconhecimento dos limites da abordagem estritamente somática e dos limites dos "aspectos psicológicos". A questão consiste em examinar como funciona essa divisão de tarefas, que pode assumir formas muito sensivelmente diferentes. Em todo caso, é o próprio recorte do "somático" que condiciona a reintrodução eventual do "psíquico" e sobretudo que estrutura a forma da demanda suscetível de ser formulada. É por isso que o campo da esterilidade é exemplar, pelo trabalho que se opera de redefinição das relações do somático e do psíquico.

O paradoxo ligado ao fato de que é o corpo que é o objeto do próprio recorte das especialidades médicas surge de maneira singular no fato de que a consulta de "ginecologia", não obstante seu objetivo explícito, é levada a acolher, dados os processos em jogo, através da demanda das mulheres, os próprios homens, pelo menos numa primeira etapa, quando a questão da esterilidade masculina começa a ser colocada.

---

[45] J.-C. Emperaire, "Enfantillage", *Nouvelle Revue de psychanalyse*, "La chose sexuelle", 1984, p. 89.

A incidência do que chamo aqui de somático surge de qualquer maneira de forma transparente na "oscilação" da denominação "ginecologia, andrologia", que supostamente se refere à função, ao passo que etimologicamente é do sujeito sexuado (homem, mulher) que essas disciplinas derivam seu nome.

A somatização demandada

Ela corresponde ao processo pelo qual fica "evidente" que é o corpo que é trazido, exposto, submetido ao exame, ao diagnóstico, à intervenção, e não o sujeito da palavra que pede para ser ouvido.

Poderíamos então definir o contrato de somatização que preside ao sintoma e à consulta. Vamos encontrá-lo formulado explicitamente, sem que sua proposição pareça constituir problema, nesta versão da colaboração médico-psicólogo.

> Trata-se de pacientes que não tivessem pensado em consultar um psicanalista; de pacientes cuja demanda dirige-se ao médico; de pacientes cujo questionamento sobre a dimensão psíquica de seu sofrimento, através do sintoma em causa — a esterilidade —, é de tal maneira formulado que só pode manifestar-se dirigido a um médico que é requisitado, de certa maneira, como garantia do fato de que só o corpo estará em causa. Pode-se mesmo dizer que o médico é solicitado para mascarar o pouco de sofrimento psíquico que poderia surgir através do sintoma. Através dessa transação — oferecer e receber o corpo e somente o corpo doente — se estabelece um "tratado de paz" entre médico e consulente.[46]

---

[46] M. Bydlowski, "Souffrir de stérilité", *Psychanalyse à l'Université*, t. 8, nº 3, junho de 1983, p. 462-463.

O DESEJO DE FILHO E SUA SOMATIZAÇÃO MÉDICA

Como tantos tratados de paz, o pacto de somatização é um engodo, pois mascara o fato de que trazendo, exibindo seu corpo, o sujeito assina o desconhecimento de um outro "saber" que lhe diz respeito, o do inconsciente. Respondendo corpo a corpo e palavra a palavra, o corpo médico faz-se aliado desse desconhecimento.

A somatização demandada, apresentada no "tratado de paz" (paz ao psiquismo!) é fundamentalmente dependente da somatização induzida. A pressão da oferta de somatização inscrita na somatização induzida tem um efeito que é de reduzir a questão aberta do desejo (de filho) a uma realização técnica e a suas conseqüências.

EQUÍVOCO DO SINTOMA

Desse modo, é ambíguo o discurso sobre a "esterilidade-sintoma". Com efeito, se por um lado ele assinala realmente o reconhecimento do que procura simbolizar-se, por outro integra-se na maioria das vezes a uma somatização desenfreada do sintoma.

A esterilidade em si não é portanto um sintoma.[47] O que pode constituir sintoma é a relação de um sujeito com um real do corpo: por exemplo, uma certa forma de desígnio, singular ou coletivo, de "não mais ser estéril" a qualquer preço, segundo a expressão de Geneviève Delaisi de Parseval.[48] Pois não podemos ignorar que, para um sujeito, a abertura de uma questão sobre o "querer um filho" é contraditória com o próprio funcionamento, dominante, da somatização médica do sintoma.

Que esta concepção da medicina tenha começado a entrar em cri-

---

[47] M. Dayan, Lintzer: "A esterilidade é um sintoma... sucede com a esterilidade como com os outros sintomas, vale dizer, dá testemunho de um sofrimento antigo", *Cahiers du nouveau-né*, "Origines", nº 7, p. 181 *sq*.
[48] Geneviève Delaisi de Parseval, *L'Enfant à tout prix*, Le Seuil, Paris, 1985.

se fora do próprio campo da procriação é evidente. "Os doentes somáticos só querem ser curados, pagando de sua parte o menor preço. Só pode se tratar de mergulhar nesse sintoma, mas o médico sozinho é impotente (...). O corpo exprime no afeto o que a linguagem não exprime ainda."[49]

Nem por isso é menos verdade que, no campo da procriação, a própria abertura da questão do desejo se choca com o funcionamento "normal", vale dizer, somatizante, da medicina.

Percebemos admiravelmente o equívoco do "sintoma" nessa intervenção de um praticante:[50] "Gostaria de falar daquilo que nós, médicos, somos chamados a atender. Não podemos deixar de escutar um sintoma; um sintoma, seja qual for, é o testemunho de um sofrimento. Não se pode responder a alguém que venha consultar a respeito de um desejo de filho: 'Seu sintoma não é realmente um sintoma, sinto muito, até a próxima.' É verdade que por nossa prática sabemos que esse sintoma é na realidade um sintoma de um registro diferente do da esterilidade, e que precisa ser encarado como tal. É verdade que não somos obrigados a responder a esse sintoma com a resposta: 'Eis aí um filho.' Entretanto, somos ainda assim obrigados, quero crer, a aceitar essas pessoas no que se chama de consulta de esterilidade, ainda que não seja de esterilidade que estejamos falando. É nesse contexto que vêm à consulta, e pelo menos numa primeira etapa é nesse contexto que temos de ouvi-las. De minha parte, não seria favorável a um manifesto declarando que a esterilidade não existe: isso significaria rejeitar todas essas pessoas cuja sintomatologia é a esterilidade, embora não sejam estéreis."[51]

Em certo sentido, a posição que se exprime aqui é a do "bom senso": o médico não está em posição de esquecer que é o corpo que lhe é trazido. Ao mesmo tempo, há reconhecimento do caráter sintomáti-

---

[49] François Moreau, "Médecine interne et psychanalyse", *Psychanalyse à l'Université*, nº 41, janeiro de 1986, p. 117-127.
[50] R. Bessis, *Cahiers du nouveau-né*, "Origines", nº 7, citado na p. 187.
[51] *Ibid.*

O DESEJO DE FILHO E SUA SOMATIZAÇÃO MÉDICA

co da esterilidade, imposto pela experiência. Simplesmente o equívoco está muito exatamente contido na expressão "resposta ao sintoma", no qual se percebe a superposição flagrante da resposta (oferta) somatizante clássica (temos de responder) à resposta ambígua (não podemos deixar de ouvir um sintoma). Como o texto de François Moreau demonstra de maneira extremamente esclarecedora, é precisamente este equívoco — que é uma contradição no real a ser trabalhada — que precisa ser neutralizado, passando do registro da visibilidade do sintoma à escuta do que se diz. A invocação do sofrimento, que funciona como carta marcada, a saber, o que obrigaria o médico a responder no corpo a corpo, é realmente interessante. Ao passo que a escuta, num plano diferente do somático, tem por desígnio apenas deixar emergir o sofrimento retido na somatização, a alegação da obrigação médica de responder ao sofrimento faz supor que, ao contrário do "psicólogo" (que aparentemente se manteria, dedicado que está a ouvir outra coisa, surdo ao sofrimento?), o médico não poderia esquivar-se a responder ao sofrimento do paciente. Estranha inversão de perspectiva, mas num sentido perfeitamente justa, se a entendemos para além de seu absurdo aparente, como traduzindo palavra a palavra a ascendência do médico sobre o sofrimento do paciente e seu alarde tomado no mesmo registro, a intervenção somática. Vale dizer, corpo a corpo, do corpo tomado do sujeito ao corpo tomador, porque também tomado, dos médicos.

É da mesma forma que devemos interpretar a fórmula de sucesso da "medicina do desejo". É evidente que ela inverte e desvia a realidade que exprime. Ela imputa aos sujeitos um desejo, quando no máximo eles exprimem uma demanda; ela recalca por outro lado o fato de que o destinatário da demanda é aquele que também lhe faz a oferta. Neste sentido, não poderia, felizmente, haver uma medicina do desejo. Mas também podemos afinal considerar as coisas de outra maneira. É efetivamente um desejo, obscuro, que sustém a própria oferta e o projeto de responder medicinalmente ao obscuro objeto do desejo dos sujeitos. Nessa perspectiva, entretanto, a medicina de que se trata é a que nos é conhecida, do amor médico ao médico contra a vontade, em suma, a medicina molieresca, ou seja, a verdade do desejo médico — e da histeria que desde sempre oferece o responso a seu "controle" do desejo.

Em geral, é somente quando a medicina falha que a questão do discurso inconsciente que sustenta a demanda de intervenção do sujeito finalmente se abre. Mas é precisamente esta divisão do trabalho geralmente aceita, na qual o fracasso do somaticista é substituído pela intervenção do "psi", que cabe questionar, pois ela tem como efeito pôr entre parênteses a análise da oferta somática feita aos pacientes (a somatização), trate-se da indução da ovulação, da FIV, da IAD ou da maternidade de substituição.

Em outras palavras, a demanda do sujeito começa a ser considerada exatamente no ponto em que a oferta somática não dá mais os resultados esperados, sem que esta oferta seja analisada senão em termos de fracasso ou êxito. É perfeitamente característico que a positividade dos atos, do acompanhamento das intervenções, só tenha produzido até aqui apresentações puramente "técnicas" acompanhadas de considerações psicológicas, de tal modo que, de certa maneira, a interrogação *a posteriori* dos fracassos de práticas clínicas como a IAD, a FIV etc. contribui para evitar o questionamento do que elas têm em si mesmas de sintomático e sua função de ocultação da "esterilidade de sofrimento".

Esta divisão do trabalho, com o reconhecimento que comporta dos "aspectos psicológicos" da esterilidade — e cujo funcionamento examino detalhadamente mais adiante — é o aspecto fundamental das concepções induzidas; no início, há a indução, a somatização induzida.

Com isso, um certo discurso psicológico da esterilidade-sintoma, que acompanha de bom grado com sua musiquinha os grandes batalhões da somatização induzida, surge como uma recitação da lição psicanalítica sem conseqüência no meio do discurso e das práticas da somatização.

Uma mulher que quer um filho em seu ventre não é necessariamente uma mulher que quer criar um filho. Às vezes, não se ouviu esta mulher, e da mesma forma não se buscou a questão que toda patologia ou que toda impossibilidade levanta, e que é talvez uma resposta a uma questão que ainda não foi formulada... Se o medicinal também se torna aquilo que permitiria evitar essa castração que constitui o fato de não poder ter filho, isso quer dizer que a saúde pode tornar-se um lugar de perversão absolutamente extraordinário, no qual cada um pode entregar-se a intervenções que considero às vezes e freqüentemente perversas.[52]

Percebe-se aqui admiravelmente como o empreendimento somatizante da medicina recupera segundo seu próprio interesse, para neutralizá-la, a dimensão sintomática da esterilidade, num protesto indignado contra a perversão. Mas perversão de quem, nesse "lugar de perversão"? A obstinação do desejo (perverso?) que se enuncia no sintoma seria a mola propulsora da perversão da medicina. Donde a distinção entre ter um filho em seu ventre e criar um filho, indício certamente da suposta perversão feminina, seduzindo a inocência médica até que lhe meta um filho no ventre. Estranha medicina que dá lições sobre a castração — ao passo que é evidentemente de uma falta de simbolização, de castração simbólica que se alimenta o sintoma, castração demandada à medicina na realidade do corpo, para que um filho seja possível.

No exato momento em que a biomedicina passa ao ato, mantendo-se surda a essa demarche, propondo o que não passa de técnicas de garantia contra a castração, as quais aplica no corpo dos sujeitos, uma oposição imaginária entre a "ciência" e o "medicinal" opera um diversionismo. "O fato de a ciência vir embromar para o lado das origens perturba seriamente o funcionamento do medicinal, na medida em que isso faz crer que se pode mudar o curso do destino."[53] A contradição entre a "ciência" e o "medicinal" é dessa forma dividida entre quem desencadeia a onipotência e quem recolhe seus efeitos nos

---

[52] R. Frydman, in *Cahiers du nouveau-né*, "Origines", nº 7, p. 177.
[53] *Ibid.*

pacientes. Na procriação artificial, entretanto, está pelo menos claro que freqüentemente os dois personagens não passam de um mesmo. De modo que a incriminação de uma demanda sintoma é extremamente equívoca. Ela está constantemente oscilando no discurso entre o questionamento da onipotência científica (embromar as origens) e a do desígnio de onipotência do sujeito. Ora, se este último é uma realidade incontestável *in abstracto*, não é menos verdade que não se manifesta, no campo da procriação, de uma forma independente das práticas dominantes, no caso, do programa de controle da procriação estabelecido pela medicina, antes mesmo da procriação artificial, na contracepção generalizada.

VI   A gestão biomédica dos corpos

A QUESTÃO DA NATUREZA TERAPÊUTICA
DAS INTERVENÇÕES MÉDICAS

A questão da "medicalização" da procriação se estreita quando abordamos a discussão a respeito da natureza terapêutica de que se revestiriam as práticas da procriação artificial. Para que cause espécie, por exemplo, o fato de a FIV ser utilizada como forma de escolher o sexo do filho e não mais como recurso "terapêutico" contra a esterilidade, seria preciso que o desenvolvimento de outras técnicas de inseminação artificial já não houvesse liquidado ativamente o significado do que é "terapêutico", propondo modos operatórios que esvaziam esse termo de significado — ou lhe conferem um significado extremamente singular: disjunção manifesta entre a medicalização da procriação e a natureza não terapêutica das operações que produz.

Podemos começar indicando um equívoco muito freqüente, que diz respeito ao que designei mais acima como a bio-lógica da reprodução. Aparentemente, a relação entre medicinal e científico (pesquisa científica) é simples. Ela é evocada, por exemplo, nos pareceres do Comitê de Ética.[1] Segundo sua definição, as pesquisas seriam limitadas por sua justificação terapêutica; em outras palavras, pelo destino de um paciente real ou potencial. Logo se verifica, entretanto — e o caso dos embriões supranumerários o ilustra perfeitamente —, que a lógica da pesquisa obedece a finalidades que dificilmente podem ser conside-

[1] Comitê Nacional de Ética, 1984, 1986, 7 de novembro de 1988.

radas imediatamente como terapêuticas. O "futuro" programado no texto citado de J.-L. Touraine convida a visualizar as coisas de bem outra maneira. Para isso, basta situar-se pelo pensamento nesse momento futuro no qual esta ou aquela nova prática será efetivamente posta à disposição dos sujeitos: sua própria realização e suas possibilidades de ser proposta como terapêutica permitirão recalcar que seu desenvolvimento tinha efetivamente o caráter de uma experimentação; em outras palavras, o embrião supranumerário que abre o espaço da pesquisa recalca o caráter experimental do embrião reimplantado.

De maneira geral, as pesquisas biomédicas só parcialmente se orientam hoje em dia numa direção terapêutica: a experimentação humana, os testes no homem com finalidades de pesquisa biomédica podem com efeito ter também um desígnio dito cognitivo ou diagnóstico. É este conjunto de pesquisas que acaba de ser regulamentado por via legislativa.[2] Precisamente, podemos ver nessa legislação da experimentação humana, como tal, a promoção do desígnio cognitivo de pesquisas até então submetidas (*de jure*, se não *de facto*) a uma restrição, a do desígnio terapêutico. Ao passo que a esfera biomédica passa a exceder em muito o objetivo terapêutico da medicina, persiste uma identificação implícita do medicinal ao terapêutico.

No que diz respeito à procriação artificial, identificamos uma permanente imbricação entre duas posições. Ora os práticos, como os pesquisadores — sob formas por sinal eventualmente antagônicas (ver as posições extremamente críticas de J. Testart a respeito da ordem médica) —, reconhecem que esses tratamentos propostos não são de ordem propriamente terapêutica. A categoria do *tratamento* excede portanto a do tratamento médico = terapêutica. Ora, na medida em que são médicos que aceitam a demanda dos sujeitos, assistimos a um retorno da finalidade "terapêutica" em nome da medicina. É uma posição absolutamente clara por exemplo em Georges David, um dos promotores da IAD.

---

[2] Lei de 12 de dezembro de 1988.

De um ponto de vista absolutamente rigoroso, esta posição dificilmente se sustenta. Ela repousa essencialmente na assimilação, através do termo "medicinal", do *desígnio* (que não pode exatamente ser definido como terapêutica segundo critérios médicos clássicos) e da *aceitação* (médica) da operação. Donde um paradoxo: à medida que o objetivo terapêutico médico regride e dá lugar ao que poderíamos denominar tratamento biológico, a medicalização da procriação se desenvolve, sendo o verdadeiro objeto de análise, na medida em que é o processo real transformando a oferta biológica de intervenção em demanda de cuidados.

INDUÇÕES E INDICAÇÕES

A nível manifesto, o corte histórico representado pela procriação artificial em relação à gestão médica da procriação decorre da possibilidade de intervenção na própria procriação (a fecundação, a concepção), seja para estimular certas funções que lhe são associadas seja para impor um curto-circuito às funções deficientes, mediante técnicas que lhes permitam ter lugar fora da relação sexual e eventualmente fora inclusive do corpo do sujeito.

Da mesma forma, a indução das concepções coloca problemas específicos que vão muito além da gestão medicinal "clássica", do *monitoring* da gravidez, por exemplo.

Cabe frisar, para começar, a heterogeneidade dos elementos reunidos sob o mesmo nome de procriação artificial, e que entram em formas de composição diferentes. Não há grande relação entre a estimulação da ovulação por LH-RH e o recurso de um casal a uma "mãe portadora", que a rigor pode ser efetuado — e está inclusive aí a origem da idéia de uma alternativa "feminina" às NTR — à margem de qualquer intervenção médica. Entretanto, a confusão que opera a aproximação tem um significado, no mínimo porque a maternidade de substituição pode ser regulada "medicinalmente". É inclusive este deslocamento do medicinal que cabe descrever.

Não se esperou a biomedicina para transformar a existência da procriação em exploração do gado humano: a intensificação da reprodução é um dos aspectos da exploração do homem pelo homem — e particularmente da mulher pelo homem. A inovação representada pela procriação artificial decorre das modalidades dessa intensificação:

— a injunção ideológica de dominante religiosa (do tipo "crescei e multiplicai-vos") é substituída por uma injunção indireta, resultando da própria difusão das pesquisas científicas — acompanhada de uma renegação dessa injunção (a demanda é invertida, remetida aos sujeitos);

— as regulações aleatórias dos aparelhos ideológicos, essencialmente religiosos, dão lugar a um controle positivo, medicinal, sobre o corpo e o aparelho psíquico dos sujeitos.

Antes que a embreagem da demanda social sobre a demanda subjetiva seja secundariamente assegurada na "indicação subjetiva" (é o trabalho psicológico), o recurso à procriação artificial apresenta-se como a posição de um certo número de *indicações médicas*, vale dizer, de casos nos quais este ou aquele aspecto (Fivete, inseminação artificial, esterilidade etc.) é indicado. Mas como funciona uma "indicação médica", que é uma diferenciação clínica, no contexto da indução de uma demanda pelo próprio efeito das pesquisas biomédicas?

Não é por acaso que biólogos e médicos tentam distinguir hipofertilidade e esterilidade com clareza.

Na prática, creio que a maioria de nós passa muito tempo recusando esta ou aquela indicação e tentando desviar uma demanda que surge como demasiado medicalizada ou excessivamente dependente das técnicas medicinais. Creio que a distinção entre infertilidade e esterilidade deve ser frisada. Com efeito, na infertilidade há possibilidades de obter filhos espontaneamente sem intervenção médica, ao passo que nos casos de esterilidade verdadeira isso é impossível.[3]

---

[3] R. Frydman, *L'Irrésistible Désir de naissance, op. cit.*

Esta distinção é à primeira vista extraordinariamente simples. Entretanto, se os próprios práticos reconhecem que passam muito (demasiado) tempo a explicá-las "às pacientes", é certamente porque as coisas não devem ser tão simples. A incriminação de uma espécie de impaciência social do desejo de filho, vinculada à associação contracepção/concepção, passa por cima de um fenômeno importante. Só há impaciência em relação à possibilidade de uma intervenção proposta, a saber, a existência de toda a gama de técnicas oferecidas de indução, de estimulação da ovulação, de aceleração da concepção por meios artificiais. A impaciência dos sujeitos apenas traduz o ativismo e a aceleração do processo biomédico, a maneira como ele ativa as concepções. É preciso portanto inverter o movimento aparente da impaciência: é o próprio artifício que acelera a demanda.

O mesmo se dá no que diz respeito à esterilidade propriamente dita, se a distinguimos da infertilidade. O espanto dos médicos diante da obstinação das tentativas reiteradas de FIV ou de IAD apressa-se na realidade a atribuir à obstinação das mulheres ou dos casais um efeito que tem uma relação evidente com a própria obstinação científica, quando se empenha em "resolver o desejo". "O preço psicológico a pagar revela-se extremamente pesado, de maneira particularmente freqüente. Efetivamente, somos confrontados a esta medicina algo particular que é a medicina do desejo... Os limites que o médico deve impor a este desejo são muito difíceis de formular."[4]

Mas cabe perguntar se não haveria alguma relação com o desafio identificado pelo mesmo prático, quando acrescenta, imediatamente depois do trecho citado: "Que felicidade para o médico deparar-se com um caso de esterilidade absoluta! E é evidentemente diante de um tal caso que me vejo colocado. É fantástico, eu era o patrão, intervinha ou deixava de intervir, e se intervinha, tinha alguma chance de ter êxito em relação à demanda que era formulada."[5]

---

[4] *Ibid.*, p. 185.
[5] *Ibid.*, p. 186.

Podem-se generalizar tais observações do discurso recorrente dos práticos a respeito do "transbordamento das indicações". Melhor que atribuir a deriva das demandas a uma espécie de perversão intrínseca da demanda dos sujeitos, parece mais coerente associá-la à subversão das indicações produzidas pela própria oferta tecnológica.

A lógica da indução

A estimulação parafisiológica da ovulação por Clomifema ou HMG, HGG, que "transbordam de todos os sistemas de controle externo", coloca claramente o princípio das condições da realização das demandas e suas conseqüências. O aumento das gestações múltiplas e difíceis manifesta a distância entre o desejo de filho e o resultado técnico. "O desejo de filho é atendido no transbordamento e se transforma em pesadelo."[6]

Sobretudo, a possibilidade técnica de descartar defesas espontâneas psíquicas responsáveis pela anovulação desemboca no verdadeiro paradoxo do que pôde ser qualificado como "estupro organizado e consentido aos indutores ovulatórios".[7] O recurso à bomba de LHRH é a materialização emblemática desse curto-circuito que se leva o sujeito a exercer sobre si mesmo com suas próprias defesas psíquicas.

Indução da ovulação por bomba de gonadorelina. — Princípio. Indicações, Resultados.

A descoberta do caráter pulsátil da secreção da gonadorelina (LH-RH) nos primatas permitiu desenvolver um tratamento novo das amenorréias hipotalâmicas. A LH-RH é administrada com a ajuda de uma bomba portátil em ritmo intermitente, por via venosa. Nove mulheres acometidas de amenorréias hipotalâmicas ou supra-

---

[6] J.-C. Emperaire, "Enfantillage", *art. cit.*, p. 89.
[7] *Ibid.*

hipotalâmicas foram tratadas com uma bomba administrando 5 a 20g de LH-RH de 90 em 90 minutos. Nove gestações foram obtidas em 1,5 ciclo em média. Três falsos partos espontâneos precoces ocorreram. Duas crianças nasceram e 4 gestações monofetais estão em curso. Esses tratamentos permitem obter um índice elevado de gestações, sem expor ao risco de hiperestimulação verificado com as terapêuticas clássicas por HMG-hCG.[8]

A bomba Zyclomat ilustra a problemática da indução numa busca dos limites extremamente instrutiva. Esse novo tratamento resolve efetivamente com elegância o seguinte problema: como fazer para estimular fisiologicamente uma função que mobiliza mecanismos psíquicos, implicados nesse tipo de amenorréias? A originalidade do sistema está em que normalmente a aparelhagem de indução é exterior ao sujeito, estando nas mãos do médico. A bomba Zyclomat, portátil, permite ao sujeito ativar ele mesmo *ad libitum* suas próprias funções fisiológicas, desarmando a oposição importuna de suas defesas sintomáticas.

Essa problemática da indução leva a seus limites um mecanismo e um efeito que são muito mais gerais, e pelos quais torna-se agora possível a um sujeito fazer literalmente reinar o silêncio da resposta somática sobre as questões que se formulam na linguagem do corpo. "Assistimos a esta atual loucura ativista, a essas inúmeras manipulações de ovulação ou de inseminação que contornam algo que é real, profundo, que denominais sintoma."[9] O que não se dá sem que, na prática, o sujeito possa tentar anular *in extremis* a situação forçada em que o embarcou a demanda médica.

Inversamente, a somatização induzida debita na conta da eficácia técnica do saber médico os efeitos da transferência ao medicinal, causa reconhecida pelos práticos de numerosas gestações médicas e de fracassos. "As técnicas e os técnicos fazem-nos crer na eficácia da técnica. Muitos sucessos serão mencionados. No entanto, se observamos

---

[8] *Presse médicale*, nº 14, 1985, p. 963-966.
[9] E. Herbinet, in *Cahiers de nouveau-né*, nº 7, 1985, p. 199.

melhor, tais sucessos devem-se ao acaso ou à transferência para a ciência ou para o médico."[10] E o autor enumera, como tantos outros, o catálogo das pacientes grávidas depois do primeiro encontro, durante as investigações, explorações etc., ou simplesmente os casos em que o fator tempo poderia ser uma explicação suficiente.

Toda a clínica das esterilidades ditas idiopáticas oferece inúmeros testemunhos de gestações que sucedem a um período mais ou menos longo de "esterilidade" e manifestando-se concomitantemente com acontecimentos significativos da vida dos sujeitos, ou imediatamente depois da decisão de uma intervenção médica, mas antes desta.

O fato de que certos estudos permitam pôr em dúvida até mesmo a superioridade do tratamento médico da hipofertilidade não altera nada. Não há qualquer incompatibilidade entre a transferência somatizante e a ineficácia; nada permite excluir a possibilidade de que, em certo número de casos, trate-se de manter para os sujeitos essa ineficácia da medicina.

A DRAMATIZAÇÃO MÉDICA DA INFERTILIDADE E O CASAL IAD

É o caráter dramático da esterilidade que a designa como objeto da terapêutica médica. Que artigo sobre a esterilidade não começa por lembrar "o drama" da esterilidade? A tal ponto que certos práticos são levados paradoxalmente a sublinhar que seria especioso assimilar a esterilidade a um risco vital. Encontramos aí um bom exemplo dos efeitos da somatização induzida da demanda. Pois no fundo tudo se passa como se, para poder ser levado a sério, o sofrimento psíquico da esterilidade devesse revestir-se dos ares de uma patologia corporal perigosa para o sujeito, assimilável ao desenvolvimento de uma doença somática e justificando *ipso facto* uma intervenção no corpo situada na urgência.

Invocar, como se faz com freqüência, ao mesmo tempo a ilusão de onipotência do médico, atribuída e compartilhada pelo paciente, e a

---

[10] Bernard Fonty, *Bonjour l'aurore, op. cit.*, p. 177.

ferida narcísica do médico ou mesmo da medicina não parece suficiente, pois somos levados então a nos referirmos, em última análise, ao que poderíamos denominar os efeitos de um "valor" sociológico atual da criança. Esta talvez não tenha nada de tão evidente: como poderia ela justificar a insistência da demanda? Quanto aos limites da medicina, à "ferida narcísica" que representa sua impotência, por que haveriam de manifestar-se tão especificamente no campo da procriação? O confronto com a morte tem pelo menos tantas razões de evidenciá-los, embora não dê lugar nem de longe à verdadeira encenação do sofrimento que se arma em torno da esterilidade. Cabe portanto supor que um outro elemento entra em jogo, o que normalmente vem a ligar na consulta o paciente e o médico.

Pode-se tentar uma hipótese sobre este elemento, levando em consideração o que distingue radicalmente a demanda de procriação artificial de outras consultas. O que distingue a demanda, aqui, é a própria natureza do sujeito da demanda. Apontando-se o conteúdo da demanda (a criança), recalca-se um fato fundamental: o surgimento de uma nova realidade "médica" no mínimo extraordinária, como suporte de uma demanda e sujeito de um sofrimento: o casal. Existe apenas uma comparação possível neste terreno: a sexologia e sua aura algo nebulosa. A consulta de esterilidade traz à tona os paradoxos desse duplo sujeito singular, a tal ponto que se pode perguntar quem é o sujeito da esterilidade.

Esta situação é manifesta na IAD. "O simulacro oferecido pela medicina à guisa de terapêutica não é mais capaz de curar a esterilidade do marido do que seria, por exemplo, a adoção. O marido continua portanto estéril, e mesmo o casal, na medida em que continuam sem poder biologicamente conceber um filho (juntos). Só a mulher, que não era na realidade 'estéril', será 'curada' pela IAD. É por sinal ela, a 'paciente', que é o objeto receptor/passivo da onipotência/onibenevolência médica, e cujo corpo é o lugar no qual o simulacro é operado."[11]

---

[11] Christine Manuel, "La révélation de son origine à l'enfant né par IAD", in C. Manuel, J.-C. Czyba (ed.), *Aspects psychologiques de l'insémination artificielle*, Simep, 1983, p. 144.

Existe no caso desses casais um paralelismo das investigações, mas uma heterogeneidade considerável na relação com a esterilidade, na manifestação do desejo de filho, no engajamento no percurso medicalizado. Nenhuma relação eventualmente entre a função deficiente (a oligospermia, por exemplo, num homem) e o "remédio" (o fornecimento de esperma estranho à mulher). Mas sobretudo o fato de indicar que este sintoma recobre formas de sofrimento psíquico extraordinariamente diferentes não significa ignorar o sofrimento que a esterilidade pode representar. O termo "sofrimento" generaliza uma interação de vivências masculinas e femininas absolutamente heterogêneas. O discurso superficial e moralizante da "doação de casal" recalca certo número de fatos teimosos que a consulta não permite evitar, mas que só são evocados para logo serem apanhados na lógica da somatização. Assim é que se evoca a especificidade e a diversidade do desejo masculino de filho; sua freqüente dependência em relação ao da mulher ou então, pelo contrário, sua ausência no homem (associada ao real da impossibilidade da gravidez) e a função especificamente narcísica da repetição do ato sexual.[12]

Como se haveria de falar globalmente de "sofrimento" dos homens, quando justamente a "impavidez masculina" é estigmatizada por nossos psicólogos, não sem contrariedade, nos homens que não se preocupam com sua fertilidade? "Eles têm diante deles a eternidade"... "E no entanto, para agradar a sua mulher, fazer-lhe dom de si (*via* a IAD) (se não de um filho), não significa demonstrar uma atenção amorosa *[sic]*?" Os homens são pintados como sendo conduzidos, levados por sua mulher e "o médico desorientado, desamparado ante a ausência de sofrimento, contrariamente ao que encontra habitualmente na mulher".[13] "São os mesmos", dir-se-á ainda, "que propõem a adoção, evitando assim completamente a função do corpo feminino."[14]

---

[12] B. Fonty, M. Bydlowski, "Aspects psychologiques des stérilités masculines", *Revue de médecine psychosomatique*, 1985, p. 105.
[13] *Ibid.*, p. 99.
[14] *Ibid.*

Nesta referência ao "corpo feminino", entretanto, por trás da fachada de uma "demanda de casal", perfila-se o esfacelamento dos dois desígnios heterogêneos da mulher e do homem. Da mulher, reduzida ao "corpo feminino" (que, como se sabe, fala), pode-se fazer sair uma demanda de saber. A mesma operação não pode ser tão facilmente conduzida no homem; o que encontramos estranhamente em sua "relação não feminina com a gravidez" (*ibid.*), baseada numa presumida realidade do corpo. Em vez de questionar o desejo ou o não-desejo, a "ausência de demanda" no homem, prefere-se invocar sem hesitação a grande quimera do "amor"; o que não deixa de levantar certas questões. O sofrimento é definido de maneira unívoca em relação às "funções do corpo feminino", sem levar em conta a natureza absolutamente singular do "remédio" que lhe é destinado, a saber, o esperma anônimo. Neste sentido, nenhum artifício imaginário deixa de ser considerado "terapêutico", a partir do momento em que permita o funcionamento do corpo feminino!

Como, entretanto, reduzir a este esquema o caso, estatisticamente considerável, das demandas de IAD provindo de homens magrebinos estéreis, em cujos casos não se pode invocar o "corpo feminino" da mesma maneira? A IAD lhes permite, com efeito, manter um engodo social sobre seu poder de fecundação, que vivenciam como indispensável à manutenção de sua dominação sobre as mulheres.[15]

Será, enfim, que se julga resolvido o problema, considerável, do desejo feminino de filho pela resposta a nível do funcionamento do corpo, como se existisse uma neutralidade terapêutica, quando se induz um controle extraordinário da relação das mulheres com a gravidez e a criança?

Curiosamente, esse poder só é reconhecido explicitamente nas situações extremas em que finalmente põe face a face o homem médico e a mulher solteira solicitadora de inseminação. "Parece-nos, com efeito, difícil e contestável, no momento em que se discute o poder

---

[15] Z. Maidani-Perret, "La filiation du Maghrébin stérile", *Psychanalyse à l'Université*, nº 8, setembro de 1982.

médico, atribuir aos médicos, em matéria de procriação, semelhante poder sobre a mulher. Seja como for, é necessário ser dois para fazer um filho. Por que escolher o médico, que traria com sua técnica o espermatozóide de um homem não-pai? Será um novo espaço de liberdade ou a alienação da onipotência?"[16]

Este poder exorbitante, que o médico G. David declina aqui diante de sua paciente, desapareceria acaso bruscamente, por encanto, a partir do momento em que a demanda proviesse pretensamente de um "casal"? (E de um casal fantasmático, vale dizer, um ser híbrido de duas cabeças e dois corpos?)... O que vem aqui a ser negado, em proveito da velha idealização do casal, e de sua união, é a singularidade do sujeito desejante sexuado e a diferenciação dos dois sujeitos. A situação da mulher conduzindo o marido à consulta acarreta nos consulentes identificações manifestas com a posição feminina.[17]

Enfatiza-se, por outro lado, a função de cimento que a consulta tem para a vida dos casais, mesmo quando há fracasso médico. No próprio processo, entretanto, tudo contribui para recalcar a seguinte questão: que é uma demanda de casal? Uma tal demanda (analiticamente extraordinária) tem como efeito inicial fazer existir não um filho, mas um duplo sujeito imaginário, o casal, sintoma comum de dois desejos em sofrimento. Nessas condições, o que está em jogo na procriação artificial revelar-se-ia provavelmente diferente da bela transparência que lhe é proporcionada pelo manifesto irrefutável que é um filho. Nisto, por sinal, ela não estaria mais que cumprindo uma das funções principais asseguradas pela procriação "natural": estabelecer um vínculo, estabelecer um casal, poder-se-ia dizer: fazer que haja uma relação sexual onde ela não existir.

Seja como for, uma coisa é certa, brutalmente manifestada pela IAD a propósito das "indicações": a questão do caráter terapêutico não tem a ver em absoluto com um "transbordamento" de indicações terapêuticas, mas com a subversão, pela oferta médica, do próprio te-

---

[16] Georges David, "Dix mille enfants", *Le Monde*, 24 de julho de 1985.
[17] Françoise Cahen, in *Les Enfants de couples stériles*, ESF, Paris, 1986.

rapêutico. Impossível atribuir a um "ato médico" um arranjo triangular sintomático dos casais que utilizam a medicina como instrumento.

O protesto virtuoso — "por que escolher o médico que traria com sua técnica o espermatozóide de um homem não-pai?"[18] — não pode ocultar que é esta precisamente a definição da IAD. Em compensação, ele inverte mais uma vez a realidade, apresentando a IAD como uma invenção dos casais, ao passo que seu nome científico indica claramente sua origem no entendimento médico e nos novos arranjos de sexualidade que prescreve.

No caso da IAD, o medicinal reduz-se na realidade a oferecer o contexto asséptico de "meios" que poderiam incontestavelmente resultar de uma relação sexual. Existe portanto um certo paradoxo na posição de R. Frydman. Depois de observar que a diferença entre a "maternidade para outrem" moderna e as práticas tradicionais estava no papel de tapa-sexo da medicina,[19] ele vê nas regras que os CECOS se impuseram, para a doação de esperma, "os limites que a instituição médica poderia estabelecer para a intrusão da medicina na intimidade de cada um. Respeito do anonimato, gratuidade da doação: um ou outro, um e outro (?) desses princípios são a justificação do papel técnico e ético atribuído à instituição médica".[20] Contradição manifesta que levanta a questão da sexualidade na operação médica, de sua relação com a doação e o anonimato.

"Dessexualização"

A referência explícita à dessexualização, na problemática da IAD, é cenário de um equívoco. Como vimos, é certo que a intervenção médi-

---

[18] G. David, "Dix mille enfants", *art. cit.*
[19] R. Frydman, *L'Irrésistible Désir de naissance*, *op. cit.*, p. 150: "Para impedir a aproximação sexual, objeto de todas as abominações, recorre-se ao médico. Este age apenas, então, como garantia da ordem moral."
[20] *Ibid.*

ca na concepção, pela cadeia que associa contracepção, IVG e concepção induzida, tende a substituir os efeitos do desejo sexual dos homens e das mulheres pela eficácia da medicina, chegando a assumir a forma de um curto-circuito violento dos obstáculos psíquicos ao desejo. Mas esta instituição de novos dispositivos de procriação não implica de forma alguma uma "dessexualização"; ou, por outra, esta define uma estranha redistribuição do funcionamento do sexual, por seu apoio nas operações médicas; a busca da pessoa do médico opera onde fracassou, sozinho, o encontro sexual dos parceiros. Mesmo nos casos em que a esterilidade é constatada e nos quais não caberia pôr em causa o impasse do desejo, a intervenção médica induz necessariamente uma erotização da concepção artificial que é por sinal uma das condições do seu êxito.

É precisamente o recuo diante desse impulso libidinal da cena procriativa artificial que se exprime, em nome do recalque, no tema moralizador da dessexualização, na estigmatização da demanda "de conveniência" e na rejeição das demandas de inseminação celibatária.

No face-a-face da demanda celibatária de inseminação, a singularidade da situação é produzida brutalmente, inexoravelmente, ao passo que é encoberta na inseminação de casal, na qual o sujeito desaparece em proveito da noção híbrida de "casal estéril".[21] Pode-se considerar, por outras razões, que o papel necessário de um pai e de uma mãe na estruturação do sujeito faz da inseminação celibatária e/ou homossexual um problema. Mas é necessário colocá-lo corretamente.

Distinguir o problema da esterilidade e a escolha pessoal, na qual o médico nada tem a ver, não significa fazer do tratamento médico da esterilidade uma terapêutica no sentido estrito. Na realidade, o que está em questão é uma verdadeira redefinição do ato médico e do ato terapêutico pelos práticos biológicos. Ela surge claramente na carta dos CECOS, na qual o médico-terapêutico não é definido pelo objeto, mas pela estrutura na qual o ato de intervenção pode ter lugar. O ato terapêutico, a assepsia médica são meios de manter à margem o que se

---

[21] Cf. a coletânea *Les Enfants de couples stériles*, op. cit.

quer expulsar. O que se perfila de forma pouco conveniente na demanda dita de conveniência é o desejo. Curiosamente, o campo dito terapêutico vem a recobrir, na ética CECOS, o das normas éticas dos países de predominância católica. O sexual ressurge com a mulher sozinha, a homossexualidade ou, marginalmente, com o homem solteiro querendo um filho. A obsessão de certos médicos é serem transformados em "instrumento sexual",[22] na formulação de G. David. As novas relações de procriação não são dessexualizadas, ainda que fique subentendido que a medicalização procede a uma dessexualização. Só a demanda de conveniência, a que não faz o jogo do sofrimento do casal, suscita o fantasma de participação numa cena sexual. Assimila-se a demanda de procriação a uma demanda de gozo diretamente sexual: *horresco referrens*! Esta indignação virtuosa comporta uma dupla denegação: denegação da continuidade efetiva do campo sexual através das práticas que dizem respeito à procriação pela representação de uma procriação do casal, limpa, fria, dessexualizada; denegação da função da medicina: a sexualidade é apresentada como provindo do outro (a conveniência inconveniente), ao passo que é a própria instituição da oferta médica que sustenta a demanda.

Na realidade, a medicina produz uma versão particular da relação sexual, por uma montagem complexa de práticas que agenciam um simulacro; trate-se de IAD, da Fivete ou das técnicas de indução, observa-se uma montagem de desejos heterogêneos: conecta-se o desejo dos doadores/doadoras ao dos receptores/receptoras, e logo o de uns e outros ao e pelo do médico biólogo, incluindo relações sexuais de casal.

O caráter evidente de agenciamento sexual dessa montagem é apresentado como "dessexualizado" pela medicina biológica, como se a sexualidade se reduzisse, depois de Freud, exclusivamente às relações sexuais heterossexuais a serviço da reprodução. E no entanto não é difícil destacar o caráter sexual dos agenciamentos do desejo que se

---

[22] G. David, "Don et utilisation du sperme", *Génétique, procréation et droit*, op. cit., p. 203-204.

escoram no medicinal. Esta descrição da Fivete assemelha-se incrivelmente a toda uma outra literatura:[23]

> Enquanto uma enfermeira discreta cuidava dos preparativos, René, Bruno e eu debruçávamo-nos sucessivamente sobre o rosto ansioso para trocar um sorriso. Havíamos trazido um radiogravador cassete, que transmitia música sacra baixinho. Ninguém falava; havíamos pensado em acender velas, mas ninguém tivera coragem. René fez a higiene do colo do útero com inusitado vagar. Bruno tomou suavemente a mão que a mulher lhe estendia, enquanto eu introduzia o minúsculo embrião no cateter de transferência. A mulher estava atenta a todos os nossos gestos, buscando em nossos rostos indícios do bom desenrolar da intervenção. Aos poucos ela ia relaxando, tranqüilizada por nossa serenidade. Havia naquele teatro da medicina de ponta um clima mais místico que na igreja, nas vigílias de Natal. Como se nossa impotência revelada para fazer nascer a Criança nos levasse a acatar outras leis que não as que servem para medir, nos reduzisse a fundir nossos desejos com os daquela mulher, a comungar juntos e com ela, tendo ao fundo aquela música sublime de Vivaldi. O cateter penetrou sem resistência no colo do útero, até as carnes invisíveis. Assim que constatei que o embrião deixara o cateter para instalar-se nela, proclamei: "Senhora, está grávida!"... Nada mais foi dito com palavras ao longo dessa cerimônia. Ela sorriu, e ainda deitada, os braços em cruz, suas mãos apertaram fortemente as dos dois biólogos: a cabeça de René ressurgia entre suas coxas; a beleza da música era de chorar. Quando foi ao encontro do marido, alguns minutos depois, ela disse apenas: "Fiz amor com os três."

Para perceber o afloramento das relações de desejo que sustentam as práticas de procriação artificial, basta suprimir a diferenciação entre a descrição "dessexualizada" das técnicas e o discurso dos sujei-

---

[23] J. Testart, *De l'éprouvette au bébé-spectacle*, op. cit.

tos que reaparece no estudo dos "aspectos psicológicos",[24] ou, mais discretamente, porém de maneira mais crua e como sempre pelos cantos, na relação das práticas e, naturalmente, no que os sujeitos podem elaborar a respeito nas análises ou psicoterapias.

A dessexualização é instituída no imaginário pelo congelamento generalizado e a assepsia médica, que supostamente manteriam à distância os miasmas eróticos. Reservando-se estas técnicas aos casais, procede-se como se a questão sexual, a coisa sexual continuasse sendo algo privado deles, no exato momento em que o médico se vê radicalmente implicado no agenciamento das relações de procriação.

Sustentar que a medicalização opera um "recalque e uma legitimação dos desejos subjetivos mobilizados"[25] é uma forma de reconhecer que o médico é efetivamente um "guardião do pudor, cujo principal papel é assepltizar a relação sexual" (Frydman), e uma positivação psicológica desse recalque que faz com que esse mecanismo psíquico dependa da ação "legitimadora" (?) de um terceiro.

Na realidade, a IAD e, sob outro aspecto, a prática das mães de substituição correspondem a concepções sintomáticas da procriação, operadas através da medicina. Deste ponto de vista, não é muito pertinente opor ao triunfo masculino do artifício alienante (IAD, FIV) "o mais natural" da demanda das mães portadoras. Significa esquecer que a prática das mães de substituição supõe também a passagem obrigatória pela medicina.

O debate em torno de certas técnicas da procriação artificial como a IAD e a maternidade de substituição repousa amplamente num mal-entendido. Para uns, é o conflito das luzes contra o obscurantismo, para outros, um combate ético em favor da ordem simbólica que preside habitualmente à procriação. Na realidade, é muito difícil ver na IAD uma prática científica revolucionária. Em sua própria concep-

---

[24] G. Delaisi de Parseval, *La Part du père*, Le Seuil, Paris, 1981, p. 105 *sq*.
[25] J.-C. Czyba, C. Manuel, M. Choquet, *La Filiation du père stérile à l'enfant né par IAD. Génétique clinique et psychopathologie*, Simep, Paris, p. 105.

ção, a IAD é uma montagem sintomática que mantém a emergência do desejo no interior dos contextos sociais que a Igreja desde a Idade Média instaurou laboriosamente no Ocidente; ao passo que desde o século XIX a medicina e a psicologia tendem a ocupar seu lugar.

Algumas das condições do modelo CECOS da IAD (paternidade do doador e concordância da esposa) ilustram admiravelmente esse ponto, na medida em que explicitam, no interior do dispositivo medicalizado, as exigências do contrato conjugal.

"A concordância da esposa": a "doação de casal"

Pode-se notar que esta cláusula é a que provoca mais comentários na explicação das respostas, sejam favoráveis ou críticas, a respeito do modelo CECOS.

O modelo CECOS corresponde a um respeito do espírito da legislação francesa sobre os direitos e deveres no interior do casal conjugal: o esperma não é tratado aqui como um "órgão" pertencente exclusivamente ao marido (doação de sangue), mas como uma potencialidade sobre a qual a esposa também tem direitos. Mantém-se aqui a equivalência imaginária entre IAD e adultério (dar a uma outra mulher e "trair" a sua), ao mesmo tempo que se propõe uma forma de saída e de resolução para o conflito provocado por esta equivalência, que é a autorização de associação voluntária da mulher à doação de seu marido, o respeito de "seus direitos" e portanto a possibilidade de que ela intervenha na decisão de doação, ainda que negativamente, o que permitiu promover a noção de "doação de casal", que paradoxalmente só "reconhece" o significado imaginário de "adultério" da doação de esperma para melhor superá-lo.[26]

---

[26] C. Manuel, "La révélation de son origine à l'enfant né par IAD", in *Aspects psychologiques de l'insémination artificielle, op. cit.*, p. 91.

Se analisarmos esta operação mais detalhadamente, constataremos que ela evacua a relação homem/mulher, com suas contradições, em proveito da exclusiva polaridade pai-mãe, que resulta da articulação das categorias médicas (esterilidade) e jurídicas (pai, mãe). É esta articulação que está na origem do discurso sobre a "medicalização da filiação". Esta última conduz a uma definição das categorias "paternidade" e "maternidade" dominada por uma ideologia da doação, correspondendo ao tipo de intervenção que ela própria produz entre os sujeitos "postos em relação", e que faz as vezes de relação sexual. No fundo, esta concepção da maternidade e da paternidade promove uma mistura de elementos heterogêneos.

Aí encontramos a valorização do filho em si, em relação ao objeto do desejo, e a valorização da maternidade como destino feminino correspondendo às representações mais tradicionais do "papel" da mulher. Por outro lado, a "paternidade afetiva" é concebida segundo o modelo do sacrifício de José, com sua dimensão dessexualizada, sua falta de referência à falicidade do homem, que aqui encontram um prolongamento absolutamente inesperado.

Nesse universo de doação mútua, a mulher é chamada a identificar sua castração simbólica com a impossibilidade do outro de fazer-lhe um filho: a castração é reduzida ao fato de ser privada pelo outro. A intervenção da instituição IAD garante-lhe que ela pode ser evitada por um artifício científico. Na maternidade de substituição, a função materna é descrita como uma função biológica, independente do desejo pelo homem (e os homens) e repartida entre duas mulheres.

A plataforma comum às práticas da procriação artificial não se define pela imiscuição do médico no processo da procriação, mas pelo fato de que o dispositivo medicalizado é a condição da realização de uma concepção sintomática. O que está em jogo na IAD e na maternidade de substituição é desenvolver um dispositivo que contenha o desejo de filho no interior do casal (versão conjugal), ou que o realize transgressivamente fora do casal real (versão solteira). Contrariamente ao que leva a crer o debate sobre a terapêutica, este conjunto de elementos em jogo é profundamente idêntico, para além das diferenças. Trata-se de manter à margem o desejo, na medida em que poderia passar pela relação com um outro real. A redução deste último ao esperma, ao ovócito ou ao ventre permite a manutenção da relação sintomática do sujeito com o desejo, com a contenção nos limites do contrato conjugal ou celibatário.

O esquema da separação "científica" entre procriação e sexualidade é ele mesmo apanhado no sintoma. Longe de ser a simples constatação empírica da situação inaugurada pela contracepção e desenvolvida pela procriação artificial, ele funciona como uma verdadeira palavra de ordem a serviço do recalque. Trata-se, na realidade, de separar psiquicamente, de recalcar a possibilidade de outros arranjos de desejo através da procriação.

Podemos ir mais longe. Paradoxalmente, e contrariamente às aparências, a instauração de uma separação entre procriação e sexualidade está a serviço da instauração pela ciência e a medicina de uma nova relação sexual. Admitindo designar por convenção de "relação sexual" a representação da relação inconsciente entre os sexos que coloca sua complementaridade de direito ou de natureza, podemos dizer que a prática da IAD é paradoxalmente, em seu simulacro tecnológico, uma nova versão das harmonias de relação sexual, a "NRS", a nova relação sexual. A literatura IAD é uma permanente celebração da relação sexual; simplesmente, à prática tradicional vêm somar-se os simulacros tecnológicos que espelham ao infinito a relação sexual.

Da transferência de embrião à "mãe de substituição"

No capítulo de sua obra dedicado às mães ditas portadoras, R. Frydman começa com uma erudita distinção entre a mãe portadora *stricto sensu* (que recebe um embrião geneticamente estranho) e o que a imprensa denominaria mãe portadora ou de substituição (que dá seu tempo de locação uterina [sic] e seu patrimônio genético).[27] A distin-

---

[27] R. Frydman, *L'Irrésistible Désir de naissance, op. cit.*, p. 145-175.

ção é aparentemente clara, mas oculta o que está em jogo. Apresenta-se como uma lição de rigor científico e médico, repartindo com toda clareza o sentido médico, por um lado, e por outro o sentido mediático. Mas esta separação recalca a continuidade natural entre os dois pólos e com a transferência embrionária, segundo a lógica biomédica. Passa-se com efeito, sem solução de continuidade, da transferência embrionária e da doação de ovócito à mãe portadora no sentido de Frydman: "Portar um embrião concebido em proveta é uma possibilidade que decorre do desenvolvimento da técnica de fecundação *in vitro*." Aparentemente, é com a operação seguinte (a mulher que doa não apenas seu "tempo de locação uterina", mas também seu patrimônio genético) que se passaria a um registro totalmente diferente. Ora, não vemos muito bem por que situar aí o hiato entre a ciência e "a imprensa", pois as duas primeiras possibilidades engendram naturalmente a terceira; ou, mais exatamente, existem aí nem mais nem menos que três possibilidades, a partir do momento em que se dispõe da FIV e da transação envolvendo gametas estranhos. A diferença não é indiferente, mas vem afinal a distribuir-se no mesmo espaço dos possíveis produzido pela biomedicina.

Pode-se portanto dizer que a distinção, enfatizando o fato de que o esperma não é o do marido para a "mãe de substituição" fecundada, tende a apagar a solidariedade biomédica das operações. Afinal de contas, esta situação não passa do decalque da variante IAD.

É possível que a maternidade de substituição coloque problemas mais radicais — por que não? — que a IAD aprisionada. Mas isso não impede que todas as variantes se distribuam a partir do mesmo modo de gestão da procriação. Deste ponto de vista, é insuficiente dar ênfase, para deixá-lo fora da medicina, ao fato de que a maternidade para outrem não repousa em nenhuma inovação tecnológica. "Sua mistura a autênticos trabalhos científicos visa apenas a dar-lhe um verniz de respeitabilidade."[28] O argumento é perigoso. Ele faz da "inovação tecnológica" a mola propulsora da definição do biomédico. Mas em

---

[28] *Ibid.*, p. 150.

que garantiria esta que não estaremos saindo da biomedicina, de uma forma simplesmente diferente, mais sofisticada que a maternidade para outrem, com um coito fecundante, "natural", ao propor artifícios tecnológicos?

Podemos acrescentar que em qualquer hipótese a "maternidade uterina" — a única que justificaria, falando rigorosamente, a expressão mãe portadora — é alvo de críticas dirigidas à maternidade de substituição quanto a seu tratamento da função materna. O próprio Frydman, por sinal, fornece elementos para manifestar a continuidade e a solidariedade entre a prática e o artesanato da maternidade de substituição, quando se estende com algum detalhe sobre o caso dessa ou daquela paciente. Percebe-se aí muito claramente como a suposta descoberta de uma solução para a esterilidade de origem imunológica leva a insistir junto a uma paciente que consultou cinco anos antes para que se envolva no ciclo da FIV, sem êxito; depois do quê, ela voltará a consultar para seu filho nascido posteriormente de uma mãe portadora.[29] Nosso biomédico conhece por outro lado, através da psicoterapeuta da paciente, a pesada patologia de filho da DASS dessa mãe portadora, parricida face a um pai incestuoso, envolvida na maternidade de substituição para se fazer adotar e desenvolvendo fortes desejos de morte face ao filho portado.

A apresentação deste exemplo faz pensar em muitas coisas. É preciso registrar este movimento de recuo do biomédico ante os efeitos de sua oferta de intervenção. Entretanto, pode-se também distinguir aí uma outra forma de intervenção potencial, que é por assim dizer a face oculta do anonimato médico, a saber, a circulação do saber sobre um paciente de um praticante a outro. Não basta preconizar o anonimato da doação de ovócitos com a finalidade de impor um curto-circuito às identificações possíveis entre sujeitos, para livrar-se da possibilidade, realizada para o biomédico, de ter ele próprio acesso, pelo menos eventualmente, à problemática dos dois sujeitos entre os quais se operam os novos arranjos da procriação.

---

[29] *Ibid.*, p. 165 *sq.*

Por outro lado, o quadro extremamente dramático que é apresentado da maternidade de substituição vem reforçar a distinção inicial e o que tem de enganador. Pois ela levaria a crer que a miséria psíquica que surge por trás da fachada da oferta e da demanda de portar um filho é própria exclusivamente desses sujeitos. Pode-se assim estabelecer a hipótese de que esta situação encontra-se na imensa maioria das situações em que se opera um recurso à Fivete, para não falar da IAD. Na realidade, o "êxito" da intervenção biomédica no contexto da Fivete (a "inovação tecnológica") tende a recalcar da vitrine médica essa camada subterrânea da miséria psíquica, anônima. O anonimato é o véu lançado sobre este estado também.

Uma coisa é certa: existe uma solidariedade entre os elementos do campo biomédico que rege os deslocamentos dos sujeitos de uma demanda a outra.

Ela fará com que, neste ou naquele outro caso, uma jovem mulher se torne mãe portadora para ter ela própria um filho, depois de uma recusa dos CECOS de praticar uma IAD numa mulher sozinha.[30]

É verdade, entretanto, que as práticas de maternidade de substituição representam uma passagem ao limite do funcionamento biomédico: a relação entre a oferta de cuidados e a demanda dos sujeitos muda de natureza, preservando uma referência cada vez mais instrumental à medicina.

- Na maternidade de substituição, diferentemente dos outros aspectos da procriação artificial, a medicina, ao mesmo tempo que continua a servir de garantia moral das operações, vê-se integrada a uma regulamentação da oferta e da demanda de filho (ou de útero) assegurada por agências do tipo agência matrimonial, vale dizer, por profissionais que regulamentam as relações entre "agentes da maternidade" direta e independentemente da medicina. E por sinal não chega o Dr. Sacha Geller, que em dado momento se destacou neste terreno, a apresentar — o que é suficientemente eloqüente — o emprésti-

---

[30] *Ibid.*

mo de útero como a única solução "quando a medicina e a ciência nada mais podem pelas mulheres estéreis"?

O selo médico diz mais respeito ao controle de qualidade que à ética médica, no modo dos produtos "formulados medicinalmente e vendidos no comércio fora das farmácias". Neste sentido, o Dr. Geller é o Leclerc da distribuição de filhos. "Para recrutar as mães portadoras, é preciso submetê-las a certo número de testes, de exames, para os quais estamos por sinal perfeitamente equipados. Estamos portanto naturalmente qualificados para recrutar as mães portadoras."[31]

Uma sofisticada montagem de associações separa e articula a intervenção médica, a prospecção das portadoras e o "acompanhamento": o CEFER (Centro de Exploração Funcional e de Estudo da Reprodução) representa a estrutura médica na qual são praticadas as inseminações: Sainte-Sara agrupa os casais que demandam e Les Cicognes, as mães portadoras. O próprio nome dado à associação "Sainte-Sara" é emblemático. Com efeito, Sara é a sigla de ajuda à reprodução assistida. Na palavra Sara encontram-se assim condensados um apelo à identificação à história de Sara, a mulher estéril de Abraão, e a referência biomédica à reprodução assistida, tudo sob o patrocínio da canonização de Sara, convertida ao cristianismo. O apelo à identificação não esquece nenhum registro: submissão cega ao patrono médico, identificação à patrona católica da operação.

Na prática, a intervenção médica, contestada por algumas das próprias mães portadoras, consiste igualmente numa operação psicológica cuja penetração ficou evidente através de numerosos "erros". "Na escolha de uma mãe portadora, vários parâmetros intervêm, e quando eu recuso uma delas, nunca lhe digo qual deles me levou a tomar esta decisão. Desse modo, se considero que psicologicamente não é conveniente, encontro um pretexto no plano ginecológico."[32]

---

[31] Sacha Geller, *op. cit.*, in *Enfant d'abord*, novembro de 1986, p. 25.
[32] *Ibid.*

A GESTÃO BIOMÉDICA DOS CORPOS

Instaura-se assim um incontestável embuste, servindo o itinerário de algumas candidatas para fornecer uma síntese eloqüente das conseqüências. O anonimato a ser mantido é formalmente destacado.[33] Mas ele logo é relaxado e não resiste quando é posto na balança com o abandono da candidatura, desejando absolutamente a futura mãe portadora estabelecer uma relação com o casal receptor.[34] Em compensação, no momento em que os sujeitos de experiência são expostos à imprensa para promover em coro a locação de útero, vêm a ser proibidos de revelar que foram inseminadas, tendo-se dissolvido a associação.

• A "demanda", dessubjetivada, tende a reduzir-se ao significado econômico: "existe uma demanda", ainda que não sejam mais sujeitos que "demandam". Esta demanda é calculável. Ela existe em função do número de casos repertoriados de tal tipo de esterilidade. É assim que o Dr. Geller tenta, recorrendo a dados numéricos, demonstrar que não se trata de alguns casos marginais: "Existe, é preciso que nos convençamos, uma demanda real, importante e que não temos o direito de negligenciar." Ora, esta demanda é definida pelo número de esterilidades tubárias (das quais uma pequena minoria é tratada pela FIV), de esterilidades de origem uterina (histerectomia, malformação etc.) e de origem ovariana (anovulação de origem baixa, síndrome de Turner, menopausa precoce, pré-menopausa).[35]

Percebe-se claramente, aqui, que a demanda que supostamente justifica o recurso à locação de útero é deduzida diretamente da contabilidade dos casos de esterilidades para os quais outras técnicas são impraticáveis. Esta definição puramente experimental recebe o complemento de considerações psicológicas espantosas visando produzir a identificação às "mulheres estéreis", de maneira a transformá-las em candidatas

---

[33] *Ibid.*, p. 42-43.
[34] *Ibid.*
[35] S. Geller, in *Le Quotidien du médecin*, novembro de 1983, p. 29 *sq.*

receptoras (lugar da demanda induzida) e locatárias. "A mulher tem sangue para 4 ou 5 filhos, e quando não o tem, ele se transforma em veneno."[36] Por trás da fachada da ciência perfila-se uma argumentação que fez a glória da medicina dos humores: apelo ao sangue, à transformação do sangue em veneno, em suma, o imaginário da histeria e das "doenças de mulheres". A este respeito, poder-se-ia inclusive perguntar se tais considerações incongruentes no tecido da biomedicina não indicam o caminho de uma interpretação do próprio fenômeno da maternidade de substituição. Tratar-se-ia, nem mais nem menos, da manifestação explícita, num discurso medicinal cada vez mais biológico, dessa camada de práticas médicas seculares que defrontaram o médico e as mulheres no contexto de uma verdadeira histerologia.

Um outro aspecto da demanda é extremamente característico de um resvalar de sua definição. Está de certa forma inscrito na própria terminologia: mães portadoras, maternidade de substituição etc. Pois qualquer que seja o termo usado, não se observou suficientemente que a demanda principal é a da candidata portadora. O CEFER, uma das instituições que promoveram a maternidade de substituição, o enuncia claramente: seu objetivo é "permitir a qualquer mulher que o solicite ajudar uma outra mulher a tornar-se mãe portando por ela sua gravidez".[37] O ponto de partida é portanto explicitamente o desejo das portadoras virtuais, de sua oferta, consistindo o problema em garantir-lhes as melhores condições sanitárias, pecuniárias e jurídicas possíveis. Ainda que este desejo deva ser algo estimulado.

• Para tornar possível a operação, é preciso uma redefinição radical da *função materna*, que a transforme em função puramente biológica. Este desenlace não é desprovido de lógica. Como deixar de ver nele o resultado das próprias operações do saber biológico, quando pretende distinguir a "mãe uterina, ovariana, a mãe genética etc."? Deste ponto de vista, os argumentos que opõem à maternidade de

---

[36] *Ibid.*
[37] S. Geller, in *Le Monde*, 22 de outubro de 1983.

substituição os vínculos mãe-feto são extremamente ambíguos. Pois se tais trocas são encaradas, como acontece na maioria dos casos, como biológicas, podem ser objeto de controvérsias quanto a sua existência, ou quanto a sua interpretação.

Qualquer que seja seu interesse em outras circunstâncias, é preciso reconhecer que as pesquisas de estilo experimental evidenciam uma notável ambivalência face ao recém-nascido. Não têm elas acaso como objeto implícito demonstrar, recorrendo a provas, que a mãe *good enough* de Winnicott não é uma pura ilusão... materna e psicanalítica? Em vez de ouvir as mães, trata-se de perceber, de ver o "real" do que sentem fetos e recém-nascidos.

Caberia portanto examinar que lugar ocupam esses desdobramentos da procriação artificial na empreitada de controle das mães e das mulheres. Um ponto ressalta claramente da própria definição das "mães de acolhida": não se trata apenas — ainda que seja rigorosamente uma realidade — de propor uma instrumentação técnica das mulheres, uma forma de prostituição medicalizada. Seria talvez o caso de perguntar, de maneira mais geral, *a partir de que identificação à/da mãe o conjunto da procriação artificial é possível*. No caso da maternidade de substituição, o desígnio de deslocamento da mãe é evidente. De maneira peremptória, seus promotores só falam de mães suscetíveis de se desligarem sem o menor problema do filho carregado, a partir do momento em que é contratualmente atribuído a outros (e, como veremos, em que elas são pagas).

Posso demolir essa hipótese de vínculo *in utero*. Ele não existe. O feto pouco está se importando com a mãe. Ele é parasita, vive em detrimento de sua mãe, que não passa de uma incubadora. E por sinal, um dia serão usadas incubadoras artificiais. Este vínculo, se existe vínculo, só existe no imaginário da mãe, e é preciso acabar com esta idéia. O feto não ouve nada, é surdo como uma porta e mudo como um peixe. Como querem que haja alguma forma de comunicação?[38]

---

[38] S. Geller, in *Enfant d'abord, art. cit.*, p. 27-28.

A partilha biológica da maternidade, que opera com elementos de real, agentes submetidos a composição, troca, repartição, aplica-se portanto, logicamente, à própria função materna em sua totalidade, vale dizer, aos sujeitos e màis às partes do corpo. Compreende-se então que se possa separar, sem outra forma de processo, uma função puramente biológica (porte) suscetível de substituição e uma função puramente afetiva, e "imaginária". Assiste-se assim a uma reviravolta do tema do "filho imaginário". Sendo "puramente imaginário", o apego da mãe ao filho não seria idêntico se se carrega seu filho ou o de um outro. Recorrer-se-á ao argumento dos aspectos manifestamente não biológicos da função materna — já extirpada de sua dimensão simbólica, pela referência ao "filho imaginário"[39] — para justificar uma manipulação dessa função simbólica.

As perspectivas do congelamento embrionário poderiam levar a pensar que o recurso às mães portadoras representa uma técnica artesanal: "De forma alguma; quanto mais a ciência se desenvolver, mais serão necessárias: serão precisos muitos úteros para carregar os embriões de que se disporá."[40] Seria possível exprimir mais claramente que a mãe portadora antecipa portanto o ideal "científico", o da gravidez *in vitro*? Maternidade de substituição? Sem dúvida, mas antes no sentido em que uma mulher, ainda, substitui provisoriamente a mãe artificial de amanhã.

Resta, última etapa, fazer sair esse discurso da boca dos pais — vale dizer, das "portadoras" e das "adotantes". "Minha idade não tem importância", declara a avó-portadora Pat, que empresta seu ventre a sua filha Karen. "Os três bebês que carrego foram concebidos por um casal de vinte e cinco e trinta anos. Geneticamente, não me pertencem, não são meus. Eu sei que eles crescem no meu ventre, mas estou convencida, em meu coração, de que não são meus. Habituei-me à idéia de que são os filhos de Karen. Os laços maternos se criam quando a mãe embala seu filho e o alimenta. Karen vai submeter-se a

---

[39] *Ibid.*, p. 30.
[40] *Ibid.*

um tratamento médico eficaz para ter leite."[41] Note-se que a transação mãe-filha é apresentada como aquilo que permite levantar a objeção do apego possível da mãe portadora à criança.

Mas é preciso assegurar-se de que o discurso do médico saia ainda corretamente da boca dos pais. Por isso é que o Dr. Geller ensina textos a suas pacientes, para responderem às perguntas da imprensa ou de sua família. "O senhor está provavelmente se referindo à época das cegonhas, muito tempo atrás, em Estrasburgo. Como eu percebi que os jornalistas fazem muitas vezes perguntas 'viciosas', escrevi um pequeno texto, efetivamente, para evitar as 'surpresas', e que cabia numa simples página."[42]

---

[41] S. Geller, in *France-Soir*, 2 de outubro de 1987, p. 2
[42] S. Geller, in *Enfant d'abord*, art. cit., p. 26.

VII   O tratamento psicológico da demanda de filho

Examinarei aqui alguns aspectos da maneira como são definidos e tratados aqueles que passaram a ser chamados "aspectos psicológicos" das práticas da procriação artificial. De certa maneira, há algo de arbitrário em dissociá-los da formação de uma oferta de demanda (de filho) no contexto da medicalização da procriação, e da somatização do sintoma que esta última induz, naquelas que são tão apropriadamente chamadas "concepções induzidas". Entretanto, se os psicólogos colaboram nessas práticas, é numa certa divisão do trabalho com os "somáticos" e os outros técnicos. Podemos portanto tentar analisar, através dessas formas de colaboração e de divisão do trabalho, as "práticas psicológicas" por si mesmas.

Tomarei como ponto de partida um texto dedicado à IAD, que tem a vantagem de situar claramente o que está em jogo nas intervenções psicológicas.

Uma relativa dessacralização dos significados culturais e representações sociais da procriação é concomitante com a descoberta e o controle científico de seus processos biológicos, dentre os quais a inseminação artificial com doador (IAD) não passa de uma aplicação "médica", destinada à terapêutica dos casais inférteis por esterilidade masculina, ou por causas genéticas.

Mas para falar de "sucesso" da IAD, não basta acompanhar esse "milagre" da ciência que permite que os homens estéreis "tenham" filhos "normalmente" (muitos casais "preferem" a IAD porque é "mais natural" que a adoção), é preciso também que esses homens estéreis possam tornar-se pais, posicionar-se na relação de filiação não apenas instituída, como também simbólica e imaginária (Guyotat). Como o conseguem é o que tentaremos demonstrar aqui.

É com efeito paradoxal que o recente favorecimento da IAD se tenha verificado depois que a representação "científica" do fato biológico da concepção tornou-se o fundamento "legal" e social da filiação instituída ao pai, e no momento da inscrição nos textos legais de um tal "reconhecimento" da evolução das mentalidades, pela modificação, em 1972, da lei de filiação francesa, autorizando o reconhecimento dos direitos do filho "natural" e adulterino (inclusive incestuoso) à filiação ao genitor. O desenvolvimento das técnicas de "diagnóstico" que permitem estabelecer a exclusão ou a probabilidade de paternidade com uma grande precisão dá conta dessa mudança, ao mesmo tempo que a reforça.

O hiato, a divisão introduzida pela IAD entre o fato biológico, já agora "operador" privilegiado da filiação imaginária e fundador da filiação instituída, e o fato social e legal da "posse" de estado da parentela pelo marido estéril assume portanto um valor de transgressão particularmente forte nesse contexto."[1]

Podemos notar, para começar, que a adoção de uma tal perspectiva é da esfera de uma reconstrução imaginária. É evidente, com efeito, que a lei de 3 de janeiro de 1972 sobre a filiação, ao admitir a vinculação do filho natural ao genitor pelo nome, não resulta de um progresso do saber biológico a respeito da procriação e da possibilidade de um exame demonstrativo dos sangues; exatamente como a proibição do reconhecimento pelo genitor antes dessa data não resultava da ignorância. A segregação do legítimo e do natural, com suas conseqüências quanto à filiação, é alinhada segundo o sistema patronímico, não implicando a existência de uma filiação natural qualquer "ignorância" sobre os processos da procriação. Que o reconhecimento destes tenha progredido não permite em absoluto concluir que "a representação científica do fato biológico da concepção [se tenha] tornado

---

[1] Jean-Claude Czyba, Christine Manuel, M. Choquet, *La Filiation du père stérile à l'enfant né par IAD...*, op. cit., p. 105-106.

o fundamento legal e social da filiação instituída ao pai". O levantamento da proibição de reconhecimento não passa pelo exame dos sangues e pelo fim da dúvida sobre a paternidade. Na quase totalidade dos casos, não há a menor necessidade de perícia. A lei abole uma exclusão instaurada historicamente para assegurar o funcionamento da instituição matrimonial e a transmissão dos bens. Assim, o esquema proposto pelos autores inspira-se na mesma ideologia racionalista que as concepções dos antropólogos que fabricaram a pretensa ignorância da paternidade "nos primitivos": a ciência expulsa os monstros e "dessacraliza". Infelizmente, a dimensão simbólica que se pretende examinar está inscrita justamente na pretensa ignorância.

Uma tal concepção, que faz do "saber" o motor da lei, não só permitiria dificilmente saber como os humanos conseguiram alcançar a paternidade antes do conhecimento dos grupos sangüíneos, como desemboca numa interpretação totalmente errônea da ordem social e econômica que se expressa no direito num dado momento. De modo que a transgressão representada pela IAD não se situa certamente na ruptura da cadeia que já agora iria do fato biológico da filiação à filiação instituída.

Se existe transgressão, é no desejo que sustém a medicalização da procriação e na relação que se institui entre médico, doador, doadora, pai legal, mãe inseminada ou de substituição e jurista. Cabe questionar-se sobre as razões do que poderia fazer com que um homem supostamente estéril prefira a IAD à adoção, mas não sobre o desejo propriamente que opera na concepção das novas tecnologias da concepção e da procriação.

Em compensação, a menção da transgressão remete a um ponto absolutamente capital. Não se entende muito o papel atribuído aos aspectos "psicológicos" (nem, aliás, às preocupações éticas) sem relacioná-los à culpabilidade ligada à instauração das novas relações de procriação, com o que mobilizam em termos de sexualidade, filiação, descendência. Globalmente, a intervenção psicológica tem como função controlar essa culpabilidade. Trata-se de uma operação complexa. Por um lado, ela procede a uma limitação da onipotência médica, que admite seu próprio questionamento. Por outro, consiste também em projetar a culpabilidade e o princípio da transgressão nos sujeitos e seus "problemas", negando a oferta de demanda induzida pela biotécnica "médica". Ela atribui aos psicólogos uma parte da responsabilidade tanto do êxito quanto do fracasso das intervenções.[2] Mas não podemos limitar-nos a descrever o fenômeno apenas do ponto de vista da delegação do poder médico-biológico ou psicológico. É preciso levar em conta a dinâmica própria da demanda "psicológica" de integração no medicinal e em suas instituições, com seus efeitos sobre a concepção da posição dos psiquiatras, psicólogos e psicanalistas.

Por um lado, o estudo do que eu denominaria demanda psicológica (vale dizer, ao mesmo tempo a demanda proveniente dos psicólogos e a demanda psicológica induzida nos somáticos e nos sujeitos consultantes) deve ser estudada sociologicamente como um aspecto das estratégias sociais desenvolvidas pelo corpo psicológico no contexto do acesso ao mercado das práticas simbólicas. Esta análise está por fazer. No que se segue, examinarei de minha parte a demanda psicológica e sua utilização do ponto de vista do psicanalista. Trata-se de analisar as formas de abordagem dos "aspectos psicológicos" quanto ao tipo de relação que estabelecem entre o psicólogo, o sujeito, a instituição.

A acumulação das pesquisas empíricas tem como efeito principal manter à distância a análise das práticas. A intervenção psicológica encontra certa dificuldade para definir-se de outra forma que não seja pelos objetos que define segundo seu interesse no campo clínico: análise das indicações, das motivações, dos doadores/doadoras, dos efeitos supostos das técnicas sobre a descendência (filho IAD, por exemplo).

Podemos começar por ordenar essas intervenções segundo três tipos de demarches ao mesmo tempo diferentes e ligadas por uma referência variável à psicanálise:

— a perícia psiquiátrica da demanda;

---

[2] C. Manuel, *in* (col.) *Les Enfants de couples stériles*, ESF, Paris, 1986, p. 97.

— a análise psicológica das motivações, com sua metodologia (perfis, estatísticas);
— a entrevista de estilo psicanalítico.

Não sem acrescentar imediatamente que o que caracteriza as práticas a serem estudadas é precisamente um efeito de superposição dessas três orientações, fonte de confusão. Com efeito, a posição de perícia pode ser na prática assumida por um psicólogo, e mesmo um analista. A metodologia psicológica mais tradicional, vale dizer, a mais tradicionalmente ignorante por sua própria demarche, finalizada, da relação com o inconsciente, pode ser cruzada com conceitos analíticos. Enfim, o analista pode transformar-se, como veremos, em pesquisador-experimentador.

A repartição proposta preserva, apesar de tudo, toda a sua justificação, na medida em que corresponde na realidade a três "necessidades", ou seja, desígnios:

1. a necessidade de uma seleção das demandas, função de dominante psiquiátrica, mas suscetível de tomar de empréstimo os seus conceitos, como a própria psiquiatria, à psicanálise, e de ser exercida por outros que não o psiquiatra;
2. a necessidade de um controle dos efeitos das intervenções, que não pode efetivar-se nem no tempo instantâneo da perícia psiquiátrica nem no suspense do tempo analítico, e que encontra na metodologia psicológica seu meio de apreensão "científica" de efeitos reutilizáveis pela instituição;
3. a necessidade, enfim, de uma teoria prática da clínica, que dificilmente poderia prescindir da psicanálise.

Dito isto, do ponto de vista do analista, a única questão que importa é a seguinte: que tipo de relação se encontra instaurado entre o sujeito de uma demanda, o psicólogo e a instituição que acolhe esta demanda? Deste ponto de vista, as finalidades extrínsecas da demanda (institucional) de exame psicológico do tipo "indicação", partilha de saber, "acompanhamento", devem ser analisadas do mesmo ponto de vista que outros aspectos sintomáticos da situação de palavra assim criada. Tentarei demonstrar no que se segue que se a psicanálise tende a servir de referência na confusão das práticas psicológicas, é, com raras exceções, ao preço de uma mobilização a serviço de uma empreitada de psicologização na qual ela renuncia a seus princípios.

INDICAÇÕES PSIQUIÁTRICAS

Como se sabe, o princípio de uma entrevista psicológica obrigatória foi adotado desde o início pelos CECOS. De maneira mais geral, entretanto, ele faz parte do percurso instituído para os sujeitos que recorrem às técnicas de procriação artificial. Os problemas apresentados por essas entrevistas foram bastante explorados.[3] Eles visam primordialmente, desde o início, afastar certo número de demandas consideradas "patológicas".[4]

A demarche de aceitação em terapia IAD no ambulatório de Locarno prevê uma consulta com o médico (avaliação dos aspectos clínicos da esterilidade masculina e do potencial de fertilidade feminina) e uma entrevista com o psicólogo.
Esta entrevista tem como finalidades:
— a avaliação psicodinâmica da demanda de IAD: motivação da escolha dessa terapia no contexto da personalidade dos dois parceiros e de sua relação de casal; sua disponibilidade para o investimento afetivo no filho eventual; a vivência ligada ao diagnóstico de este-

---

[3] R. Mises, P. Semenoy, Huerre, "Problèmes psychologiques liés à l'IAD", in *Confrontations psychiatriques*, "Descendance et natalité", n° 16, 1978, p. 219-237.
[4] *Ibid.*

rilidade masculina — elaboração do limiar da fertilidade — e as atitudes que decorrem em relação ao esperma do doador e à representação fantasmática do próprio doador;

— dar ao casal todas as informações úteis para que possa ter um conhecimento preciso e objetivo da inseminação artificial com doador e dos problemas concretos que poderiam apresentar-se;

— coleta dos dados anamnésicos (questionário).[5]

Passemos ao largo do que há de forçado logo de saída na designação "terapia IAD". A dificuldade levantada por essas entrevistas decorre de uma contradição evidente. Por um lado, elas são claramente concebidas numa ótica psiquiátrico-psicológica, e finalizadas por uma eventual contra-indicação. Por outro, assemelham-se, sob certo aspecto, a uma situação de perícia, pois os casais não são levados a consultar o psicólogo por uma demanda qualquer dirigida a um psiquiatra, psicólogo ou psicanalista, dizendo respeito sua demanda, explicitamente, à somática da procriação.

Não podemos limitar-nos a banalizar as entrevistas invocando o caráter limitado, nessas condições, dos elementos que elas podem produzir no seio do que vem a ser uma autêntica "situação paradoxal", já que, ao contrário da perícia, de que por sinal se aproximam, essas entrevistas se caracterizam pela denegação junto aos sujeitos de seu caráter psiquiátrico. O caráter problemático das entrevistas é evidente.

A avaliação do caminho percorrido na elaboração do luto da fertilidade "normal" pelos casais que solicitam a IAD é sopesada pelo psicólogo na primeira entrevista.

A ênfase dada ao aspecto de seleção dos casais "de risco" impede às vezes uma boa relação com o psicólogo, vivenciado como um juiz. Além disso, as características dos pacientes que vêm a Locarno (distância geográfica; demanda centrada no aspecto médico, biológi-

---

[5] A. Campana, G. Micioni, S. Lemière de Vita, *L'impérialité par stérilité*, in *Les Enfants de couples stériles, op. cit.*, p. 114.

co, das inseminações; dupla transgressão biológica e social; importância do segredo exclusivo, sinal do peso dos sentimentos de diferença, de vergonha e culpabilidade, difíceis de fazer chegar à consciência e de serem aceitos e portanto elaborados) fazem com que as intervenções do psicólogo sejam pontuais, às vezes esporádicas e breves. Rever o casal, muito freqüentemente a mulher sozinha (que, paradoxalmente, torna-se portadora do estatuto de paciente, logo de doente pela esterilidade do marido), depois das inseminações, é às vezes insuficiente para percorrer um caminho que requer tempo.[6]

É de qualquer maneira a partir desse tipo de clínica que se tenta extrair fatos clínicos supostamente característicos dos doadores, dos pais e dos filhos acompanhados. É preciso ser extremamente reservado a respeito de tais demarches. Existe uma distância considerável entre as condições reconhecidas das entrevistas e as inferências psicopatológicas. As indicações são gentilmente repartidas num contínuo normalidade/neurose/psicose:

— indicação positiva: quando a demanda, a motivação e a elaboração da esterilidade e da escolha da IAD são suficientemente claras e, na medida do possível, a-conflituais;
— indicação duvidosa: face a uma organização limite da personalidade, de uma estrutura neurótica grave e focalizada, de uma certa instabilidade na relação de casal;
— indicação negativa (contra-indicação): quando não é possível perceber uma decisão refletida, consciente e compartilhada; em caso de conflitos importantes no casal; face a personalidades psicóticas, traços paranóides, organizações-limite de personalidade nos dois cônjuges.[7]

Nota-se o caráter rústico dessa repartição psicopatológica segundo o espectro normalidade/psicose, com a noção de "a-conflituali-

---

[6] *Ibid.*, p. 121.
[7] *Ibid.*, p. 115.

dade". Mas como poderia ser de outra forma, considerando-se as condições do exame psicológico de estilo psiquiátrico, a partir do momento em que, por definição, ao mesmo tempo em que é obrigatório, tem ele como limite respeitar as defesas de um sujeito que nada solicita. E por sinal alguns dos praticantes que participam dessas entrevistas não fazem mistério em torno da pobreza do material fornecido pelas entrevistas, pelo menos quando se permanece no interior do contexto de estilo psiquiátrico.

Na realidade, a consideração dos aspectos psicológicos da esterilidade e de seu "tratamento" é inelutavelmente levada a sair do contexto acanhado da indicação psiquiátrica. Trata-se com efeito de situações muito diversas, das quais nem a sintomatologia nem a etiologia encaixam-se de forma evidente nas categorias psicopatológicas. Por definição, a evolução dos fatos consumados criados pela inseminação artificial, a indução da ovulação, a Fivete, é mal conhecida. Trata-se portanto, na realidade, de apreender ao mesmo tempo a natureza das demandas enigmáticas e os efeitos das próprias intervenções. Embora nos dois casos a psicanálise seja chamada a contribuir, eu distinguiria dois tipos de demarches nesses trabalhos: uma de tipo "psicologia clínica", a outra de tipo "psicanalítico". Sua diferença pode ser formulada de maneira muito simples. Defino como psicológica uma demarche clínica caracterizada pelo fato de que a posição do psicólogo e sua própria demanda no interior da demanda institucional (de saber, de controle sobre os efeitos da oferta de demanda) finalizam a relação de palavra que pode ser proposta a um sujeito, e conduzem a sua objetivação. Como veremos, em nenhum momento é realmente necessário levar em conta nesses trabalhos o que faz a força da escuta analítica: a transferência. A metodologia psicológica caracteriza-se ao mesmo tempo por sua ignorância e sua exploração da transferência. O manejo da conceitualidade psicanalítica nada pode mudar nesse dado fundamental que organiza toda clínica.

INDUÇÕES PSICOLÓGICAS

Tomarei aqui como exemplo privilegiado os trabalhos psicológicos que se multiplicaram a respeito da IAD,[8] mas cujas orientações metodológicas convergem a respeito de outros aspectos da procriação artificial, não tão bem explorados quanto a suas implicações psicológicas.

Os objetivos desses trabalhos são claros: controlar e mensurar os efeitos produzidos pelas técnicas de procriação artificial nos casais doadores e receptores e sua descendência. A palavra dos sujeitos é associada principalmente a uma transferência de saber, capaz de permitir um controle dos efeitos das técnicas de intervenção. O desígnio de controle tem por sujeito a própria instituição que procura apreciar os efeitos do que ela percebe justificadamente como sua transgressão.

Uma das questões colocadas pelo problema visado por este trabalho é a seguinte: o filho por IAD seria efetivamente uma simples variedade "extrema" de filho de casal estéril (como por exemplo o filho nascido por FIV) ou sua situação teria características próprias, que não seriam "extremas" num contínuo, mas às vezes diferenças mais radicais?

No plano teórico, é fácil perceber, com efeito, que a não-filiação biológica da criança aos pais IAD representa uma transgressão de uma outra ordem que, por exemplo, a representada pela "medicalização" do ato fecundante, que introduz um terceiro (o médico, o biólogo) como parceiro necessário, se não suficiente, no projeto reprodutivo do casal, terceiro cuja ação pode vir a coincidir exatamente e a substituir a sexualidade do casal (a IAD, a FIV). Esta transgressão na IAD parece mais de ordem sociológica, e provoca por sinal mais rejeição social que todas as manipulações que respeitam o papel simbólico atribuído socialmente à filiação biológica, ainda que ela atente contra o papel simbólico da sexualidade.[9]

---

[8] C. Manuel, J.-C. Czyba (ed.), *Aspects psychologiques de l'insémination artificielle*, Simep, Paris, 1983; *Les Enfants de couples stériles, op. cit.*
[9] In *Les Enfants de couples stériles, op. cit.*, p. 96.

O TRATAMENTO PSICOLÓGICO DA DEMANDA DE FILHO

Cabe observar, entretanto, que o sujeito e o objeto real da transgressão permanecem encobertos, quando se invoca assim a não-filiação biológica do filho ao pai IAD, e a intervenção de um "terceiro". O eixo da transgressão é deslocado na direção da demanda dos sujeitos, eclipsando a oferta de demanda que o organiza como simulacro reconhecido.

Por outro lado, o simulacro oferecido pela medicina à guisa de terapêutica não é mais capaz de curar a esterilidade do marido do que, por exemplo, a adoção. O marido permanece portanto estéril, e mesmo o casal, no sentido de que não foram mais capazes que antes de conceber biologicamente um filho (juntos). Só a mulher, que não era de fato "estéril", será "curada" pela IAD. É por sinal ela, a "paciente", que é o objeto receptor/passivo da onipotência/onibenevolência médica, e cujo corpo é o lugar onde se opera o simulacro.[10]

A entrevista psicológica é concebida como uma necessidade para limitar as conseqüências da própria prática da doação de esperma.

O recrutamento dos doadores implica portanto ao mesmo tempo uma preocupação de eficácia e o dever de não prejudicar os casais cuja generosidade é solicitada. As diversas feridas narcísicas do superego, ou afetando o ideal, acarretadas pela doação do esperma justificam a necessidade de uma entrevista psicológica que, pela qualidade da escuta, permite ao doador verbalizar e sobretudo elaborar o que se passa psiquicamente. Essa entrevista que consideramos dever ser dirigida por um homem (psicólogo-clínico) é o único "ato reparador" que pode ser oferecido pelos que são incumbidos de recolher o esperma. Mas o serviço assim prestado supera amplamente a demanda de reparação.[11]

---

[10] Ibid.
[11] J.-C. Czyba, P. Gex, in *Aspects psychologiques de l'insémination artificielle*, op. cit., p. 66.

O objetivo das entrevistas psicológicas é portanto claro:

buscar uma neutralização do procedimento artificial de fecundação, trabalhando toda a instituição na reprodução do "façamos como se fosse natural". A tarefa do psicólogo e do psiquiatra consiste em reunir esses dados, integrá-los aos casais para que se tornem verdadeiros pais.[12]

Não seria possível formular mais claramente a submissão da palavra dos sujeitos às finalidades da instituição psicomédica: fazê-los integrar suas próprias representações. Para isso, é preciso excluir por exemplo as "motivações psiquiátricas" dos doadores, assegurando-se da "normalidade" de suas motivações;[13] e, mais amplamente, elaborar estratégias de prevenção das dificuldades e riscos.

As finalidades da pesquisa justificam certo número de entrevistas semidiretivas que denegam seu efeito global de controle sobre os sujeitos, em nome da demanda de saber generalizável projetada nos próprios sujeitos. As entrevistas finalizadas pela pesquisa não devem supostamente visar "um controle das aptidões parentais".[14] Se a afirmação é, relativamente, válida para um sujeito "diretamente", o desígnio global é efetivamente de controle, de acompanhamento dos casais, pois o apoderar-se da vivência da experiência da IAD, quando a IAD fracassa, permite aperfeiçoar as contra-indicações da IAD.

Assim é que se buscará apreciar a especificidade dos efeitos da IAD sobre o desenvolvimento da relação precoce mãe-filho e pais-filho[15] para concluir que esta técnica não produz mais efeitos psicopatológicos que os outros tratamentos da esterilidade.[16]

---

[12] J.-L. Clément, "L'entretien psychologique des couples avant l'insémination artificielle avec donneur", in *Aspects psychologiques de l'insémination artificielle, op. cit.*, p. 78.
[13] *Ibid.*, p. 87.
[14] C. Manuel, "Faire ou adopter un enfant", in *Aspects psychologiques..., op. cit.*, p. 12.
[15] *Les Enfants de couples stériles, op. cit.*, e particularmente C. Manuel p. 96-109.
[16] C. Manuel, *ibid.*, p. 104.

O TRATAMENTO PSICOLÓGICO DA DEMANDA DE FILHO

A invocação das relações precoces mãe-filho[17] é sintomática. Ela situa esses trabalhos psicológicos entre as inúmeras pesquisas de mesma ordem centradas no "filho de risco", no contexto da prevenção das perturbações psíquicas. Sem entrar aqui em detalhes,[18] esses trabalhos têm duas características principais: 1) por um lado, desde a origem, confundem na definição de seu objeto variáveis sociológicas e principalmente situações de anomia sociológica do casal (sendo o filho de mãe solteira o caso princeps)[19] e os dados relativos ao investimento do filho pelos pais, principalmente de inspiração psicanalítica.[20] A filiação problemática de certos filhos obtidos por procriação artificial institui uma situação absolutamente análoga; 2) por outro lado, e no mesmo sentido, esses trabalhos têm em comum pôr em primeiro plano, naquilo que tem de ostensivo, uma relação precoce mãe-filho (e secundariamente pais-filho) na qual a relação de desejo do homem e da mulher é ocultada. A tal ponto que se pode mesmo dizer que o resultado mais evidente da psicologização dos trabalhos psicanalíticos é, paradoxalmente, a fabricação do "desejo de filho", incumbido de recalcar a questão do desejo.

Não surpreende, assim, que a invenção das técnicas de procriação artificial, que está maciçamente a serviço ativo desse recalque, desemboque em pesquisas psicológicas preocupadas com o bom desenrolar das gestações, a boa saúde dos pais artificiais e a "saúde" do filho resultante, sendo inexistente sua realidade como sujeitos de desejo.

Nessas condições, os limites do exame obrigatório de estilo psiquiátrico podem ser revirados pela metodologia psicológica (entrevis-

---

[17] A. Raoul-Duval, in *Les Enfants de couples stériles, op. cit.,* p. 82-90.
[18] M. Tort, *Effets de l'inséparation. La question psychanalytique dans les situations monoparentales,* relatório para o departamento de pesquisas da Caisse Nationale des Allocations Familiales, 1987 (a ser publicado pelas Éditions La Découverte).
[19] Cf. especialmente os trabalhos de N. Lefaucheur sobre as mães solteiras, em particular *Histoires de Marie Lambert,* Cordes, 1980; e *Annales de Vaucresson,* nº 19, 1982. Colóquio sobre a filiação, IDEF, 1985.
[20] John Bowlby, *Carence des soins maternels,* Unesco, Genebra, 1951.

tas, estatísticas), incumbida de negar ou confirmar "cientificamente" as representações espontâneas, e notadamente os temores, ligadas às técnicas usadas. Por exemplo, comparam-se as "mães IAD" e as "mães esterilidade" (entenda-se: tratadas por esterilidade) quanto ao desenrolar de sua gravidez, das primeiras fases da educação.

É na mesma proporção (de aproximadamente um para dois) que as mães dos dois grupos não se sentem "preparadas" para cuidar do filho ao voltarem da maternidade. Só o relato de "depressão" como motivo dessa dificuldade de entrar na relação precoce com o filho real é significativamente mais freqüente nas mães por IAD (17% contra 5% nas "esterilidades").

Indicadores de superprodução e de superinvestimento do filho aparecem nos dois grupos, com freqüências semelhantes para o fato de nunca deixar o filho sozinho (94% para 93%), de nunca acordá-lo (66% para 67%), o fato de que a mãe não se sinta "à vontade" quando dá banho no filho (19% para 17%), a freqüência e a maneira como o pai cuida do filho pela manhã, à noite, no fim de semana, o fato de que banhe o filho e o acompanhe regularmente à creche. Certos indicadores aumentam significativamente no grupo IAD (aos três meses, o filho ainda dorme no quarto dos pais, embora as condições de moradia não o imponham, a mãe não deixa o filho chorar, o pai ajuda nos cuidados, dá a refeição e troca a fralda etc.).[21]

Mas se a metodologia psicológica é convocada para dar às hipóteses clínicas seu fundamento científico,[22] vem acompanhada de uma operação interpretativa na qual a categoria clínica central é a da "elaboração psíquica". Esta resulta de um desvio psicologizante da noção analítica de trabalho psíquico, e de perlaboração. No espaço e no tempo limitados da entrevista psicológica, a "perlaboração" acelera-

---

[21] C. Manuel, in *Les Enfants de couples stériles, op. cit.*, p. 102.
[22] C. Manuel, *ibid.*, p. 97-98; e in *Aspects psychologiques de l'insémination artificielle, op. cit.*, passim.

da transforma-se numa série de objetivos bem definidos. Por exemplo, pretende-se definir um "grau de elaboração do luto", "elaborar o consentimento com a IAD", o "projeto IAD". Em suma, trata-se de fazer o sujeito trabalhar no sentido dos objetivos extrínsecos fixados para que a operação (IAD) tenha êxito.

Temos aí, transposta para o plano "psicológico", o do controle dos discursos e das representações, a exata analogia da auto-estimulação induzida pelas práticas de indução da ovulação.

A função das entrevistas é abertamente dominada pela lógica da oferta somática recalcada, e substituída pelo respeito da atitude da maioria dos casais de pais e solicitadores de IAD. "Parece em compensação indispensável que seja compreendida e respeitada a atitude da grande maioria dos casais de pais e solicitadores de IAD, que considera a IAD como a melhor e freqüentemente a única solução para seu problema de esterilidade, e para isso convém compreender seus motivos."[23] Como, efetivamente, não respeitar uma demanda que se induziu? É incontestável que num lugar institucionalmente previsto como lugar de oferta somática, seria literalmente paradoxal (*double bind*) submeter os sujeitos ao mesmo tempo a uma oferta somática, que vai no sentido de seu sintoma, e a uma verdadeira análise de sua demanda, que, como vimos, eles de forma alguma solicitam.

Nessas condições, nas quais nenhuma análise da demanda é por definição possível, trata-se na realidade, sob o nome de elaboração psíquica, de resolver praticamente e rapidamente os conflitos eventuais produzidos pela própria oferta. Nada de enveredar com o sujeito por uma historização de sua demanda.[24]

> Nenhum esquema teórico interpretativo das dificuldades psicológicas eventualmente responsáveis pelo fracasso das IAD parece-nos passível de ser aplicado sistematicamente a todos os casos, e parece-nos inclusive perigoso atribuir-lhes uma importância muito grande,

---

[23] *Aspects psychologiques...*, *op. cit.*, p. 27.
[24] *Ibid.*, p. 25.

na medida em que a culpabilidade e a ansiedade da mulher poderiam ser paradoxalmente agravadas por uma tentativa de designar como "responsável" por seu fracasso esta ou aquela particularidade de seu funcionamento psíquico, de sua história individual, ou da relação de casal... que podem, além do mais, ser mais o efeito que a causa dos fracassos reiterados da IAD.

Trata-se portanto de tranqüilizar, de desdramatizar

É muito provável que a ansiedade e o "estresse" psicológico possam provocar na mulher perturbações endócrinas do sistema neurohormonal da ovulação, tanto mais que no sujeito humano esse sistema está ligado aos estágios superiores do sistema nervoso central. Nessa ótica, tudo que contribuir para a resolução psicológica dos conflitos e paradoxos imaginariamente — ou realmente — provocados pela IAD, tanto intrapsíquicos quanto interpessoais, para uma tranqüilização, uma desdramatização desses conflitos, permitindo aos sujeitos implicados uma restauração narcísica e uma posição ativa de controle e antecipação, especialmente cognitiva, poderá contribuir para limitar os efeitos psicossomáticos da situação de estresse psicológico, para prevenir a eventual perturbação da ovulação na mulher em IAD ou para facilitar o abandono de um projeto por demais difícil de assumir para a mulher e o casal.[25]

Ao controle assegurado pelo acompanhamento psicológico corresponde portanto, no sujeito, a indução de um "controle cognitivo"; em suma, uma perspectiva de psicologia experimental.

Lembremos que os casais estéreis estão, pelo próprio fato de sua esterilidade, privados do controle interno de um setor particularmente

---

[25] *Ibid.*, p. 24.

crítico de sua vida psicossocial (o projeto de reprodução), submetidos a forças externas, que suportam passivamente. São portanto, da mesma forma, atingidos em seu funcionamento psicológico (especialmente narcísico) e representam uma população particularmente vulnerável a esses efeitos psicossomáticos de estresse. O próprio projeto de IAD representa, assim como o projeto de adoção, uma tentativa de restauração do narcísico, mediante um engajamento ativo do sujeito numa tentativa de controle. Ora, os estudos experimentais sobre o animal, assim como os resultados terapêuticos de numerosas formas de ajuda psicológica (a começar pela preparação para o parto) demonstraram a importância da atividade e da possibilidade de controle e antecipação cognitiva como fator eficaz de prevenção dos efeitos psicossomáticos do estresse.[26]

O vocabulário do controle, meio neurológico, meio social (psicossocial), redefine projetivamente o desejo de filho nos sujeitos como projeto de reprodução, a esterilidade como uma "perda desse controle", a IAD, como recuperação desse controle no modo de sua reeducação funcional.

Esta prática da "ajuda psicológica", que toma portanto seus modelos de empréstimo à profilaxia dos efeitos psicossomáticos do meio ambiente, vem acompanhada de uma vestimenta psicanalítica sob o nome de "psicodinâmica" (da doação de esperma, da demanda de IAD, da gravidez IAD). Assim é que não há disposição da operação IAD que não possa ser descrita em termos "psicanalíticos", num verdadeiro simulacro de clínica analítica induzido pelo simulacro que é a própria IAD. A psicanálise serve de vocabulário para uma descrição finalizada pelos objetivos externos da prática da IAD.

Na realidade, trata-se de definir, em termos analíticos, e de operar ativamente uma posição dos sujeitos que faça dos objetivos da IAD outras tantas formas de realização dos objetivos da própria psicanálise. Assim, a doação de esperma, em sua incongruidade, será

[26] *Ibid.*, p. 24.

apresentada como um meio de maturação psíquica para reduzir o componente narcísico e aumentar a vertente oblativa ligada ao desejo de filho.[27] A concordância por escrito exigida da esposa do doador torna-se um modelo de "simbolização". O "consentimento com a IAD" no cônjuge é valorizado como ato de fé[28] ou de amor.[29] Satisfazer o desejo de gravidez com o presente que a IAD representa para o homem estéril seria "superar a rivalidade imaginária com o outro".

A elaboração pelo marido de seu consentimento com a IAD (não raro possível graças à qualidade da comunicação nesses casais) representa um "ato de fé", uma confiança em sua mulher, e em sua própria capacidade de receber o filho nascido desta da mesma forma que um filho que não fosse "nem de um nem de outro". Com o presente de uma gravidez oferecido à mulher, e com sua convicção de poder dessa forma satisfazer o desejo desta e o seu próprio, ele pode enfrentar e superar a rivalidade imaginária com o outro, a mulher mas também o doador, o "verdadeiro pai de 'seu' filho". Mas a mulher, por sua vez, deve superar suas resistências, consentir, para poder carregar um filho "em nome" de seu marido (em cuja palavra se fia), com uma concepção dessexualizada com um "estranho", passando por uma encenação "despoetizada" da realidade biológica em que se encontrarão, no contexto "frio" e asséptico da medicina, seu corpo, tomado como coisa pelo poder técnico da ciência, e um objeto parcial desumanizado (a lâmina de esperma congelado). Ela só o conseguirá provocando em si mesma um desejo de maternidade e superando as proibições que a vedavam, com a ajuda de seu marido.[30]

---

[27] Willy Pasini, "Résistance au don de sperme", in *Aspects psychologiques...*, *op. cit.*, p. 42.
[28] C. Manuel, *Aspects psychologiques...*, *op. cit.*, p. 20.
[29] B. Fonty, M. Bydlowski, *Aspects psychologiques des stérilités masculines. Psychosomatique 1*, 1985, p. 88.
[30] C. Manuel, in *Aspect psychologiques...*, *op. cit.*, p. 20.

Neste sentido, não há exigência, por mais descabida, que não possa ser justificada com a ajuda desse argumento psicanalítico no qual a invocação caricatural da pretensa "castração" (vale dizer, na realidade, de um sacrifício demandado pelo outro) serve de carta forçada.

Na realidade, a psicanálise serve simplesmente para definir, e para inculcar na cabeça dos sujeitos, modelos superegóicos de aceitabilidade da IAD. Nesse espaço em que "o marido pode" e "a mulher deve", a demanda induzida, cuja aceitabilidade social é garantida pelo medicinal, é escorada pelo psicólogo, sem ser analisada, sob o nome de "elaboração psicológica". O vocabulário psicológico-jurídico do "consentimento" é vestido analiticamente com o manto de Noé da "castração". Até mesmo a dessexualização da concepção pode então tornar-se um objetivo descritível e prescritível analiticamente como estando em conformidade com o desejo. Em suma, trata-se de confirmar a demanda e de conformar o desejo.

Naturalmente, nesse ritmo se é obrigado a recorrer — sinal do simulacro geral organizado — a um bom número de termos "entre aspas", como se terá constatado nos textos citados.

> O benefício da elaboração do projeto de IAD existe portanto, neste caso, para os dois cônjuges tanto quanto para a relação do casal, na qual são restauradas uma reciprocidade e uma troca entre dois sujeitos de um desejo de filho submetido "normalmente" às leis da diferença dos sexos e da aliança.[31]

Nesse universo psicológico das "resistências" (à indução psicológica), o fantasma "se elabora" e "se desmistifica".

> Quisemos fazer um balanço das atitudes dos candidatos doadores face à doação de esperma. Foram naturalmente suas declarações mais impressionantes que escolhemos, para poder refletir sobre o que representa sua demarche em certos casos. A grande maioria das

---

[31] *Ibid.*, p. 20.

entrevistas que fizemos demonstra, com efeito, que suas motivações são claras: eles simplesmente estão felizes por poderem ajudar casais sem sorte a ter filhos. Se foram razões muitas vezes extremamente pessoais que lhes permitiram fazê-lo, eles têm plena consciência e conseguiram superar os eventuais obstáculos.

Outros, em muito pequeno número, encontram entretanto aí o apoio de fantasmas aos quais seria arriscado deixá-los entregar-se. Em todos os casos, o investimento afetivo, considerável, deve ser levado em conta no momento do primeiro contato. Nessas condições, a entrevista inicial assume em nossa opinião um interesse primordial. Ela permite, como vimos, ao mesmo tempo a escuta dos doadores e sua informação. Esta centra-se no hospital Necker em dois temas principais: os dados objetivos clínicos, biológicos e metodológicos sobre a esterilidade masculina, o congelamento e a inseminação artificial; os aspectos morais e psicológicos.

Estes dois últimos pontos são desenvolvidos em função das preocupações dos doadores. Um dos objetivos principais do diálogo é, com efeito, tentar demistificar o lado fantasmático da doação e trazê-la ao nível mais concreto possível. Ao cabo da entrevista, sua decisão poderá ser tomada com conhecimento de causa, e portanto de forma responsável. Cerca de 20% deles desistem por iniciativa própria neste momento.[32]

Pretenda-se com isso reduzir a doação "ao nível mais concreto possível" (encarando portanto os fantasmas como miasmas que devem ser dissipados) ou, ao contrário, abandonar uma pretensa posição "operatória" e a elaboração da "dívida" no casal receptor, a diferença não chega a ser fundamental.

A exclusão do genitor da cena real da concepção é operada pela separação, e o anonimato de seu papel é aqui apresentado como condi-

---

[32] *Ibid.*, p. 54.

ção para a reapropriação pelo marido estéril daquilo de que o doador se vê despossuído com seu consentimento (a paternidade, o filho). O caráter desconhecido do genitor, sua exclusão da filiação instituída e da cena "originária" do coito fecundante, assim como sua substituição por um outro nesses dois campos simbólicos e imaginários encenam no plano real um roteiro fantasmático de "roubo" de pênis (de filho) como modo de acesso à paternidade para o homem estéril. Este roteiro de "transgressão" (edipiano) é espontaneamente denegado e recalcado pelos casais através de uma representação "operatória" pseudo-racional, que utiliza a base técnico-científica oferecida pela medicina, para pôr em primeiro plano a separação, a redução e a desumanização do doador, excluindo-o enquanto sujeito de um desejo, para evitar o surgimento de fantasmas de rivalidade, de culpabilidade, e da problemática de dívida, ligados às representações edipianas. Esta representação "operatória" de um doador "padrão", simples instrumento a serviço do casal (da medicina), é facilitada pela utilização de "lâminas" de esperma congelado, e pela dessexualização do "ato" fecundante cuja medicalização proporciona uma caução social à transgressão: "é melhor que se a mulher fosse com um outro, não é a mesma coisa"... Mas durante as entrevistas podíamos ver ressurgir o recalcado.[33]

Mas os fantasmas são sempre considerados "projeções" que podem ser dissipadas pela "verbalização" e a "elaboração". A simples explicação das regras dos CECOS que definem os doadores supostamente poria fim à posição "operatória".

Constatamos muitas vezes que essa reexplicação facilitaria, durante a entrevista, um desbloqueio da posição "operatória" de banalização e esmagamento dos afetos e dos fantasmas, para permitir uma verbalização e uma elaboração desses fantasmas freqüentemente desembo-

---

[33] *Ibid.*, p. 86.

cando no abandono da posição operatória e, concomitantemente, numa tranqüilização quanto à imagem positiva dos doadores e a futura posição do marido estéril como pai.[34]

Trata-se portanto de elaborar uma simbolização sob medida: elaborar é fazer com que um sujeito chegue sem problema ao objetivo definido pela intervenção. Para isso, é preciso fazer do lugar do doador um lugar simbólico, um aspecto do "pai morto".

O "reconhecimento" no duplo sentido da palavra que é facilitado pelas cláusulas institucionais da doação de esperma nos CECOS e especialmente a gratuidade da doação pareciam-nos contribuir para elaborar de outra forma a problemática de "dívida" dos casais receptores em relação ao doador e portanto contribuir para a superação do que nos parece criar problemas para a elaboração do lugar simbólico: a legitimidade do pai estéril, deixando o doador em posição de tornar-se o representante do pai morto, instância que "transmite e autoriza a paternidade simbólica" e cujo "assassinato simbólico", que resolve a problemática edipiana, não significa privação ou denegação de direito, mas, pelo contrário, reconhecimento do outro como semelhante, titular de uma dívida que será transmitida sem ser esgotada, como fundamento mesmo da filiação.[35]

Evidentemente, esta concepção do "trabalho psicológico" esbarra em algumas contradições, pois do ponto de vista dos doadores a posição dita "operatória" é o mais das vezes aquela na qual eles se oferecem. Impõe-se portanto ao mesmo tempo retirá-los dessa posição, o que não deixa de apresentar riscos, e protegê-los dos efeitos de despossessão causados pela renúncia à paternidade.[36] Da mesma forma, a respeito do segredo envolvendo a IAD, vemos surgir uma con-

---

[34] *Ibid.*, p. 87.
[35] *Ibid.*, p. 88.
[36] *Ibid.*, p. 90.

tradição entre a posição espontânea da maioria dos pais (corroborada por definição pela proposição "médica" da IAD, que garante o anonimato) e "o que o psicólogo sabe" sobre os efeitos patogênicos do não-dito e das "secreções". A liberdade de escolha dos pais quanto à conduta a adotar em relação ao que será dito ao filho a respeito da IAD está inscrita na definição da IAD como ato médico que "não autoriza a instituição médica a se considerar como substituto parental temporário dos filhos para prescrever o imperativo de informação a ser dada aos filhos".[37] O "trabalho psicológico" escora-se portanto no simulacro coberto pelo segredo médico, que cauciona algo que só poderíamos definir com efeito como uma "contrafação legal". "No caso da IAD, a instituição médica cobre uma 'contrafação legal' que será o reconhecimento do filho pelo pai por IAD."[38] É este simulacro que a operação psicológica propõe-se transformar em situação estruturante por um trabalho sobre a motivação dos pais para efetuar a revelação. É esta a porta de saída oferecida pela psicologia à situação de simulacro: definir as condições ideais nas quais formulá-lo. Será assim desenvolvida uma versão psicológica tática da origem da vida relatada ao filho IAD.

> Embora a biologia não seja "o todo" da filiação, importa de qualquer forma que os pais por IAD não transmitam ao filho uma renegação do papel fecundante do homem no processo biológico da concepção. Assim como na adoção, o filho deve primeiro ouvir seus pais explicarem o processo "normal" da concepção, e sua vinculação habitual com a filiação, antes de ser informado de que, em seu caso específico, as coisas se deram de outra maneira.
>
> Os pais poderão, quando o filho se interessar pela maneira como nascem as crianças (por volta de três anos em geral), explicar-lhe o processo biológico e seu valor de ato de amor entre homem e mulher submetidos à lei da proibição do incesto. Ao mesmo tempo, ele será

---

[37] *Ibid.*, p. 141.
[38] *Ibid.*, p. 136.

informado de que, no caso de seus pais, havia um problema de "sementinhas" que obrigou os pais a esperar muito tempo, a procurarem médicos e a obterem sua ajuda para finalmente terem juntos o bebê que ambos desejavam. Os pais poderão então pronunciar a expressão inseminação artificial, sem se adiantarem às perguntas da criança a este respeito, se desejarem efetivamente que o filho se sinta autorizado a fazê-las no dia em que sentir necessidade.

Em vez de impor à criança uma desilusão brutal de um saber "verdadeiro" natural para ela, constituído pelo fato de fundamentar sua existência nos dois pais reais que a cercam, com os quais "sabe" ter tido uma história biológica e afetiva muito antes de seu nascimento, a revelação da IAD poderá, pelo contrário, inscrever-se como enriquecimento desse saber, de um sentido, que não será abolido pelo simples fato da intervenção de um terceiro no discurso dos pais, se ele houver sido realmente bem constituído antes.[39]

Atribui-se portanto, por um lado, aos pais a responsabilidade da prática da IAD e de suas conseqüências, responsabilidade que se inscreve no caráter medicinal da IAD, pensando que tudo dependerá de suas "atitudes profundas".[40] Resta saber, entretanto, o que se entende por "atitudes profundas". Certamente que não o que poderia resultar da abertura de um questionamento sobre a demanda fechada sobre si mesma na origem. Trata-se antes de testar e suster disposições que garantam que os problemas apresentados pelo artifício IAD, com o que pode mobilizar num sujeito, serão "resolvidos". Não são, em outras palavras, problemas em si, pois podem ser bem suportados por alguns, em virtude de suas "disposições profundas". Reconhece-se assim o princípio psicotécnico de base: selecionar o bom sujeito para uma tarefa determinada que lhe "convenha", convindo à função de trabalho.

Na realidade, entretanto, as "atitudes profundas" são definíveis como as concepções corretas da concepção e da procriação, tais como

---

[39] *Ibid.*, p. 151.
[40] *Ibid.*, p. 152.

O TRATAMENTO PSICOLÓGICO DA DEMANDA DE FILHO

as formula o saber psicológico, e que é preciso levar os sujeitos a interiorizar.

Para evitar os "problemas", será necessário portanto metamorfosear o significado da transgressão que é a IAD, transformando-o em situação possivelmente simboligênica tanto para os pais quanto para sua descendência.

A IAD representa efetivamente uma transgressão, não das leis de filiação simbólica em si mesmas, mas de sua inscrição no imaginário coletivo, para o qual os laços "de sangue", uma representação não científica da hereditariedade, servem de suporte a uma sobredeterminação narcísica da simbólica da filiação. "Se" reproduzir, criar um outro a sua "semelhança" é uma dimensão do desejo de filho que se transforma facilmente em uma defesa contra a angústia de castração, angústia que ressurge com aqueles que virão dar testemunho da separação entre desejo e poder, tanto mais que o poder fecundante masculino mantém-se imaginariamente associado ao poder-gozar, numa assunção fálica da "potência". Por isso, os riscos para os pais por IAD, como para a criança, de uma revelação de sua origem aos circunstantes não são da mesma ordem que na adoção, pois a IAD revela de quem provém a esterilidade do casal e revela também a "desigualdade" da filiação biológica do filho do casal.[41]

Desse modo, a transgressão que vem a ser a IAD só seria transgressão em relação às "reações" do grupo social, em dado momento: questão de consenso social. O peso da autoridade médica e de seu valor simbólico virá equilibrar a anomia sociológica da prática. Aquilo que, caso a caso, provocaria traumatismo, na filiação a um desconhecido, passa a provocar simbolização.

Para que o filho não seja traumatizado pela noção de uma filiação a um desconhecido, é necessário portanto que a doação seja reconheci-

---

[41] *Ibid.*, p. 155.

da em seu pleno valor simbólico como transmissão do poder de doar a vida e autorização para fazê-lo... O papel da instituição médica, mediadora da dívida, que por seu intermédio tornou-se abstrata graças ao anonimato, é garantir que essa transmissão se efetue sem lesar uns em proveito dos outros, e que os compromissos sejam respeitados de ambas as partes (o doador não poderá exigir direitos sobre sua eventual descendência, nem os receptores recusar os que lhes foram transmitidos). Essa medicalização da IAD, que repousa na realidade da indicação médica da IAD, pode facilitar a aceitação, pela sociedade e a criança, da transgressão que lhe deu a vida. O mesmo se dá com a gratuidade da doação, que garante à criança que não foi "vendida" nem "comprada", com a cláusula de paternidade do doador, que significa que esta doação foi consentida por aquele que exercia a função que ela transmite, e com a concordância da mulher do doador, que autentifica a noção de doação por um casal e que significa o reconhecimento dos direitos e deveres da aliança. O genitor desconhecido poderá então inscrever-se, graças ao reconhecimento de seu lugar simbólico pelos pais por IAD e pelo grupo social, como um avatar do pai morto, como figura exemplar portadora dos valores e do sentido da paternidade, na construção do ideal do eu... como desejam os pais por IAD, que imaginam "que seria bom" que seu filho fosse um dia doador de esperma ou pelo menos que pudesse "compreender" a beleza, a generosidade deste ato.[42]

Percebe-se *en passant* o efeito de uma transmissão psíquica eventual da filiação IAD à geração seguinte. Em suma, a IAD seria uma prática simbólica de vanguarda. Representação compartilhada de fato por muitas das críticas da "medicalização" da procriação, de orientação antropológica,[43] na medida em que compartilham a mesma definição social da transgressão. Pois se a transgressão que vem a ser a IAD é definida por sua anomia sociológica, a única opção torna-se na

---

[42] *Ibid.*, p. 154.
[43] Geneviève Delaisi de Parseval, *L'Enfant à tout prix, op. cit.*, p. 216 *sq.*

realidade aquela na qual vemos atualmente oscilarem as discussões sobre a procriação artificial. Efetivamente, ou bem se considera que esta prática "transgressiva" em relação à filiação em sua singularidade do fantasma de um sujeito recebe seu caráter simbólico do fato de ser socialmente objeto de um consenso. Neste caso, pode-se considerar que a medicalização não é necessariamente a única forma de mobilização do simbólico social, e que de certa forma existem outros modos coletivos para fazer frente à esterilidade.[44] Ou então se supõe que a sociedade não deve intervir na liberdade de escolha dos indivíduos e se lamentam as restrições feitas pelas instituições médicas.

Ora, parece extremamente difícil ater-se a uma definição sociológica da "transgressão". Se a prática da IAD e de outros modos de procriação é transgressiva, não é em virtude de sua marginalidade social, pois são práticas suscetíveis de serem transformadas em práticas generalizadas. E pode-se mesmo dizer que o trabalho "psicológico" também tem globalmente por função operar essa generalização social, garantindo socialmente contra os efeitos patológicos imaginários ou reais, tais como ele os formula.

Na realidade, a transgressão reside na própria constituição do simulacro, da "contrafação legal", com a sujeição que opera dos sujeitos a sua demanda induzida, e não numa pretensa confusão sociologicamente compartilhada entre "legitimidade simbólica e biologia".

Se tantos pais depositam esperanças numa evolução futura das mentalidades, numa melhor aceitação da IAD que se efetuaria "naturalmente" pelo simples fato de sua banalização e de uma freqüência crescente de sua prática, eles não devem esquecer o papel decisivo que será representado, nessa eventual evolução, por sua ação própria

---

[44] Françoise Héritier-Augé, "Don et utilisation de sperme et d'ovocytes, mères de substitution, un point de vue fondé sur l'anthropologie sociale", in *Génétique, procréation et droit*, p. 237. sq.; "L'individu, le biologique et le social", *Le Débat*, n° 36, set. 1985; "La cuisse de Jupiter. Réflexions sur les nouveaux modes de procréation", *L'Homme*, n° 94, 1985.

de pais e pela de seus filhos. A ação corajosa daqueles que ousarão viver sua aventura à luz do dia, e o exemplo de sua capacidade para exercer sua função parental, para elaborar e transmitir aos que os cercam, a seus filhos, uma representação da filiação desmistificando a confusão entre legitimidade simbólica e biologia, mas sem inscrever-se em falso em relação à lei do grupo, poderão contribuir eficazmente para esta evolução desejada por todos.[45]

Não cabe certamente minimizar o peso do superego coletivo nas reações negativas a respeito da IAD. Pode-se também admitir que os temores suscitados pela IAD, como pela adoção, por exemplo a propósito do incesto, evidenciam em alguns suas próprias dificuldades para "manter diante do vazio do 'desconhecido' o *recalque* de que são objeto os desejos edipianos em todas as culturas".[46]

Mas a questão colocada pela IAD não se reduz de modo algum ao desenvolvimento de uma prática esclarecida pela ciência e em ruptura com a representação não científica da hereditariedade. Ela tem a ver fundamentalmente com aquilo que, à margem do saber científico, constitui o fundo das histórias de filiação,[47] a saber, a fabricação estrutural de um segredo. Antes de comemorar os efeitos do saber sobre o obscurantismo em matéria de procriação, é preciso estar atento ao fato de que precisamente a IAD dá o exemplo extraordinário de uma montagem desse saber novo em proveito, como sempre, do segredo, da filiação secreta. Invocar o peso do "grupo social" é ignorar a força imemorial que fabrica filiações secretas; é uma liquidação do inconsciente e um desconhecimento das formas diferenciadas da privação de um direito.

Neste sentido, pode-se dizer que todo o trabalho "psicológico" que tenta fazer da IAD uma prática simbólica está maciçamente a serviço dessa privação.

---

[45] In *Aspects psychologiques de l'insémination artificielle, op. cit.*, p. 157.
[46] *Ibid.*, p. 153.
[47] Cf. *supra*, cap. 1.

A alienação do psicólogo a serviço da empreitada médico-psicológica surge de forma clara com seu corolário, a submissão do sujeito, na ausência quase total de referência à transferência e à contratransferência. Não se entende aliás como esta dimensão, sem a qual a psicanálise não passa de um conjunto de instrumentos conceituais mais refinados de alienação, teria seu lugar na "ajuda psicológica". Ao "psicólogo" identificado funcionalmente aos desígnios da instituição corresponde um sujeito radicalmente identificado com a demanda. Pois não basta evocar vagamente o "controle da contratransferência".

É particularmente importante, nessas investidas psicoterápicas, controlar a contratransferência individual do terapeuta (que depende também de sua função institucional), para que a gravidez não seja objeto de uma rivalidade entre parceiros institucionais nem o objeto privilegiado do desejo — e dos conflitos — do(da) terapeuta — como prova, por exemplo, da força fecundante de sua palavra.[48]

Estando entretanto o terapeuta mobilizado desde o início a serviço da empreitada IAD, não se pode de forma alguma considerar que estejam preenchidas as condições de uma transferência face à problemática de um sujeito, com o tempo e a neutralidade que exigem. Não surpreende assim que a contratransferência, única evocada, seja encarada apenas como uma espécie de ruptura, em proveito do "psicólogo", do equilíbrio dos poderes no "caso IAD", que confronta o casal, o médico e o psicólogo.

CONCEPÇÕES PSICANALÍTICAS

Seria possível imaginar uma outra prática face à demanda de procriação artificial, considerando-se que os pontos de impasse (ausência *a*

---

[48] In *Aspects psychologiques...*, *op. cit.*, p. 26.

priori de demanda de palavra, demanda reduzida ao somático) mantêm-se idênticos e de certa forma submetem a exigências contraditórias? Pode-se com efeito constatar como a redução ao somático pode ser trabalhada no contexto de uma psicoterapia ou de uma análise. Mas precisamente este engajamento é que não se verifica nas entrevistas obrigatórias, emanando a demanda não do sujeito, mas das instituições.

Entretanto, esta dificuldade não é de forma alguma própria das situações de procriação artificial; ela se verifica em todas as situações nas quais a demanda de palavra se articula com outras situações de consulta. Poderíamos inclusive ir mais longe. Para começar, as situações aparentemente mais claras do ponto de vista da demanda, as da análise clássica, manifestam, como se sabe, a distância considerável que pode persistir entre a demanda explícita e o desejo que lhe está por trás. Todo o trabalho analítico se inscreve nesse percurso. Deste ponto de vista também poderíamos sustentar, sem real paradoxo, que é a posição do analista que induz, através de um trabalho absolutamente específico, a demanda de palavra, conduzindo-a, através da transferência, para além da demanda espontânea de ajuda pela palavra.

Assim é que a instauração e o trabalho da transferência puderam, não sem alguma dificuldade, esboçar-se pelo menos em inúmeras situações institucionais à margem do tratamento-tipo. O verdadeiro problema consiste ainda em saber em que medida a demanda institucional (as exigências "médicas" sociais nas instituições psicológicas) deixa um lugar (ou não) a um trabalho analítico. Também é possível, inversamente, formular as coisas algo diferentemente, dizendo que a questão consiste em saber se e como o analista continua sendo analista nesse contexto.

A partir daí, podemos retomar a questão do trabalho sobre a demanda de procriação artificial. Evidentemente ela supõe uma articulação do campo inicial no qual ela se formula (o da somatização médica) com o da psicanálise. Concretamente, a relação de transferência entre somaticista e psicólogo torna-se determinante nessa perspectiva. Poderíamos tentar definir assim as condições dessa articulação entre o trabalho do somaticista e o do analista: 1) reconhecimento dos limites do ato médico; 2) reconhecimento dos efeitos da transferência como ligados principalmente a uma abordagem específica separada da consideração dos aspectos somáticos; 3) mas também reconhecimento da separação das finalidades médicas e psicanalíticas.

O trabalho "psicológico" caracteriza-se pela desconhecimento dos pontos 2 e 3 e a subordinação do analítico ao médico, pela identificação da análise aos pontos de "transferência ao medicinal".

O reconhecimento dos limites do medicinal é a mola propulsora do possível envio da palavra do sujeito a uma outra escuta, na qual os elementos em jogo são distintos da transferência ao medicinal. Nesse espaço que visa o dizer no que é dito, um certo saber sobre a verdade pode ser transmitido ao paciente, sem que seja restituído à comunidade científica, pelo menos em seu modo habitual. Podemos ver surgindo orientações muito diferentes na "colaboração" ginecologistas-analistas em função da maneira como a *separação* do espaço da palavra é respeitada ou não por cada um dos sujeitos. Esta separação não pressupõe apenas uma limitação dos desígnios do saber e do poder científicos, como se costuma frisar, mas uma renúncia simétrica real, da parte do analista, a uma integração ao empreendimento medicinal.

A *questão analítica*

Nos raros depoimentos de um trabalho propriamente analítico no contexto de uma consulta de ginecologia, podemos apreender os paradoxos do encontro analítico.[49]

> Em uma consulta de ginecologia, se excetuarmos as pacientes mal-orientadas, a demanda está sempre em outro lugar. Nem no analista,

---

[49] Sylvie Faure, "La question analytique", *Psychosomatique*, n° 1, 1985, p. 59 *sq.*

nem na paciente, mas ligada, identificada à própria pessoa do ginecologista.

À pergunta inaugural ("O que não está indo bem?"), a resposta é em geral: "É a Senhora X" (a ginecologista, é ela, a médica, que não vai bem, que desejou a entrevista cujo objeto a paciente não enxerga bem).[50]

Como se vê, o discurso sobre o "desejo de filho" confunde a demanda insistente expressa e o desejo inconsciente que ela articula e que deve ser ouvido. A dificuldade dessas entrevistas "sem objeto" (senão o "objeto" que aparece na indicação do somaticista) não desemboca automaticamente na determinação de uma estrutura "operatória".

Poderíamos aliás nos perguntar se esta própria categoria de operatório não é induzida pelos limites de um certo tipo de entrevista no qual a "demanda" (a disposição de associar "livremente") não é imediatamente aparente. A experiência de uma escuta analítica (não obturada pela demanda de saber e de responder do psicólogo) desemboca, pelo contrário, numa contradição realmente analítica. Longe de ser visto como dominado pelas "resistências" (que são também fundamentalmente resistências à intrusão psicológica), o sujeito é considerado pelo contrário como "tendo dito o suficiente a respeito, e mesmo demais", para que a entrevista não tenha seguimento. Dito o suficiente para que a esterilidade, no caso evocado por S. Faure, surja como o compromisso mais adaptado para o sujeito na repetição do destino familiar, a maneira de a paciente não superar sua mãe, que só teve um filho, ela, seguida de um filho morto. Como a questão colocada pelo sujeito (quanto à decisão a tomar a respeito de uma operação de um fibroma) ficou em suspenso, a confissão de um desejo visando a mãe pôde ser feita, e teve suas conseqüências. "Terá ela podido abortar simbolicamente a criança morta?" Ela conseguiu que o cirurgião conservasse seu útero, renunciando a castrar-se para proteger o amor materno. Se as exigências do recalque são menos intensas, será

---

[50] *Ibid.*, p. 59-60.

que ela não poderia, não obstante a idade e a operação, ter seu segundo filho?[51]

As esterilidades "psicogênicas" e a questão do medicinal

É preciso distinguir cuidadosamente o reconhecimento dos determinantes inconscientes de certas esterilidades femininas[52] ou masculinas[53] dos problemas de método concernentes à consideração dos "aspectos psicológicos" das esterilidades (psicogênicas ou não) e de seu tratamento, no contexto da procriação artificial. Entretanto, os dois problemas apresentam-se inevitavelmente ligados através de uma interrogação da demanda na consulta por esterilidade. Na abordagem "psicológica" examinada acima, o problema da demanda é rapidamente reduzido à questão de saber como reconhecê-lo, "elaborá-lo" para reduzir os "problemas psicológicos" de que ela está eventualmente imbuída. Em compensação, deixar realmente aberta a questão da demanda conduz necessariamente a um questionamento da divisão entre esterilidades psicogênicas e outras, assim como do destino que será reservado à demanda.

Como pano de fundo, encontramos ao mesmo tempo a sedimentação da clínica analítica a respeito do desejo de filho em sua ambivalência[54] e as dificuldades da separação clássica entre:

> esterilidades orgânicas nas quais um mecanismo fisiológico foi descoberto e esterilidades psicogênicas nas quais este mecanismo não pôde ser estabelecido. Como acontecia outrora com a histeria, esse diag-

---

[51] *Ibid.*, p. 64.
[52] *Ibid.*, p. 13-92.
[53] *Ibid.*, p. 94-107.
[54] Cf. um levantamento dos aspectos dessa clínica in M. Bydlowski, "Les enfants du désir", *Psychanalyse à l'Université*, n° 13, dez. de 1978.

nóstico é quase sempre feito *a posteriori*, e este segundo grupo reúne os pacientes face aos quais o médico sentiu-se de uma forma ou de outra superado pelo problema que lhe era apresentado e impotente para resolvê-lo. Pode-se questionar a existência real desse grupo: com efeito, se os autores estão convencidos a seu respeito por sua própria experiência, não são capazes de apresentar uma comprovação formal. Invocam os casos de pacientes estéreis cujo sintoma foi eliminado sem que um ato terapêutico, no sentido fisiológico do termo, possa ser creditado. Assim, entre os fatores atualmente correlacionados ao desaparecimento da infertilidade, são citados: a adoção de um filho, a realização de certos atos de alcance puramente diagnóstico (histerografia, celioscopia, etc.), a ingestão de medicamentos psicotrópicos, a verbalização de certos problemas, seja na consulta médica seja no contexto de uma psicoterapia, ou mesmo de uma psicanálise. Às vezes, a simples perspectiva de uma consulta especializada basta para a eliminação do sintoma.[55]

São já muitos os argumentos clínicos que tornam problemática essa divisão.

Por um lado, com efeito, as esterilidades mais orgânicas revelam-se, na prática, sobredeterminadas quando abordamos a questão de seu tratamento por fatores suficientemente desconcertantes, do ponto de vista estrito do somaticista, para terem suscitado a colaboração com o analista. Não podemos deixar de constatar que, de forma absolutamente independente de uma hipótese geral sobre a somatogênese ou a psicogênese da esterilidade, o reconhecimento da dimensão do determinismo psíquico é cada vez mais manifesto nos somaticistas. Um número recente da *Revue de médecine psychosomatique* ilustra essa tendência de forma notável.[56]

Os impasses de um desconhecimento do intervencionismo médico são cada vez mais percebidos como tais. Assim, num trabalho dedica-

---

[55] *Ibid.*, p. 461, 1983.
[56] *Revue de médecine psychosomatique*, 1, 1985, p. 109, *sq*.

do à amenorréia[57] em sua relação com a esterilidade, podemos perceber o momento em que se passa do trabalho psicoterápico sobre o sintoma que conduz à consulta à intervenção médica sobre o corpo, através da identificação do médico com a paciente. Depois de algum tempo de cuidado psicoterápico, a questão do desejo de filho é articulada:

> Ela exprime, inicialmente de forma infantil, o desejo de ser mais mimada e protegida pelo marido. Quanto a seu desejo de filho, é objeto de curiosidade, mas é programado para mais tarde, depois de suas provas... Suas dúvidas de futura mãe não a tornam indiferente aos filhos dos outros, especialmente aos do irmão gêmeo de seu marido, mas alguma coisa está faltando...

Depois de um ano, ela faz uma descoberta associativa: revive seu ciúme de irmã mais velha em relação aos quatro irmãos menores, dos quais tinha a guarda em casa, enquanto cuida como tia generosa dos de sua nova família. Observa-se neste momento uma espécie de reviravolta; por um lado, ao nível do casal, uma intimidade carnal se desenvolve, e por outro, ela descobre enfim toda a agressividade contida por trás de suas boas maneiras.

No plano biológico, testes sangüíneos e vaginais denotam uma integridade hormonal e uma certa maturação, mas o peso continua baixo, serão ainda necessários nove meses para que duas menstruações espontâneas surjam transitoriamente (correspondendo a uma persistência folicular). A fertilidade do marido também é examinada: um esperma por demais concentrado e uma taxa de frutose baixa, que não preocupam o urologista consultado.

Dá-se então um fenômeno na relação médico-paciente: identificando-nos com ela, compartilhamos sua impaciência e sua frustração e passamos à ação, instituindo diversos tratamentos de estimulação da ovulação, de vez em quando complementados por HCG. Mas nada de gravidez!

---

[57] Cf. também XXIIes Journées de Baudelocque, "Les limites du traitement de la stérilité", 2-4 de maio de 1985.

Com a concordância da paciente, toda medicação é então interrompida, enquanto o marido volta a ser examinado. Ela reage de forma ambivalente, decepcionada com a interrupção mas também regozijando-se por esta permissão e esta espécie de liberdade que lhe são dadas. Durante este afastamento, um ciclo fisiológico bifásico se instala, e seis meses depois (quando já se começava a falar de IAD), no momento mais inesperado, uma concepção espontânea se verifica.[58]

Percebe-se claramente neste caso a contradição entre o tempo sintomático da urgência e o tempo para "conceber", vale dizer, para uma elaboração psíquica e corporal não programada.

A este respeito, é necessário voltar à questão da "somatização". É comum a idéia de que as pacientes que se prestam à "somatização induzida" o fazem provavelmente em função de um certo tipo de estrutura, de organização psíquica de dominante "operatória" psicossomática. A indução da concepção favorece esse resvalar.

A reprodução encontra-se nos confins do psicológico e do somático: é o desejo "feito carne". O desejo de filho é sempre complexo e ambivalente. Podemos dividi-lo esquematicamente em dois: desejo de gravidez que assinala a identidade feminina e desejo de filho propriamente dito. Os dois elementos desse desejo coexistem com maior ou menor intensidade durante a vida sexual normal, e nos parecem responsáveis pelos fracassos da contracepção e por certas IVG repetitivas.

As pacientes confrontadas com o problema da sexualidade só excepcionalmente questionam o aspecto psicológico, mas agem de forma permanente, indo de um médico a outro até chegar às FIV. Acrescente-se que a FIV, realizando o "desejo de filho" pela exclusão do ato sexual, realiza o mito da Imaculada Concepção. A evitação da sexualidade e da elaboração psíquica que normalmente acompanha uma gravidez não medicalizada parece-nos um risco não negligenciá-

---

[58] *Les Enfants de couples stériles*, op. cit., p. 57.

vel de dificuldades relacionais entre a mãe e o filho no nascimento, com as possíveis repercussões no desenvolvimento deste último.[59]

A ênfase na ação, a pouca elaboração psíquica convergem no sentido da hipótese de estruturas psicossomáticas, como no caso apresentado pelo mesmo autor.

Esta primeira tentativa é seguida de uma gravidez, depois de uma reimplantação difícil. A gravidez é acompanhada no ambulatório sem anomalias; nota-se entretanto a recusa de uma amniocentese que era proposta em razão da idade. Não se apresentam problemas, senão técnicos, até o dia em que a Senhora A. chega à quadragésima primeira semana no ambulatório com um filho morto *in utero*. Ela fora examinada no ambulatório na semana anterior; não se preocupou ao notar um retardamento e logo uma interrupção dos movimentos fetais, dois dias depois; não telefonou, não veio ao ambulatório, mas consultou seu clínico geral, que a tranqüilizou, comparecendo três dias depois da interrupção dos movimentos fetais. Ela dá à luz uma criança morta de 4 kg, sem anomalia aparente, nem anomalia anátomo-patológica.

Fui portanto levada a vê-los por mais algum tempo nessas condições de drama inesperado. O marido estava muito deprimido; a Senhora A o anima e diz que não pode ficar deprimida, pois precisa ajudar o marido. Faz então planos de férias, para distraí-lo. Sempre gentil, sempre ativa, falando de coisas concretas e tratando de promover a volta a uma vida normal, ela nada dirá sobre si própria, e eu fico sabendo por seu marido que não se tem qualquer notícia de seus antecedentes familiares. Ela foi abandonada no nascimento e nada sabe de sua filiação. Seus problemas são ocultados, ela fala sobretudo de seu papel como esteio do marido e da enteada. Eu voltaria a vê-la numa segunda tentativa de FIV no ambulatório, sempre sorriden-

---

[59] *Ibid.*

te, sempre gentil com os outros; ela fala sempre de problemas concretos e de forma alguma de seus eventuais problemas psicológicos.[60]

Não cabe entretanto supor que todas as demandas de procriação artificial correspondam a sujeitos de estrutura psicossomática. É muito mais coerente com a heterogeneidade manifesta das demandas (e dos tipos de intervenção) pensar que a somatização da demanda pode ser uma questão aparentemente idêntica correspondendo a situações e a desígnios inconscientes diferentes, indo da histeria à psicose.[61]

A interpretação do "componente psíquico" da esterilidade não desembocou de fato em qualquer visão unitária que permitisse sustentar a existência de uma "estrutura" psíquica própria. Existem aliás razões para pôr em dúvida a própria pertinência dessa orientação globalizante, na qual o "psicogênico" vem calcado no modelo do somático: nessa direção, rapidamente chegaríamos ao absurdo de supor subestruturas *ad hoc* nas mulheres estéreis tratadas por ovulação, nas mães IAD, nas mães portadoras etc.

Quando se torna possível esboçar um trabalho, as constatações são convergentes:[62] a esterilidade surge em sua dimensão sintomática como um sofrimento ligado ao compromisso entre o desejo de filho e desejos contraditórios; como um sofrimento singular que não pode ser vinculado a um perfil psicopatológico específico.

Em compensação, é preciso frisar o elemento problemático principal que surge através desses trabalhos, e que diz respeito à ênfase dada às relações de *transferência* entre o somaticista, as pacientes e o analista.

A dificuldade toda, para que a "questão analítica" possa ser desenvolvida tal como foi evocada, está na articulação do trabalho do somaticista e do analista e nas relações de transferência estabelecidas com os pacientes.

---

[60] A. Raoul-Duval, in *Les Enfants de couples stériles, op. cit.*, p. 88.
[61] *Ibid.*, p. 87-88.
[62] *Ibid.*, p. 87.

O TRATAMENTO PSICOLÓGICO DA DEMANDA DE FILHO

Que já não seja tão fácil que a "questão analítica" continue sendo sustentada no espaço da "transferência medicinal" é o que vem a ser ilustrado, de uma outra forma, pela maneira particular de colaboração "somaticista-analista", tal como foi desenvolvida sob o nome de "binômio de pesquisa".

Desenvolvemos uma estrutura de colaboração entre ginecologistas-práticos e psicanalistas-pesquisadores, intitulada "binômio" de pesquisa. Concretamente, os pacientes consultando por esterilidade são recebidos não por um médico sozinho mas por dois interlocutores de jaleco branco. O ginecologista consultado introduz o pesquisador como seu colaborador, sem mais comentários. Acontece que esta situação é perfeitamente aceitável no exercício hospitalar, no qual a presença de um terceiro (estudante ou enfermeiro) é comum.[63]

A justificação dessa metodologia é buscada nos limites com efeito extremamente estreitos da "demanda" das consulentes por esterilidade e seu caráter "somático".

Para a pesquisa, o funcionamento de uma tal estrutura de colaboração apresenta a vantagem de oferecer à escuta psicanalítica (neutra, sem gravação e com poucas intervenções) a demanda — e a dinâmica psíquica que nela se oculta — de pacientes que não tivessem tido a idéia de consultar um psicanalista; de pacientes cuja demanda dirige-se ao médico; de pacientes cujo questionamento sobre a dimensão psíquica de seu sofrimento através do sintoma em causa — a esterilidade — é tão tênue que só se dá dirigido a um médico que é de certa forma solicitado como garantidor do fato de que só o corpo está efetivamente em causa. Pode-se mesmo dizer que o médico é demandado para mascarar o pouco de sofrimento psíquico que poderia emergir através do sintoma. Através dessa transação, oferecer e rece-

---

[63] *Ibid.*, p. 84.

ber o corpo e unicamente o corpo doente, estabelece-se um "tratado de paz" entre médico e consultante.[64]

Todo o problema da instauração de uma relação analítica está com efeito nessa *dessomatização*: o encerramento da urgência médica, a troca livre de palavras, a desmobilização do ato e a abertura da história do sujeito. Mas as condições nas quais essa dessomatização pode advir não são indiferentes. Ora, o binômio de pesquisa opera uma verdadeira *montagem de transferência artificial*, a cujo respeito pretendo demonstrar que reproduz o simulacro que domina a procriação artificial. Ao longo dessa montagem, encontramos o dispositivo extraordinário do anonimato analítico para finalidades de saber, ou seja, a instauração de um logro sobre a pessoa por intermédio de um objeto, o jaleco branco, instrumento da transferência ao saber médico.

Saber inoperante, entretanto, em relação ao inconsciente que demanda ser dividido entre o engodo compartilhado do objeto e a orelha clandestina e anônima que capta em seu "proveito" o insabido do sujeito e do médico. "O analista se prevalece assim da transferência médica, verdadeiro cavalo de Tróia que lhe permite entrar em relação com pacientes que nada lhe pedem *a priori*."[65] A análise como forma moderna da armadilha de guerra psicológica, da *métis* de Ulisses organizando uma transferência para Ninguém. O limite do cavalo de Tróia analítico está evidentemente em esquecer que um tal desígnio assinala o triunfo, no coração da análise, da lógica médica.

Com efeito, no exato momento em que a dimensão da clínica analítica é dessa forma introduzida *intra muros* (frear a urgência e o excesso médicos, limitar a onipotência do poder médico etc.), ela se destrói pela instauração de uma situação de observação, de saber. Em lugar do saber do médico, denominado ginecologista-prático, desmentido, reconstitui-se em outro lugar o objeto da transferência médica, ligeiramente defasado para o lado do analista no caso do "práti-

---

[64] Jean Guyotat, *Mort-naissance et filiation*, Masson, Paris, 1980.
[65] M. Bydlowski, "Souffrir de stérilité", *Psychanalyse à l'Université*, n° 3, 1983, p. 461.

co", e para o lado de um monstro bicéfalo no do paciente. O médico está em observação: "Mas é preciso que o médico participante do binômio de pesquisa aceite ser observado e questionado em seu exercício médico."[66] Ao passo que a captura do médico na transferência para o analista é patente, a questão da transferência em sua relação é escamoteada em proveito de considerações racionalizantes sobre as vantagens e inconvenientes recíprocos dessa "colaboração". O médico troca um pouco de seu poder médico pela frustração do analista,[67] que renuncia solenemente ao fantasma de ser o melhor terapeuta.[68] Se o médico aceita refrear seu ardor em atender à urgência, o analista sacrifica no altar do binômio seu pesar de "ver o paciente desaparecer no exato momento em que seria tocada a dimensão econômica do sintoma, na qual seria rompido com o médico o 'tratado de paz' segundo o qual trata-se efetivamente de seu corpo".[69] Cabe perguntar com efeito como poderia ele reter o paciente numa outra situação. Mas cavalo de Tróia, "tratado de paz", aliança para se satisfazer com um maior bem-estar expresso pelo paciente como conteúdo do projeto terapêutico comum, o que permanece primordial na guerra contra o sintoma é que não se tratará oficialmente (para o paciente) *senão de "seu corpo"* naquilo que oficiosamente (para o bionômio) é na realidade "a escuta quase clandestina (pelo menos da primeira vez) de pacientes que nunca se teriam dirigido a ele diretamente"[70] [sic]. É com efeito o que podemos legitimamente chamar de "acesso a um material clínico original". Curiosamente, em momento algum os efeitos sobre o paciente dessa máquina de guerra vêm a ser evocados; certamente o jaleco branco terá a virtude de protegê-lo contra tais efeitos. "Acontece que esta situação é perfeitamente aceitável no exercício hospitalar, no qual a presença de um terceiro (estudante ou enfermeiro) é comum." Só são examinadas as disfunções da dupla causadas pelo paciente alertado:

---

[66] *Ibid.*, p. 462.
[67] *Ibid.*, p. 462-463.
[68] *Ibid.*, p. 463.
[69] *Ibid.*, p. 464.
[70] *Ibid.*, p. 465.

O interesse pelos determinantes psíquicos é com efeito rapidamente identificado pelos consulentes, e dois riscos manifestam-se então: o exagero e o exibicionismo sedutor ou os sentimentos de perseguição. A mobilização predominante de uma ou outra dessas duas tendências pode impedir o binômio de funcionar, e mesmo levar o médico a isolar-se de seu colaborador, num movimento de proteção.[71]

É verdade que a transferência é um logro. Mas numa empreitada na qual a transferência é uma armadilha, vale dizer, um logro calculado pelo outro, a psicanálise pode tornar-se uma pesquisa e o psicanalista, um "psicanalista-pesquisador". Até então, o médico-prático promovia curas milagrosas, gestações mágicas pela posição que malgrado seu ocupava na transferência dos pacientes.

No interior de uma relação positiva com o ginecologista, a situação pode ser mobilizada e a interdição, levantada. É o mecanismo de muitas gestações miraculosas antes de qualquer intervenção terapêutica orgânica. Por relação positiva com o ginecologista entendemos a possibilidade de esta mulher investir o médico como uma mãe que permite a gravidez e levanta a proibição da mãe real.[72]

No geral, ao aceitar a manifestação tardia de seu insabido na colaboração com o analista, o prático recuperaria no saber o estimulante do milagre (não passava então de... uma transferência), se não o insabido de sua própria transferência. À distância, o analista-pesquisador através do corpo médico, depositário do corpo e do discurso do sujeito, teria em seus joelhos a possibilidade dos filhos por nascer. Reconhece-se aqui o que é sonhado no sopesar das procriações artificiais ou não. Parecia que o destino da psicanálise fosse a interpretação dos sonhos, e não sua fabricação experimental em histórias sem nome.

---

[71] *Ibid.*, p. 466.
[72] *Ibid.*, p. 467.

VIII   O direito e o frio

Já existe hoje toda uma literatura jurídica a respeito dos problemas levantados pela procriação artificial.[1] Pode haver concordância sobre a natureza particular do ponto de vista do direito: seu caráter de sistema de representações sociais, a necessidade de levar em conta, modificando este ou aquele setor do direito, efeitos sistêmicos. As questões levantadas podem ainda ser identificadas com um certo consenso: estatuto da verdade na filiação, estatuto da indisponibilidade do corpo humano, do consentimento etc.

Já a maneira de discernir os setores do direito postos em questão pressupõe uma análise crítica que apreenda as passagens do direito subjetivo privado aos direitos humanos[2] nos projetos de lei. Finalmente, para além da distinção, evidente, entre o direito positivo com sua interpretação (extremamente heterogênea) e os projetos de lei, a própria oportunidade de legislar é objeto de um debate vigoroso.

---

[1] Pode-se encontrar uma abundante bibliografia em Catherine Labrusse-Riou, J.-L. Baudouin, *Produire l'homme: de quel droit?*, PUF, Paris, e em C. Byk (sob a dir. de), *Procréation artificielle: où en sont l'éthique et le droit?*, Lacassagne-Masson, Paris, 1989.

[2] Dominique Thouvenin, "Le droit aussi a ses limites"; M.-A. Hermitte, "L'embryon aléatoire", in *Le Magasin des enfants, op. cit.*

O DEBATE JURÍDICO

Constata-se a existência de linhas opostas de pensamento.

• Uma primeira posição, muito bem representada por Michelle Gobert, apresenta-se como a resposta à urgência das situações e invoca a "inércia do legislador", o "vazio jurídico".[3] Ela terá tendência a demonstrar que a maioria dos limites ético-regulamentares atuais são de difícil fundamentação jurídica. Tomemos o caso da inseminação celibatária. Se a inseminação é uma conveniência (e não uma terapêutica), não se entende por que haveria de excluir as mulheres sozinhas. Adianta-se uma analogia com a liberdade exclusiva de abortar (Conselho de Estado, 31 de outubro de 1980). Comparação interessante, pois se constata a distorção entre a regulamentação dos CECOS e as possibilidades do direito, mais abertas eventualmente. Entretanto, essa construção analógica, que é sustentada pelo desejo de chegar a fundamentar a inseminação celibatária, não é questionada por ela mesma. Da mesma forma, a propósito da inseminação *post mortem*, o casamento póstumo é que servirá de analogia (Código Civil, artigo 171): "A ordem dos acontecimentos é simplesmente invertida. No primeiro caso, a procriação precede e justifica o casamento; no segundo, é o casamento que precede e justifica a procriação. O essencial, em cada um dos casos, é que o consentimento tenha sido certo para cada um dos atos."[4] Proposição determinante que está na base da resposta a todos os tipos de filiação, e da qual podemos extrair o princípio: a liberdade, a vontade do indivíduo (no caso, a mãe, os pais) no espaço do consentimento dito esclarecido.

Pode-se notar o equívoco sustentado em torno do consentimento que superpõe o modelo dos "acordos de vontade livres protetores de

---

[3] Michelle Gobert, "Les incidences juridiques des progrès des sciences biologiques et médicalisées. Le droit des personnes", in *Génétique, procréation et droit*, op. cit., p. 197.
[4] *Ibid.*, p. 180-181.

efeitos jurídicos" e o conceito médico de consentimento esclarecido.[5] Ora, esse resvalar designa precisamente um dos estratégicos elementos em jogo no debate: fazer das intervenções biomédicas o objeto de um consentimento esclarecido. Pode-se imediatamente avaliar sua importância, a propósito dos prazos de congelamento de esperma ou de embriões, pondo em causa a própria noção de geração. "Será realmente exato? Pois nesse futuro não é o momento da concepção que estabelecerá a idade, mas o do descongelamento, a partir do qual será iniciado o processo de crescimento."[6] Não seria possível dizer mais claramente que a noção de geração pode ver-se desvinculada *ab libitum* do tempo social. Da mesma forma, a propósito da consangüinidade,[7] caberia esperar dos trabalhos futuros a confirmação do caráter "social" da proibição do incesto. O que redunda em esperar da própria prática das inseminações a não-pertinência da preocupação com a consangüinidade, em seu caráter puramente social, identificado com o arbitrário sociológico. Quanto à filiação dos filhos artificiais, parte-se do princípio de que o direito existente fundamenta-se na ignorância e na dúvida a respeito da paternidade, e não numa organização social do parentesco.[8] O princípio da filiação reside na "vontade". O conhecimento científico da procriação teria como efeito a supressão da legitimidade, com a invisibilidade da filiação. Mas, curiosamente, parece necessário conservar-lhe as formas, "se se pretende que a criança possa desfrutar do estatuto ainda privilegiado, que é o de filho legítimo".[9] No caso das mães de substituição, da mesma forma, o legislador deveria prever, sem margem a dúvida, que o filho é o do casal que o concebeu (pai e mãe "genéticos") e não da mãe "gestante", pois "só sob tal condição é que as regras constantes da filiação legítima poderão ser aplicadas".[10]

---

[5] D. Thouvenin, "Le droit aussi a ses limites", in *Le Magasin des enfants*, op. cit., p. 225-226.
[6] M. Gobert, "Les incidences juridiques...", in *Génétique, procréation et droit*, op. cit., p. 183.
[7] *Ibid.*, p. 183-184.
[8] *Ibid.*, p. 192 sq.
[9] *Ibid.*, p. 192.
[10] *Ibid.*, p. 193.

Mas por que preservar um contexto cujos fundamentos, conforme se acaba de reconhecer, seriam volatilizados pelo saber? Em matéria de revolução jurídica, assiste-se à montagem de ficções nas quais a principal preocupação é a conservação das estruturas matrimoniais, fazendo com que os procedimentos de reconhecimento do casal se adaptem a este contexto. O autor sugerirá então que se estabeleça que o duplo reconhecimento de um casal casado equivale a legitimidade (caso da dispensa de gestação por conveniência) e se estenda o princípio da *adoção* no caso das mães não genéticas com possibilidade do reconhecimento pelo pai desde o início, no caso da IAD, por transformação do consentimento do cônjuge em "*adoção* plena".[11]

• Uma outra perspectiva vincula-se a uma interrogação sobre o poder do direito de fundar a distinção entre lícito e ilícito, e não apenas de registrar os fatos consumados.[12] Ela atribui ao direito seu lugar determinante na constituição da ordem simbólica, condição da palavra e da vida dos sujeitos humanos. Recorda-se então que o direito é responsável pela indisponibilidade das pessoas, que está em causa nos novos modos de procriação, a propósito da livre disposição do esperma, dos ovócitos, do embrião, da inseminação *post mortem*.

As reservas a respeito de um direito ao filho, à procriação, ao qual se opõe um direito do filho a uma filiação, comportam um elemento simbólico fundamental. Com efeito, através do "direito ao filho" ou do "direito dos pais", assiste-se a uma tentativa de transformação insidiosa da relação de palavra, simbólica, com a criança, constituinte de seu ser de sujeito, num pretenso direito a/sobre o filho, que por sinal não pode ser atribuído senão aos pais, pois de qualquer maneira não diz respeito ao filho como sujeito da palavra. A "filiação" jurídica entre a despenalização do aborto, que, como lembra Catherine

---

[11] *Ibid.*, p. 175-196.
[12] C. Labrusse-Riou, "Don et utilisation de sperme et d'ovocytes", in *Génétique, procréation et droit*, 1985.

Labrusse-Riou, não abre para um direito subjetivo, vale dizer, que não pode fazer dele uma finalidade positiva, e o "direito à procriação" é absolutamente eloqüente.[13]

Nesta segunda ótica, os juristas observam o vazio da noção de vazio jurídico, noção que remete a uma concepção teórica do direito que não é universal. Como destacou em especial Jean Carbonnier, no colóquio "Genética, procriação e direito",[14] é possível, com as atuais disposições do código, tratar com alguma imaginação as situações colocadas na prática. Na realidade, a aparência de um vazio jurídico é a formulação justa de um efeito extremamente singular das formas atuais do recurso ao direito, de um efeito de sideração e de dessimbolização, de perda da palavra, que é preciso interpretar.

Esta sideração, que conduz por exemplo a deixar de aplicar certas disposições penais, e a deixar que se desenvolvam os fatos consumados, corresponde não tanto à divisão das opiniões, que se manifestou igualmente a propósito da evolução das leis sobre a filiação mais ou menos nos últimos duzentos anos, quanto à violência com a qual os referenciais simbólicos da filiação são atacados pela marcha do biopoder. Mas para elaborar psiquicamente, antes de mais nada, e também juridicamente esta violência, são certamente necessárias representações outras que as noções psicológicas de que se tem valido o direito até aqui.

O debate jurídico esbarra no desconhecimento de vários pontos.

— Identifica-se uma confusão permanente entre as formas empíricas, históricas, do direito de filiação e os princípios simbólicos que nelas se sustentam, mais ou menos. Ela se traduz, praticamente quaisquer que sejam as opções jurídicas, por uma valorização da "legitimidade", da filiação "legítima", seja por vantagens que nada têm de simbólico, seja porque as outras formas de filiação são consideradas

---

[13] *Ibid.*, e "La maîtrise du vivant: matière à procès", *Pouvoirs*, nº 56, "Bioéthique", 1991, p. 87-109.
[14] Jean Carbonnier, in *Génétique, procréation et droit, op. cit.*, p. 79 sq.

frágeis e abririam a porta para a "filiação" celibatária. Mas como deixar de enxergar que toda a evolução do direito da filiação consistiu em abalar uma identificação do legítimo e do simbólico que de modo algum tinha como desígnio fundamental o reconhecimento do caráter estruturante da dupla filiação do sujeito?

— A formulação de limites "naturais" da filiação (a diferença dos sexos, a ordem das gerações, a morte) é particularmente inadequada num momento em que se articula um projeto de artificialidade generalizado da procriação. Ela transfere à "natureza" o princípio de diferenciações que são simbólicas, fundadas na linguagem e numa certa relação com a natureza. É para o saber que existe diferença dos sexos, reprodução sexuada, e que, metaforicamente, se podem organizar os ratos em "pseudogeração". Em conseqüência, se se pretende fundar os limites a serem impostos aos novos modos de procriação, é preciso buscá-los em outro lugar que não a natureza e admitir que devem ser encontrados na diferença das estratégias simbólicas, em seus efeitos mais ou menos estruturantes sobre os sujeitos, nos mecanismos de seus desígnios inconscientes. Para retomar o exemplo anteriormente evocado da fecundação dos ovócitos pelos ovócitos, não é difícil perceber que a reprodução exclusiva a partir de vacas pode ser "ecologicamente" lamentável (por identificação com o animal), mas preocupa pouco na medida em que, se pode ser vinculada a uma exploração da natureza, não visa os machos como sujeitos. Foi por isso aliás que, antes de retalhar o planeta, foi necessário assegurar-se de que não seriam arrastados sujeitos ("almas"). Se a utilização para finalidades de filiação estritamente femininas apresenta outros problemas, é porque se manifesta numa relação de *sujeito a sujeito*, e não por contrariar uma qualquer "natureza" da diferença dos sexos e da reprodução; é porque ela tem para os sujeitos humanos o sentido de uma eliminação, é um aspecto dos acertos de contas entre homem e mulheres, um episódio absolutamente novo de seu diferendo.

O que está em jogo é afinal de contas muito bem percebido pelo jurista, quando afirma a propósito da inseminação da mulher solteira: "A mulher recebeu da natureza o poder de chegar ao mesmo resultado [ter um filho], mas a natureza é um freio [existe a união sexual]. A ciência lhe daria um poder descomedido."[15] Declaração em que se percebe magnificamente a emergência, por trás da definição naturalista (a mulher que recebeu o poder da "natureza"), do desígnio da mulher "descomedida"; este desígnio não poderia, com efeito, provir da natureza, que se caracteriza por sua reprodução sábia, regrada, com seus fracassos aleatórios, tão diferentes dos fracassos ligados aos desejos dos sujeitos sexuados. De maneira transparente, a empreitada histórica de contenção, de sonegação do feminino por um direito de dominante masculina perde hoje os recursos, até aqui inesgotáveis, de uma projeção nos limites da "natureza", das disposições que submetem socialmente o desejo feminino. É esta explicação entre homem e mulher, esclarecida pela artificialidade, em relação a um desejo que não pode mais ser dourado com a pílula do natural, que começa (ou que "continua por outros meios").

Finalmente, a novidade dos problemas decorre da intervenção de um terceiro nas relações de procriação. Isso corresponde ao ponto fundamental pelo qual caracterizei as relações de procriação, a saber, o fato de que a "liberdade", a "vontade" de procriar, tidas como os fundamentos derradeiros da procriação na concepção liberal, têm na realidade como sujeito real não "os casais", mas o inseminador e seus poderes (seu gozo), com os efeitos de transferência que exerce com seu saber, tanto sobre os casais ("a opinião-casal") quanto sobre o próprio direito (os juristas). Para se convencer dessa dependência afetiva, basta prestar atenção ao discurso fascinado, enamorado, suscitado pelas certezas do biomédico.

Em outras palavras, os debates a respeito da oportunidade de legislar, e as formas a serem dadas a uma intervenção legislativa, só têm significado em relação às exigências dos dispositivos atuais do biopoder, às manifestações provocadas por seu desenvolvimento, aos entra-

---

[15] *Droit de la famille* (Précis Domat), Montchrétien, Paris, 1984, p. 423, citado in Labrusse-Riou, 1985.

ves que encontram pelo caminho. Os projetos de lei visam a oferecer um contexto jurídico à experimentação social ou a bloqueá-la.

O que está em jogo é simples: muitos pesquisadores descortinam progressos médicos consideráveis se se puder experimentar amplamente com o embrião humano — o que é contestado por outros, que exigem que se passe antes pelo embrião animal. Industriais querem poder patentear intervenções sobre o embrião humano, assim como diversas utilizações. Para isso, já não seriam necessários alguns embriões, como atualmente, mas grandes estoques. Ora, para experimentar e comercializar tais estoques, é preciso antes excluir o embrião *in vitro* da categoria dos seres humanos, o que é provavelmente impossível a partir da jurisprudência; impõe-se então uma medida de força legislativa.[16]

As reservas sobre a oportunidade de legislar repousam, por sua vez, na suposição de que a ausência de legislação particular é preferível porque corresponde melhor às exigências do desenvolvimento da PMA. Em sentido oposto, pode-se pretender legislar para bloquear esse desenvolvimento nesta ou naquela de suas conseqüências (projeto de lei Boutin). Entretanto, para além de sua oposição, que é real, tais perspectivas têm em comum, não raro malgrado seu, as evidências da concepção e da prática social biomédicas das relações de procriação, e a promoção da "ética" que lhes corresponde. Ora, é precisamente o efeito da apreensão biomédica das procriações, fazer admitir como uma evidência que sua própria intervenção é "medicinal", para justificar sua prática. Como, por exemplo, chegar a uma posição jurídica coerente, a partir do momento em que se credita *a priori* às práticas da IAD essa natureza medicinal? Quando se introduz, a partir daí, o elemento desestruturante do anonimato, produto direto de uma necessidade puramente operatória, no sistema de filiação, como

---

[16] M.-A. Hermitte, "L'embryon aléatoire", in *Le Magasin des enfants*, op. cit., p. 254.

evitar uma crise grave dos fundamentos do direito da filiação? Numa ótica oposta, percebe-se claramente que certas oposições a uma legislação repousam numa proteção do campo conquistado por práticas medicalizantes. Pintam-nos um universo de médicos razoáveis, responsáveis, intervindo apenas em casos "medicinalmente identificados", sem absolutamente pretender fazer da FIV um princípio de reprodução, preocupados em preservar a estrutura familiar tradicional e hostis (na maioria) a uma perturbação da ordem das gerações.[17] Não há qualquer razão particular para que este quadro seja falso; seria necessário certamente nuançá-lo e contrastá-lo fortemente, no mínimo para levar em conta as condições nas quais é estabelecido (entrevistas de alguns práticos conhecidos que normalmente defendem seu ponto de vista).

Mas o problema não está aí. Não se leva em conta o que a própria montagem desse discurso implica, fazendo sair a verdade da boca dos práticos entrevistados, avaliando a evolução dos costumes "democraticamente" à custa de pesquisas, dando como transparentes as práticas. Ora, o problema da FIV, por exemplo, é precisamente a extensão *de facto* vertiginosa das indicações. Este fato positivo constatável e deplorado pelos mais autorizados, por outro lado (cf. Frydman, *supra*), reduz as intenções declaradas ao que são efetivamente: um meio de proteger as práticas. Mais profundamente, no entanto, não seria possível deixar mais claro que o destino da procriação e de seu direito está hoje fixado pelos biomédicos "em sua alma e consciência". Como as inquietações são individuais e portanto impróprias para a ação legislativa, os casos de consciência dizem respeito à do médico e do "sujeito".[18]

Mas se esta relação é dominada pelo que foi descrito como "somatização induzida", a questão do sujeito, que é a sustentada pela psicanálise, abre-se muito exatamente no momento em que esta ver-

---

[17] Muriel Flis-Trèves, Dominique Mehl, Évelyne Pisier, "Contre l'acharnement législatif", *Pouvoirs*, nº 56, 1991, p. 128 *sq*.
[18] *Ibid.*, p. 133.

são, por sinal particular, do discurso médico, vem encerrá-la e fazê-la calar. É verdade que ninguém dispensará os médicos de terem de enfrentar certo número de casos de consciência que são seu pão quotidiano. Entretanto, a questão está precisamente em saber quais são os casos que dizem respeito a essa deontologia e às orientações terapêuticas. Misturar a determinada intervenção urgente no contexto da medicina neonatal as indicações da FIV, reduzidas a questões de modalidades clínicas, pressupõe que esteja estabelecida a natureza terapêutica das intervenções.[19] Enfim, será possível ao mesmo tempo apresentar este quadro idílico das intervenções e constatar que uma associação de pacientes foi constituída para "defender a palavra e o respeito dos usuários triturados pelo sistema hospitalar e a tecnicidade dos procedimentos"?[20] Também aqui, a demarche é a mesma: a palavra é dada à presidenta da associação, que naturalmente tem o mesmo discurso bem-comportado, "pronuncia-se contra qualquer prescrição de conveniência", "opõe-se aos congelamentos e às doações de embriões" e "defende, segundo nos dizem, posições muito tímidas em matéria de pesquisa".[21] Ora, temos todos os elementos para ouvir nesse discurso a alienação mais evidente à empreitada medicinal, totalmente separada dos motivos que deram lugar à constituição da associação ("os usuários triturados" etc.). Para permanecermos no nível em que se situam os autores, não resta dúvida de que uma pesquisa que se desse ao trabalho de recolher a palavra dos membros da referida associação levaria a um quadro nitidamente diferente.

O LUGAR DA PSICANÁLISE NO DEBATE JURÍDICO

Esquematicamente, podemos distinguir duas orientações da referência à psicanálise. Ou bem ela é vista como um dos componentes ideo-

---

[19] Ibid., p. 128-129.
[20] Ibid., p. 128.
[21] Ibid.. p. 128.

lógicos que intervêm para potencializar a proliferação das "demandas individuais", tidas como responsáveis pelas derivas das NTR, e às quais o direito deveria impor um freio. O papel que ela atribui ao sexual, ao desejo, é considerado como cúmplice do individualismo onipotente.

Ou bem, pelo contrário, ela é solicitada por outros para argumentar no sentido de uma patologização dos desígnios e do biopoder, e das demandas individuais, para fornecer argumentos psicológicos aos limites jurídicos a lhes serem impostos.

Esta oposição, tal como se formula nos debates jurídicos, corresponde a partilhas fundamentais internas do próprio campo psicanalítico, no que toca a sua relação com o direito.

A relação, se não da psicanálise, pelo menos dos psicanalistas com a "lei" é problemática, a se considerar apenas o destino atormentado de suas associações e o problema das condições de sua prática no contexto de suas relações com o Estado de direito. A relação do sujeito de que fala a psicanálise com o direito nada tem de uma questão especulativa, desde a transformação do "movimento" em organizações locais e internacionais. Mais ainda: desde o início, é através da definição das relações com a medicina — e sua regulamentação jurídica — que o estatuto da prática analítica viu-se confrontado com o direito, sob a forma da defesa da natureza "laica", "profana" da psicanálise. De modo que as implicações de certos aspectos da prática médica e da ordem médica representam interrogações quotidianas, muito além dos problemas colocados pelas procriações artificiais.

A emergência do sujeito singular que pode se dar no contexto da situação analítica não pode ser vinculada a qualquer finalidade exterior, nem social (inclusive familiar) nem médica (ainda que se tratasse da "saúde mental"). O corolário disso é que ninguém está tampouco obrigado a expor-se a tal prova. Esta definição necessita imediatamente algumas correções. Em sociedades caracterizadas por um utilitarismo galopante, a existência de uma prática, ainda que penosa, capaz, pelo que alega, de maximizar sua liberdade, funciona necessariamente como uma oferta de serviço psíquico — ainda que seu objeto fosse o próprio sujeito e seu desejo. Com este termo, estamos no coração do problema, e no início das ambigüidades. Freud atribuía à psicanálise, como método terapêutico (embora não fosse seu único objetivo) liberando o sujeito dos entraves neuróticos, a tarefa de permitir amar e trabalhar, duas finalidades capitais para a *Kultur*. Um dos efeitos da doutrina de Lacan foi incontestavelmente uma redefinição desses objetivos, pela promoção da categoria do *desejo* — que não era aliás desprovida de uma história filosófica e literária. Dando ênfase à relação com o Outro — que é um tema filosófico importante pelo menos desde Hegel — e à alienação do sujeito em seu discurso e seu desejo (e em primeiro lugar o dos outros parentais), Lacan separava a dimensão do desejo do sujeito da da demanda, desembocando numa visão menos idealizada do amor (ampla e brilhantemente explorada há séculos na literatura). É este o contexto no qual tomam lugar tais ou quais formulações a respeito da "lei do desejo" como sendo a única reconhecida pela prática da psicanálise em seu comprometimento ético próprio junto ao sujeito: operar o advento do sujeito e de seu desejo. É preciso reconhecer que a referência à lei do desejo comportava também todos os ingredientes adequados para dar lugar a derivas, na medida de sua exigência como da ambigüidade das formulações. Assim, que o desejo seja "o desejo do Outro" é algo que define ao mesmo tempo uma submissão recíproca à lei do desejo e a liberdade que resulta de aceitá-la.

O sujeito, o direito e o desejo

O debate sobre as procriações artificiais e, mais amplamente, sobre as implicações éticas e jurídicas do desenvolvimento das ciências biológicas faz surgir a ambigüidade e as contradições da noção de sujeito, em sua relação com o direito. Às dificuldades próprias ligadas aos termos sujeito do direito,[22] direito subjetivo,[23] vem somar-se a questão particular e nova do sentido que a psicanálise conferiu ao "sujeito", sentido por sua vez objeto de discussões de Freud a Lacan. Quando o narcisismo, a onipotência do sujeito são invocados nas discussões, percebe-se claramente como noções analíticas descritivas (narcisismo, onipotência) são mobilizadas para intervir e transformar os termos da problemática filosófica, jurídica, política, do sujeito.

O "CIDADÃO-SUJEITO".

Num texto límpido,[24] Étienne Balibar interroga a coincidência entre "o momento em que Kant produz (e projeta retrospectivamente) o sujeito transcendental e aquele em que a política destrói o 'sujeito' do príncipe para substituí-lo pelo cidadão republicano".[25] A categoria filosófica do sujeito surge correlativa de um acontecimento político, o do cidadão e do sujeito de direito. "A questão do sujeito, em torno da qual gira a revolução copernicana, é imediatamente caracterizada como questão *de*

---

[22] Ver em especial D. Thouvenin, "Le droit aussi a ses limites", in *Le Magasin des enfants, op. cit.*; B. Edelman, "Sujet de droit et technosciences", in *Archives de philosophie du droit* ("Le sujet du droit"), 1989; e "Génetique et liberté", *Droits*, n° 13, 1991, p. 31-42, 55-59; Luc Ferry, "L'humanisme juridique en question. Réponse à Bernard Edelman", *Droits*, n° 13, 1991, p. 43-53, 59; J. Michel, "Le droit à l'épreuve du sujet", *Milieux*, n° 23-24, 1986, p. 43-59; C. Grzegorczyk, "Le sujet de droit: trois hypothèses", *Archives de philoshophie du droit*, 1989, p. 9-23; Jean Carbonnier, "Sur les traces du non-sujet de droit", in *Archives de philosophie du droit*, 1989, p. 197-207; François Terré, "Génétique et sujet de droit", *Archives de philosophie du droit*, 1989, p. 159-163.
[23] J. Michel, "Le droit à l'épreuve du sujet", *art. cit.*; D. Thouvenin, "Le droit aussi a ses limites", *op. cit.*; Luc Ferry, "L'humanisme juridique en question...", *art. cit.*
[24] Étienne Balibar, "Citoyen-sujet", *Confrontations*, XX, 1989, p. 53-72.
[25] *Ibid.*, p. 29.

direito (quanto ao conhecimento, à ação), e a autonomia do sujeito corresponde à posição de um 'legislador universal'."²⁶

A soberania do cidadão, como novo conceito do homem, cria a necessidade de pensar uma soberania igualitária, e uma liberdade baseada na igualdade. O sujeito de direito surge assim como um dos "efeitos-sujeitos" produzidos pela *Declaração dos Direitos do Homem*, que assinala o corte, a revolução em relação ao regime antigo do sujeito-dominado, em sua definição política. De acordo com as célebres formulações do *Contrato social* (I, 7), o sujeito da lei só é submetido em função de sua qualidade de cidadão que faz a lei: "Ele não está nem apenas acima nem apenas abaixo da lei, mas exatamente no mesmo nível que ela. E no entanto ele não é a lei."²⁷

Não se percebe, em tais condições, qual poderia ser a mola propulsora da "onipotência do sujeito". Bernard Edelman procura em vários textos recentes²⁸ mostrar que a própria definição do sujeito de direito comporta elementos dessa ordem. É pelo menos o que resultaria de uma leitura da *Declaração dos Direitos do Homem*, em sua definição da liberdade (art. 4): "A liberdade consiste em poder fazer tudo que não prejudique outrem: desse modo, o exercício dos direitos naturais de cada homem só tem como limites aqueles que assegurem aos outros membros da sociedade o gozo desses mesmos direitos. Tais limites só podem ser determinados pela lei."²⁹ O argumento de B. Edelman é simples: "Bastaria que o Outro não seja mais livre para que ela [a liberdade] vá ao infinito."³⁰ Ora, como a sociedade induzida pela tecnociência comporta uma denegação de outrem, a própria fórmula da liberdade torna-se a da onipotência: "Quem não percebe que um sistema que se baseasse na onipotência narcísica do sujeito — e insisto nessa noção de narcísico porque ela implica justamente a dene-

---

²⁶ *Ibid.*, p. 29-30.
²⁷ *Ibid.*, p. 33.
²⁸ B. Edelman, "Sujet de droit et technosciences", *art. cit.*; "Génétique et liberté", *art. cit.*
²⁹ Citado *in* B. Edelman, "Sujet de droit et technosciences", *art. cit.*, p. 169.
³⁰ *Ibid.*

gação de outrem como princípio de realidade — romperia este equilíbrio?"[31] B. Edelman passa da interpretação de um artigo da *Declaração* a um diagnóstico sobre o "sistema" da tecnociência, e, através dele, sobre o "liberalismo". Mas nada impõe, para começo de conversa, de um ponto de vista lógico, que o limite representado pela liberdade de outrem — que, e sou aqui Balibar, baseia-se na igualdade (com suas conseqüências extraordinariamente exigentes) — seja traduzido como "domínio": "Se cada um é seu próprio senhor, desde que reconheça no outro um domínio equivalente, então a aporia kantiana da obediência [o homem precisa de um senhor para viver em sociedade, mas este senhor só pode ser um homem] desaparece."[32] Mas a formulação correlativa da posição do sujeito-cidadão como legislador/sujeito da lei não implica qualquer representação de domínio. Não seria porque a posição imanente da lei é insuportável? "Quem não vê que a liberdade assim reconhecida ao homem [por quem?] já comporta sua onipotência?"[33]

Não haveria aí uma certa nostalgia da sujeição, do sujeito-não cidadão, submetido à soberania real e por trás dela divina, limite imaginário contra a suposta onipotência "humana"? É como se a liquidação do conceito de sujeito-dominado da antiga ordem política só pudesse conduzir a uma pura forma de submissão (ao mercado, à empresa etc.) que, por sua vez, ocupa o lugar da onipotência.

Distingue-se aqui uma representação que atravessa toda a conceitualização de Legendre, por sinal citado por B. Edelman. Depois de descrever a modelagem dos "sujeitos" pelas empresas, ele conclui: "Para serem eficientes, essas empresas devem modelar o sujeito a sua imagem ou mesmo supor que ele é a sua imagem da mesma maneira que o Estado pressupõe o amor de seus nacionais. O que o Estado quer, os cidadãos devem querer."[34]

---

[31] *Ibid.*, p. 170.
[32] *Ibid.*
[33] *Ibid.*
[34] *Ibid.*

Mas de que sujeito estamos falando? Passamos do sujeito de direito, e da liberdade definida pela *Declaração*, ao indivíduo em sua particularidade no coletivo. Ora, pelo menos num Estado de direito, se o edifício jurídico baseado na *Declaração* não serve para submeter à lei as formas de sujeição coletivamente organizadas, para que serviria? Uma outra questão é saber em que medida, num determinado Estado, os efeitos de direito, de igualdade são efetuados; mas não se pode alegar esta realização para afirmar que o próprio *princípio* que a sustém é a mobilização da onipotência. Aliás, em nome de que desmontar a interpretação "liberal" de tais disposições da *Declaração dos Direitos do Homem*[35] se se injeta em suas formulações esta versão liberal?: para poder opor-lhe uma *outra* interpretação, é preciso pressupor que ela a traz em si.

Para concluir sua demonstração, B. Edelman precisa duplicar o "sujeito de direito" e a liberdade de 89 com um outsider, o *sujeito do desejo*.

Mas não é esta a questão. O desejo, como sabemos cientificamente desde Freud, é indestrutível e domina um espaço e um tempo propriamente alucinatórios. Por um lado, o "ego" não imagina sua morte e instaura uma duração imortal; por outro, ele tende a conquistar um espaço na medida de sua própria des-razão. Em outras palavras, a economia do desejo funciona para a satisfação de sua própria satisfação ilimitada.

A economia do desejo consiste portanto numa conquista total do mundo para fazê-lo vir a si, absorvê-lo, "sorvê-lo", e "outrem" não tem aqui uma existência própria: ele é a ligação contingente que permite o retorno a si. Em última análise, o desejo age como uma máquina cuja auto-suficiência precisa do outro para satisfazer-se. Desse modo, ele surge, se não como uma degradação da liberdade, pelo menos como um grau zero.[36]

---

[35] B. Edelman, C. Labrusse, "Une demande d'adoption plénière d'un enfant né d'une mère de substitution est-elle recevable?", *La Semaine juridique,* 27 de março de 1991.
[36] B. Edelman, "Sujet de droit et technosciences", *art. cit.*, p. 171.

Mas esta definição extremamente clássica das relações entre desejo e liberdade levanta duas questões solidárias: uma, de saber se esta interpretação da liberdade corresponde, fora inclusive da psicanálise, à interpretação que se pode dar do sujeito de direito; a outra, do alcance que se pode atribuir à promoção do sujeito do desejo na psicanálise.

Quanto ao primeiro ponto, não podemos permanecer insensíveis às objeções de Luc Ferry numa controvérsia recente. A promoção do sujeito não tem muito porque engendrar o declínio de outrem, até mesmo em virtude da substituabilidade formal ego = outrem que é a mola propulsora do sujeito de direito, e que dá ao universalismo abstrato do direito sua força: "Esta capacidade inerente a todo homem de produzir algo universal negando suas determinações particulares, às quais as visões tradicionais do mundo pretendem sempre submetê-lo."[37]

Por outro lado, a experiência moderna do direito torna difícil, com efeito, sustentar que o direito estaria aí para a realização de "meu" desejo, em vista da extraordinária rede das limitações opostas pelo direito positivo a minha suposta "onipotência". A distinção e a articulação das relações entre sujeito de direito e direitos subjetivos é efetivamente, portanto, a questão central.[38]

Podemos sem dúvida estabelecer uma filiação entre a crítica dos direitos subjetivos e a análise marxista do caráter "formal" do direito. A dificuldade maior seria então: como conservar aquilo que, na análise marxista do direito como "formal", discernia justificadamente as relações de força impostas pelo direito positivo, sem desembocar numa liquidação do sujeito de direito?

Na realidade, todas as análises que evidenciam, no direito e fora do direito, as formas sutis de sujeição ao mercado, *via* os dispositivos do biopoder, podem desdobrar-se independentemente de uma incriminação do "sujeito de direito", e mesmo da metafísica da subjetividade. Esta última resvala inexoravelmente para a denúncia católica

---

[37] L. Ferry, "L'humanisme juridique en question", *art. cit.*, p. 48.
[38] J. Michel, "Le droit à l'épreuve du sujet", *art. cit.*

do liberalismo (por sinal perfeitamente adaptada por baixo do pano à extensão das formas mais rudes do mercado), atualmente submetida a depreciação numa conjuntura particularmente favorável.

Um sujeito narcísico ou um direito à subjetividade?

Através dos "desejos" que se exprimem nos "direitos subjetivos", coloca-se a questão da relação do sujeito *do* direito e daquilo que desde Freud apresenta-se sob o nome de sujeito.[39]

• A distinção entre o registro narcísico do ego e o do sujeito, como a que passa entre demanda e desejo, cria obstáculo para uma operação que identificasse o sujeito jurídico dos direitos subjetivos com o sujeito do desejo. Donde, como vimos, a extrema ambigüidade do "desejo de filho" em sua promoção coletiva, que traduz na realidade a demanda resultante de uma oferta de procriação-produção pelas NTR. O próprio significado da prática da psicanálise está em jogo na manutenção dessa distinção.

• A exploração de uma demanda não analisada pelo mercado dos bens de reprodução, que sucede às formas de sujeição de tipo religioso, traduz-se efetivamente por uma inflação das reivindicações mais sintomáticas de "direitos subjetivos" a tudo. Mas, precisamente, seria enganar-se de objetivo perseguir aí o narcisismo do sujeito, sobretudo para opor-lhe a necessidade da subordinação à "ordem dos pais", sistema histórico de sujeição que certamente não é menos alienante que o

---

[39] Nesta questão, cf. Mikkel Borch-Jacobsen, *Le Sujet freudien*, Flammarion, Paris, 1982; "Le Sujet freudien du politique à l'éthique", *Confrontations*, XX, 1989, p. 53-72; "Les alibis du sujet", in *Lacan avec les philosophes*, Albin Michel, Paris, 1991, p. 295-314; e a avaliação de Pierre Macherey e Serge Viderman, in *Lacan avec les philosophes, op. cit.*, p. 315-321, 322-331.

mercado. É entretanto esta interpretação edipiana maciça que é tida como a contribuição da psicanálise ao debate dos direitos subjetivos.[40]

• Em vez de opor a emergência da categoria política do sujeito como sujeito-cidadão à do sujeito analítico, podemos considerar que elas colocam sob duas formas diferentes a mesma questão da relação simbólica com a alteridade, distinta da sujeição. Esta questão implica um reexame atento do manuseio da categoria lacaniana do simbólico (e de seu protótipo freudiano, a *Kultur*)[41] em razão de uma espécie de ambigüidade mantida pela teoria analítica a respeito da sujeição. Pois, paradoxalmente, para destacar a especificidade do sujeito de que se trata na psicanálise e a do desejo, é com este mesmo movimento que se pode incantar sua sujeição ao significante, à ordem simbólica etc.

• Ainda não se abriu efetivamente com clareza um lugar na teoria do sujeito para a questão de sua *singularidade*, que de forma alguma recobre a individualidade narcísica. O "sujeito narcísico" perseguido por trás dos direitos subjetivos promovidos pelo mercado caracteriza-se, ao contrário do que indicam as aparências, por seu caráter nodal, e de forma alguma por sua singularidade.[42]

Podemos, sobre esta base, tentar definir mais precisamente a relação entre o sujeito e o direito que está implícita nos direitos subjetivos e no sujeito do direito, em duas direções.

Existe um *direito psíquico* que define para o sujeito aquilo a que ele tem direito imaginariamente. A onipotência, que é um elemento capital da organização narcísica dos sujeitos, é representada para começar como um direito, em função e em pagamento dos traumas acumulados pelo sujeito em sua história ou na de sua genealogia. A pro-

---

[40] Cf. B. Edelman, "Génétique et liberté", *art. cit.*, p. 34 *sq.*
[41] M. Tort, "Le différend", *Psychanalystes*, nº 33, "Symboliser", 1989, p. 9-18.
[42] Sobre a questão da singularidade cuja introdução na teoria analítica ainda está por fazer, encontramos algumas indicações em Giorgio Agamben, *La Communauté qui vient*, Hachette, Paris, 1989.

blemática da "exceção" esboçada por Freud[43] é neste sentido exemplar. Em vez de incriminar o sujeito (por identificação projetiva), cabe analisar essa esfera do direito psíquico que está por trás das operações nas quais o "sujeito de direito" se engajará, e que proporciona a dinâmica e os objetivos da definição de novos direitos subjetivos.

Nesta direção, a posição da psicanálise, quanto ao sujeito e a seu direito, não é ambígua. O sentido da promoção do desejo é que as relações imaginárias de sujeição ao Outro devem dar lugar ao desejo do sujeito, o que não se dá sem abandono de sua "onipotência" e reconhecimento da alteridade, da diferença (dos sexos, das gerações), de seu limite.

Mas podemos distinguir o aparecimento de uma outra problemática. Ela diz respeito à questão de saber *se* e *como* o direito deveria ser incumbido de criar *as condições da subjetivação*, se existe um direito à subjetivação.

Atualmente, duas concepções principais opõem-se, pondo em jogo os elementos problemáticos que acabo de distinguir.

O LIBERALISMO PROCRIATIVO E SUA CRÍTICA AUTORITÁRIA

Nos extremos, entre uma interpretação quase mística do "des-ser" e uma exaltação perversa do desejo, a fronteira não raro é tênue.

No campo das procriações artificiais, a "lei do desejo" assume de bom grado a forma de um liberalismo do inconsciente. A versão é menos ingênua que a dos arautos da artificialização. De início, existe a convicção justa de que a hostilidade face às técnicas é tão sintomática quanto sua exaltação desenfreada. É um dos pontos destacados por Daniel Sibony.[44] As técnicas têm, com efeito, um poder de eviden-

---

[43] S. Freud, "Quelques types de caractères dégagés par la psychanalyse" (1915), trad. fr. em *Essais de psychanalyse appliquée*, 1971, p. 105-112.
[44] Daniel Sibony, *Entre dire et faire*, Grasset, "Figures", Paris, 1989, p. 105.

ciar certas relações do humano consigo mesmo, que não são fabricadas por elas. Elas obrigam a pensar, põem à prova a oposição dos desejos: com sua parte de indecidível.[45] Sua novidade mobiliza a nostalgia de um estado anterior ideal dos desejos, das concepções, das relações, que nunca existiu; ao mesmo tempo, defronta cada um com aquilo que se quer — sem sabê-lo. Podemos seguir também esta interpretação sutil quando ela pressupõe que o investimento das técnicas repousa na "busca de um ponto de real cuja mensagem nos dispensaria de ter de dizer e responder sobre o que fazemos, com seu corolário, o desejo perverso do homem de ser neste sentido dominado pela técnica".[46] Não vindo a garantia exigida para fazê-lo das ordens simbólicas antigas, o homem a exigiria da técnica. Restitui-se assim à invenção das técnicas sua parte de "prova do vivo", num sentido próximo da normatividade do vivo de que falava Canguilhem, sem sonhar em só fazer o que se sabe e cujas conseqüências seriam todas mensuradas.

É verdade, ainda, que o apelo à regulamentação, à lei, não é em si mesmo transparente para o psicanalista. O exame do discurso autoritário, inspirado numa mistura de psicanálise e direito fortemente confundido com a "ética", confirma que alguns esperam efetivamente da lei "que esmague até mesmo as tentações: é seu desejo acabar com ela". O domínio visado pela lei mantém relações sutis com aquela que ela tem como objetivo aparente conter.[47]

Entretanto, tais análises, capazes de identificar no apelo à lei, à proibição, o fantasma de uma lei que diria claramente que fazer, desincumbem os sujeitos de seu desejo, não deixando de minimizar consideravelmente as violências e as sujeições ligadas a certas formas da procriação-produção. Afirmar que sempre persiste a possibilidade de fantasmar, que as operações do desejo se infiltram nas questões de tipo industrial, sendo o principal que a palavra permaneça possível

---

[45] *Ibid.*, p. 104
[46] *Ibid.*
[47] *Topique*, nº 41, 1989.

O DESEJO FRIO

para todos, pressupõe que o problema está resolvido, já que, da mesma forma, a somatização do sintoma, a indução sem frase representam estratégias que, em larga escala, cortam a palavra do sujeito. A necessidade de formular os mecanismos de sujeição específicos da procriação-produção permanece inteira, assim como a de definir os modos de sua limitação coletiva, sem que possamos nos contentar em recorrer à iniciativa singular. Pois um dos principais efeitos dos funcionamentos dos coletivos vinculados à eficácia tecnicista é também de explorar o isolamento da singularidade e de calá-la.

Vemos facilmente como o equívoco do desejo permite passar daquilo que um sujeito "deseja" ao que lhe é oferecido no mercado dos bens de procriação, ou de transexualização. Mas seria então o mesmo que dizer que "a lei do mercado é a lei do desejo".[48] A hostilidade face a toda posição de limites, assimilados *a priori* à "demanda" (incompatível com o desejo) e à neurose, conduz diretamente a uma convergência dos temas analíticos ideologizados do desejo com as operações biomédicas, em sua dimensão de transgressão tendencial dos arranjos singulares e coletivos da procriação (ou da diferenciação sexual, da objetivação social, ritual da vida de maneira mais geral). Paradoxo: é surpreendente esperar do liberalismo puro a realização do desejo singular dos sujeitos, quando ele se limita a organizar a exploração regrada das demandas mais vantajosas.

A *versão autoritária: o bom pastor*

Numa ótica absolutamente oposta, observa-se, a partir de uma preocupação comum, uma estranha convergência entre as expectativas recíprocas dos juristas e dos psicanalistas. Tidos como sabedores do que diz respeito ao inconsciente e às condições da subjetivação, os psi-

---

[48] Jacques-Alain Miller, *Magazine littéraire*, número especial "Freud 1990".

canalistas são convidados a formular as exigências mínimas que deveriam ser asseguradas pelo legislador. "Que direitos para a psique?":[49] este título de um número recente de uma revista de psicanálise, *Topique*, é altamente característico desse ponto de vista, assim como a evocação de uma "ordem jurídica do inconsciente", a ser construída para opor-se a práticas que estariam em vias de destruir o processo de constituição da identidade através do desmembramento das funções paterna e materna. Os considerandos psicológicos de certo número de discussões jurídicas (por exemplo, sobre a necessidade de um pai e de uma mãe para o equilíbrio psíquico do sujeito) vão no mesmo sentido.

Transformados (e se transformando) por sua vez em especialistas do inconsciente e do sujeito, certos psicanalistas dão testemunho do que identificam em matéria de manifestações inaparentes, latentes, de forças inconscientes em ação nos projetos biomédicos, e esperam do jurista que oponha resistência a esta ofensiva de forças maléficas.

Não vamos aqui voltar ao fato de que seria conveniente, em primeiro lugar, estabelecer a participação exata dos fantasmas imputados às ciências e às técnicas e de suas operações efetivas, antes de pretender estatuir em nome da psicanálise. Cabe antes interrogar-se sobre as condições que tornam possível que psicanalistas se coloquem em posição não de interpretar, mas de visar a literal erradicação por via legal dos fantasmas coletivos.

Um tal resvalar provavelmente não seria concebível sem a confusão introduzida por certas teses a respeito das relações do direito e da psicanálise, particularmente nos trabalhos de P. Legendre dedicados à genealogia.

A *incriminação do sujeito*

A incriminação insistente da "demiurgia do sujeito" é — mesmo à margem do equívoco alimentado sobre a palavra sujeito (qual? o su-

---

[49] *Topique*, "Quels droits pour la psyché?", nº 41, 1989.

jeito de direito, o "indivíduo", o "sujeito" do inconsciente?) — ao mesmo tempo surpreendente e chocante. Pois se alguma coisa ressalta das análises que antecedem, é efetivamente a extensão de novas formas de *sujeição*. É muito mais fácil atacar com veemência os "sujeitos" que os suportes materiais de sua sujeição, no caso, certos dispositivos do biopoder. Veremos aliás que não obstante as fanfarronadas moralizadoras certos elementos estratégicos desses dispositivos (como o anonimato) já são considerados intocáveis.[50] Por quê? Podemos associar a esta estranha concepção da lei, impiedosa com o sujeito e clemente com o grupo de pressão organizado, a justificação do sacrifício dos desejos de alguns em nome do interesse geral dos outros. Mas se o que está em jogo reside efetivamente nas condições da subjetivação, suas exigências são universalizáveis de direito e o "sacrifício" fica privado de significado, pois faria com que as "exceções" deixassem a condição humana.[51]

Seria por outro lado cabível — o que por sinal não passa de um aspecto particular do ponto anterior — situar no mesmo plano as evoluções sociológicas que, pondo em xeque as formas seculares da ordem patriarcal, instituíram um direito positivo mais justo com as mulheres e as crianças, e certos desenvolvimentos das procriações artificiais que ameaçam as condições da própria subjetivação?

A filiação não se organiza mais em torno de uma trindade, mas torna-se um vínculo binário, segmentário, no qual a aliança do homem e da mulher deixa de ser significante e fundadora. O desenvolvimento das uniões livres e das filiações naturais, do divórcio e dos abandonos de fato dos filhos multiplica o número de crianças de um só pai ou de crianças chamadas a viver sucessivamente com pais de fato múltiplos, ao sabor das uniões sucessivas contraídas pelo pai ou pela mãe de direito. Curiosamente, a crise do casamento cria para

---

[50] Cf. *infra*.
[51] C. Labrusse-Riou, *Produire l'homme: de quel droit?*, op. cit., p. 248 *sq.*, 217.

os filhos ao mesmo tempo a perda de uma filiação e a multiplicação das filiações de substituição, sem que estas sejam consagradas pelo direito. Este fato social estabelece, por sua vez, a legitimidade das procriações artificiais em benefício dos solteiros ou dos casais homossexuais, privando a criança da inscrição numa linhagem paterna ou materna; em sentido oposto, esses fatos estabelecem também a institucionalização de parentelas múltiplas face a todos aqueles ou aquelas que cooperaram com a procriação, o que, por refração, instituiria formas inéditas de poligamia e de poliandria em sistemas construídos há séculos sobre a monogamia.[52]

O raciocínio de C. Labrusse-Riou é simples: se as bases do casamento cristão secularizado não tivessem sido abaladas pela filiação natural, as procriações artificiais se teriam convenientemente mantido nos limites da FIV (sem doadores) e da IAC. É perfeitamente verdade que o exercício da procriação artificial põe em jogo os efeitos das transformações das relações de sexo. Mas ainda está por provar que os novos arranjos da família representam um transtorno das condições de subjetivação análogo aos que estão potencialmente inscritos na procriação artificial. Pode-se supor, muito mais facilmente, que os principais inconvenientes de certos dispositivos da procriação artificial permitem estigmatizar de volta toda uma evolução das relações de sexo e de suas conquistas jurídicas (lei sobre a filiação de 1972, sobre a despenalização do aborto de 1975). Nessa perspectiva, apresenta-se como um fenômeno geral, correlativo dessa erosão geral dos "valores da família", "a negação, em nome do desejo individual, do caráter social da filiação e em conseqüência dos limites que a natureza e a cultura misturadas imprimem sob forma de proibições sociais à onipotência dos desejos".[53] E as procriações artificiais serão dadas como um exemplo dessa subversão difusa: "Assim como as procriações artificiais oferecem possibilidades de transgressão de interdições como o

---

[52] Ibid., p. 214.
[53] Ibid., p. 215.

incesto (o pai de um homem estéril oferecendo seu esperma à nora)..."⁵⁴ Mas quem não percebe que a continuidade da PMA com o "transtorno das estruturas de base da família" é imaginária? Antes da intervenção do biomédico, que sogro era capaz de "oferecer seu esperma" à nora? Estabelecendo essa continuidade fictícia, apaga-se a transgressão biomédica como tal, para imputá-la aos indivíduos. A partir daí, seria possível definir os princípios que permitem abordar a análise das questões empíricas com as quais se defrontam os juristas, representando a incidência dos pontos de vista do psicanalista?

• Existem estratégias subjetivas do inconsciente nas estratégias coletivas a respeito da procriação, tanto as que se inscrevem no direito positivo, as que se exprimem nos projetos de sua ordenação, quanto nas demandas individuais ligadas às anteriores. É por isso que uma oposição do direito (tido como privado de inconsciente) e dos desígnios dos sujeitos, exteriores, é insustentável.

• Não existe "simbólico" conquistado *in aeternum*, puramente estruturante, mas processos de subjetivação históricos, que compõem com as relações históricas entre os sexos e através deles, com as relações aos saberes e às formas da organização social e política, e suas transformações. Existem novas relações de procriação, tensões formidáveis entre os modos patriarcais da genealogia e as novas relações dos sexos. Como identificar e analisar os elementos inconscientes implicados nessas transformações, eis a única questão para os psicanalistas, e ela não pode em momento algum ser reduzida a uma chamada à ordem simbólica. É o que eu gostaria de demonstrar, procurando evidenciar a maneira como o discurso e as práticas do direito jogam no debate atual com as estratégias inconscientes, a propósito da filiação, do consentimento e do debate sobre o embrião.

---

⁵⁴ *Ibid.*, p. 245-246.

A CRÍTICA DA VERDADE BIOLÓGICA DA FILIAÇÃO

Na subversão das condições da filiação, um papel particular é atribuído ao desenvolvimento da "verdade biológica".

Ora, pensando bem, esses progressos científicos, se não tiverem sua utilização limitada pelo direito, ou bem nos remeterão a um direito arcaico contrariando as evoluções recentes, ou bem nos levarão a basear a filiação exclusivamente no fato biológico, única realidade tangível à qual o direito possa apegar-se, mas realidade inumana que confunde filiação e geração e exclui o ato de palavra, ou bem nos levam ainda a multiplicar os casos em que precisarão ser baixadas sentenças salomônicas, para dizer quem é o pai, quem é a mãe daquele que se obstinou em fazer nascer, ou bem a aceitar a procriação anônima de filhos de ninguém, a cargo exclusivamente da sociedade.[55]

Se há, contudo, uma noção em torno da qual se acumulam as confusões características, é com efeito a de "verdade biológica da filiação". A ambigüidade dessa noção, e sobretudo da crítica à qual é submetida por juristas e antropólogos, à margem inclusive dos psicanalistas, deve ser frisada, na medida do estranho consenso que parece ter-se estabelecido sobre este ponto.

Por um lado, com efeito, os antropólogos lembram o caráter social das relações de parentesco e filiação, a diversidade cultural de suas formas, no momento em que o Ocidente parece em vias de pretender conferir-lhes um fundamento "biológico". "Em tudo que diz respeito à filiação e mais amplamente à paternidade, só existe uso social. Regra que decorre de exigências sociais (construir o homem e a sociedade) e não ditadas pela natureza (confundida aqui com o biológico), a filiação é uma questão de convenção, como todas as regras que os homens criam em sociedade."[56]

---

[55] *Ibid.*, p. 195.
[56] Françoise Héritier-Augé, "De l'engendrement à la filiation", *Topique*, "Quels droits pour la psyché?", nº 14, 1989, p. 173-174. Ver também

Observando melhor, no entanto, o argumento não está isento de equívocos nem de contradições. Para começar, por um efeito perverso, evidente, desde a antropologia "libertina" da era clássica, de Cyrano a Sade, passando por Diderot, a viagem filosófica, se produz um relativismo ético que faz a originalidade da cultura européia, sempre engendrou em suas margens, mais ou menos discretamente, um questionamento das interdições fundamentais, particularmente, é claro, da interdição do incesto. O argumento é sempre tendencialmente o mesmo: se não existe fantasia tão estranha que não tenha sido instituída em alguma sociedade do planeta, não é apenas o caráter arbitrário das nossas que daí resultará mas a ausência de interdições universais.

Em outras palavras, o mesmo mecanismo que, felizmente para o Ocidente, dessacralizou certos aspectos dos direitos positivos e dos costumes, antecipando os efeitos espetaculares e radicais do mercado, produz também, marginalmente, uma subversão de bem outra ordem. E ele atua hoje em dia sob novas formas. Assim, paradoxalmente, ao insistir no fato de que as novas técnicas de reprodução nada inventaram[57] — o que por sinal é altamente discutível —, pois uma analogia para cada "invenção" já teria sido constatada nesta ou naquela tribo africana ou guineana, alimenta-se, implicitamente, o relativismo perverso no exato momento em que se pretende recordar a natureza social do parentesco. Cedendo às satisfações do narcisismo antropológico, ao prazer que ele sente em controlar, com o olhar "distante"[58] (dos elementos subjetivos em jogo), os arranjos procriativos em escala planetária, subestima-se para começar a originalidade dos modelos que o direito ocidental definiu, e que estão em vias de se impor por toda parte. Esta originalidade decorre da reunião de três elementos:

Id., "Don et utilisation de sperme et d'ovocytes, mères de substitution...", *Génétique, procréation et droit, op. cit.*, p. 237 *sq.*; e "La cuisse de Jupiter. Réflexions sur les nouveaux modes de procréation", *art. cit.*
[57] Cf. F. Héritier-Augé, "La cuisse de Jupiter", *art. cit.*
[58] Claude Lévi-Strauss, *Le Regard éloigné*, Plon, Paris, 1986.

— o papel atribuído ao sujeito e a sua relação com as relações sociais que a ele se impõem: é a dimensão política, democrática, do sujeito de direito;
— com a transformação que ela induz dessas relações (que nada tem a ver com o matriarcado, ou com a filiação matrilinear etc., de certas sociedades...);
— o lugar ocupado pelo saber científico e as técnicas que lhe são associadas.

A argumentação antropológica, que recorda a natureza social das relações de parentesco, não leva devidamente em conta não só os efeitos perversos do "argumento antropológico" como a natureza social do lugar do sujeito, das relações de sexo e da prática científica. Ainda estamos esperando o antropólogo inspirado que produza uma análise do mesmo tipo que aquela a que se entregou Edmund Leach a propósito da pretensa "ignorância da paternidade" nas sociedades primitivas, para identificar-lhe a origem nos mitos cristãos da "Virgindade de Maria", secularizados e transportados na bagagem antropológica.[59]

Percebe-se, enquanto isso, o interesse que pode conter uma crítica antropológica apoiada, se não fundada, na verdade biológica — que não passa portanto, por "biológica" que se declare, de um elemento *simbólico* novo, particular ao Ocidente. Ela permite, sem grandes esforços, levantar uma objeção maciça às evoluções dos costumes e do direito de filiação que se precipitaram no último século, alegando, de maneira puramente sofística, que elas poriam em causa os "próprios princípios" da filiação. Contudo, pondo no mesmo plano o reconhecimento da filiação natural e as perversões da filiação, abertas pela maternidade de substituição e a IAD, prefere-se uma vez mais denunciar sem grande esforço um "desmoronamento simbólico" secular, em vez de questionar com rigor os dispositivos do biopoder, sem falar das relações de sexo que os presidem, da mesma forma

---

[59] Edmund Leach, *Les Vierges-mères* (1986), reproduzido em tradução francesa in *L'Unité de l'homme*, Gallimard, Paris, 1980, p. 77-107.

como não se manifesta interesse pelas que prevaleciam nas sociedades passadas idealizadas.

A PSICANÁLISE E A VERDADE BIOLÓGICA DA FILIAÇÃO

Percebem-se facilmente as sólidas razões pelas quais a crítica do recurso à verdade biológica pôde ser socorrida pela "experiência dos psicanalistas".

Os critérios que determinam a filiação são plurais, e nem a paternidade nem a maternidade podem reduzir-se *apenas ao critério biológico*.

A tendência a privilegiar este critério, e mesmo a reservar-lhe a exclusividade, inscreve-se num total desconhecimento da dimensão simbólica da filiação. A criança por nascer e a criança adotada inscrevem-se numa cadeia de desejos, de expectativas, de fantasmas em parte conscientes nos quais jaz a verdade da questão de sua origem como sujeito desejante.[60]

E o autor demonstra que não é o desconhecimento da verdade biológica que explica determinados transtornos da adoção, mas os elementos de identidade e de desejos em jogo nas linhagens. Desse modo, uma criança adotada pode interrogar não sua origem estrangeira, dita, mas a ausência de relações sexuais dos pais adotivos. Na realidade, a exibição da verdade biológica está sempre em vias de funcionar como "o verdadeiro sobre o verdadeiro", o que nada tem a ver com a verdade dos sujeitos no sentido da psicanálise.[61] Na experiência analítica, o recurso à verdade biológica inscreve-se, para o sujeito e seus pais, para começar como um meio, em estratégias complexas.[62] Estas utilizam também o

---

[60] Patrick Guyomard, "L'ordre de la filiation", *Topique*, nº 44, 1983, p. 214.
[61] *Ibid.*, p. 216.
[62] Uma outra ilustração a respeito pode ser encontrada em "Le nom du père incertain" (a sair).

estado do sistema jurídico (no qual a verdade biológica é levada em consideração) e, ainda por cima, o "dizer a verdade" sobre a filiação e a origem, dotado de um valor diferente, suplementar, de natureza psicológica, desde que se disseminaram as "idéias da psicanálise". Nessas condições, a questão da verdade biológica da filiação revela-se de extrema ambigüidade. Para começar, é preciso com toda evidência distinguir o registro *jurídico* que lhe confere um lugar por razões a serem examinadas; e a dialética dos sujeitos que se adaptam a determinado sistema — ou a outro; enfim, a operação dos intervenientes eventuais que ligam o primeiro à segunda, seja para "harmonizar" a verdade subjetiva ao sistema, seja para liberar os efeitos alienantes do sistema sobre o sujeito. A análise do tratamento psicológico da IAD ilustra com eloqüência este último mecanismo. Pois somos defrontados com um autêntico paradoxo, que é deixado sem explicação pelas discussões jurídicas. Não se pode, com efeito, incriminar o desenvolvimento descontrolado da verdade biológica, agindo como se as montagens pseudojurídicas, tais como as da IAD ou da doação de ovócitos (deixando por um momento de lado sua diferença), se situassem na continuidade dela, pois se caracterizam, pelo contrário, ao mesmo tempo por um recurso maciço à verdade biológica e por uma negação declarada do vínculo biológico! O que equivale a ressaltar, *en passant*, o poder de obnubilação da referência moralizante à crítica da verdade biológica.

Feitas essas distinções, podemos voltar à crítica da promoção da verdade biológica. Sub-repticiamente, da evocação da dimensão simbólica da filiação, pelo antropólogo ou pelo psicanalista, resvala-se para uma exclusão da verdade biológica do simbólico, ao passo que ela se inscreve no direito, e que não se pode denegar ao genitor todo aspecto simbólico. Paralelamente, joga-se com as palavras a propósito das "ficções" jurídicas, superpondo o aspecto simbólico das ficções (que pode chegar, em determinadas sociedades, ao ponto de designar oficialmente uma mulher como pai),[63] e o aspecto imaginário e enga-

---

[63] É o caso dos nuer da África oriental. Cf. F. Héritier-Augé, "Fécondité et stérilité: la traduction de ces notions au stade préscientifique", *Le Fait féminin*, Fayard, Paris, 1978, p. 401.

O DESEJO FRIO

nador de outras ficções escoradas nas primeiras. É o uso perverso da ficção "*pater is est quem nuptiae demonstrant*" no direito anterior à lei de 3 de janeiro de 1972, que foi justificadamente questionado em vista de seus efeitos desastrosos. Que o recurso à verdade biológica seja ele próprio suscetível de ser utilizado em estratégias retorcidas de retratação não está em dúvida; mas seria uma razão suficiente para questionar a verdade biológica? Se foi necessário esperar o ano de 1971 para que a pesquisa de paternidade se tornasse juridicamente possível, foi em razão das ficções ligadas aos poderes jurídicos dos homens-pais em sua sociedade, nas quais é assim frisada a dominação masculina. É preciso ir mais longe. Também aqui, avalia-se a ambivalência face ao saber biológico e as raízes fantasmáticas dessa ambivalência. O axioma a respeito da *incerteza* do pai está ligado não só a um princípio simbólico que distingue efetivamente o parentesco humano da geração, por princípio; mas também à impossibilidade material milenar da prova de paternidade; e também, por sinal, às estratégias desenvolvidas do lado masculino para tornar-se "incerto"[64] para além do dizer de uma mulher. Em outras palavras, o real da biologia também é um acontecimento simbólico, no mínimo porque não resulta de nada mais senão de manipulações simbólicas (o saber). É verdade que a realidade biológica da geração não basta para formar a filiação, mas não se percebe muito em nome de que ela não deveria integrar-se à operação simbólica. Serge Leclaire destaca o perigo desse desconhecimento ao frisar que no "critério de verdade biológica" o poder de atração e mesmo de fascinação "deriva tanto do controle de uma ordem simbólica que põe em jogo quanto da realidade dos processos de que dá conta".[65] É por sinal exatamente o que se observa através das operações da IAD ou da doação de ovócitos. Se os "materiais humanos" como o esperma ou os ovócitos fossem "reais", causariam tais problemas?

---

[64] Jacqueline Rousseau-Dujardin, "De l'art d'être incertain", *Cahiers du Grif*, 36, 1987, p. 97-107.
[65] Serge Leclaire, "Le critère de vérité biologique", in *Topique*, n° 44, 1990, p. 208.

O paradoxo das montagens psicológico-jurídicas procriativas não residiria precisamente na justaposição de um rebaixamento da verdade biológica e da celebração do simbólico da paternidade ou maternidade afetiva e social? Como acontecia no funcionamento do sistema antes da lei de 3 de janeiro de 1972, o problema não está portanto ligado à "verdade biológica" como tal, mas à manipulação das ficções que incluem a vinculação biológica; manipulação pelos sujeitos, os organismos coletivos interessados, pelos juízes e, em última análise, pelo próprio legislador, efetuando-se o conjunto das demais operações na base de um estado do direito.

Na realidade, é o uso das noções de "ficção" e "verossimilhança" que já de início gera confusão. Consideremos, por exemplo, a análise que a este respeito propõe uma jurista, Dominique Thouvenin.[66] Depois de lembrar os tipos de filiação conhecidos pelos direito francês, a autora mostra que se este encontra dificuldade para integrar os efeitos das técnicas de procriação artificial é em razão das "falhas introduzidas no sistema jurídico pela contestação de paternidade".

O Código Civil, no que diz respeito à primeira [filiação legítima], enuncia que o marido da mãe "poderá deixar de reconhecer o filho na justiça se justificar fatos capazes de demonstrar que não pode ser seu pai", enquanto no que se refere à segunda prevê que "o reconhecimento pode ser contestado por todas as pessoas interessadas, mesmo seu autor". Trata-se de textos formulados em termos extremamente gerais, que nunca dizem que a filiação poderá voltar a ser questionada porque o pai não poderia ser o pai sem ser também o genitor. Entretanto, se os textos não o dizem expressamente, acaso não o subentenderiam? Uma tal afirmação não pode ser deduzida das regras da contestação de filiação natural; em compensação, não seria este o caso da fórmula que invoca os fatos capazes de demonstrar que o marido não poderia ser o pai?[67]

---

[66] D. Thouvenin, "Le droit a aussi ses limites", in *Le Magasin des enfants, op. cit.*
[67] *Ibid.*, p. 220.

O DESEJO FRIO

A passagem desses limites da verossimilhança, quando a realidade contradiz a aparência, à prova biológica é que abalaria os fundamentos do sistema de filiação,[68] antes mesmo que as técnicas de procriação artificial ampliassem "a falha". Ora, o manuseio das noções de verossimilhança e ficção jurídica superpõe dois elementos heterogêneos. Por um lado, referem-se ao próprio princípio da filiação, enquanto diferente da geração biológica, e correspondem ao ato social de reconhecimento: é a natureza simbólica de ficção da filiação. Mas por outro lado remetem não à realidade observável, mas, implicitamente, aos desígnios dos sujeitos, à utilização que podem fazer da ficção simbólica que fixa a paternidade. Ora, é efetivamente para proteger desses desígnios o simbólico da ficção que a verossimilhança sobre a qual funciona a filiação legítima fora submetida a limites. Desse modo, nas situações derivadas da PMA, a questão não está em que a separação entre sexualidade e reprodução faça reinar exclusivamente a verdade biológica, mas que os limites impostos à verossimilhança não podem mais ter *a priori* o mesmo significado; e que as estratégias dos sujeitos, *que evidentemente existiam antes da mesma maneira*, não podem mais ser recalcadas pelo edifício jurídico. Pois aí é que está o verdadeiro problema: as práticas da procriação artificial obrigam o direito da filiação, muito mais imperiosamente do que o que levara afinal a estabelecer a contestação de paternidade, a enfrentar seu recalque, dissimulado na operação creditada como uniformemente simbólica de substituição de pai para genitor. Pode ser que, do ponto de vista do edifício jurídico, seja possível caracterizar como "falha" o momento em que se limita historicamente o uso perverso da ficção. Mas também se pode, simultaneamente, apreciar-lhe o significado e avaliar de bem outra forma a sua importância: a de levar em consideração estratégias subjetivas — com os conflitos aos quais remetem — no próprio direito.

---

[68] *Ibid.*, p. 221.

UMA CONTRAFAÇÃO LEGAL

Observemos a título de exemplo como se efetua a montagem IAD, instituição declarada como "contrafação legal",[69] altamente característica dos elementos em jogo nessas estratégias e dos caminhos insolúveis pelos quais elas encaminham o jurista.

Todo o movimento que conduziu à lei de 3 de janeiro de 1972 sobre a filiação operou-se portanto sobre a base de uma crítica das ficções do direito anterior, dizendo respeito à regra *pater is est*, que tinha como efeito a vinculação automática do filho ao pai no contexto do casamento. Foi em nome da verdade biológica que se conduziu a reforma. Ora, é evidente que a IAD procede ao mesmo tempo muito exatamente à fabricação de uma tal ficção, frágil em última análise por estar à mercê da denegação de paternidade pelo pai estéril (situação que foi julgada). Esta ficção jurídica, esta "contrafação legal" realiza, ou pelo menos visa a realizar, no próprio direito, no estatuto jurídico, a manobra de uma instituição cuja regulamentação sobre o anonimato não tem valor jurídico *stricto sensu*. Encontramos uma montagem análoga, mais complexa, no caso das mães ditas de substituição: contrato de locação, desprovido de qualquer valor jurídico; abandono pela mãe que porta, reconhecimento pelo marido da mulher estéril (que têm, em compensação, valor jurídico). Também aqui, o aspecto mais interessante diz respeito à denegação inscrita no direito. Tudo se dá, com efeito, como se o que é sancionado "juridicamente" por um abandono devesse ser denegado no vocabulário que orquestra toda a operação, o da "doação" de mulher para mulher.

O que configura uma verdadeira derrubada da argumentação implícita na lei de 1972 recebe um reforço inesperado numa justificação "psicanalítica" da filiação artificial situada na linha da "elaboração psicológica". Para isso, é necessário e suficiente assimilar a ficção jurídica produzida (o "pai IAD", a mãe receptora) à realização da "lei

---

[69] C. Manuel, "La révélation de son origine à l'enfant né par IAD", in *Aspects psychologiques de l'insémination artificielle, op. cit.*, p. 85.

simbólica que regula a aliança e a diferença entre gerações. A derrubada espetacular da argumentação jurídica surge a propósito da "paternidade" do pai estéril. Ver-se-ia de bom grado no consentimento à IAD (ato de vontade típico) e na integração à filiação instituída a própria mola propulsora do acesso à paternidade "simbólica".

Já não surpreende tanto, assim, ver o psicólogo empenhar-se em prevenir, por sua vez, a possível denegação do pai legal na IAD, em nome da instituição de uma situação realmente simbólica. "Empreendemos o estudo das condições nas quais se coloca o problema da paternidade do homem estéril, com a perspectiva de definir as modalidades de uma prevenção eficaz da denegação e do fracasso em reconhecer o filho."[70]

Note-se que se trata de uma assimilação implícita da função paterna simbólica a uma paternidade instituída *ad hoc*. Situação afinal de contas paradoxal, pois o que era a ficção denunciada a propósito da presunção de paternidade vem aqui a ser erigido em regra de assunção à paternidade. Voltamos a encontrar os problemas dessa ficção em outros lugares — vale dizer, quando se coloca a questão de saber o que os sujeitos e particularmente os pais, na IAD, farão do segredo com o qual terão sido convidados a se virarem. Constata-se com efeito que, quanto a fazer o pai real, o pai que se vê, desde a assistência regulamentar ao parto até às variedades diversas de paternagem, não há problema. Mas as dificuldades ressurgem com a redução do pai à paternagem. A experiência parece demonstrar que é mais fácil para esses sujeitos fazer o pai real do que sentir-se à vontade em sua posição simbólica face ao filho, por exemplo no exercício das funções do pai imaginário (o que se designa como autoridade), como se a autoridade tivesse algo a ver com o estatuto de genitor ou não.

Situação que não é própria do pai estéril. Conhecemos o "para começar, não és meu pai, logo nada tens a dizer..." que liga singularmente "o ter-a-dizer" à descendência biológica — enunciada como não-filiação. É por sinal a perspectiva de uma queda de sua autorida-

---

[70] *Ibid.*, p. 85-89.

de que produz tão freqüentemente a mentira mantida pelos homens sobre a filiação. O interesse desta situação é que manifesta uma referência extremamente singular ao efeito simbólico da procriação. Mas só se pode analisá-la levando em conta vários elementos: desdobramento dos homens (por trás do pai desinstituído surge um outro homem genitor), utilização da situação pela mãe para liquidar o homem como pai, já que da mesma forma sua ausência de autoridade não decorre do fato de que ele não é pai (na realidade, genitor), mas do que ela faz disso. É evidente que existe uma continuidade entre o esfacelamento do pai impotente e a reparação do pai estéril, quanto à relação entre sua demanda de filho (com o que ela metamorfoseia sobre o gozo) e sua sanção médica. Por outro lado, a referência à filiação natural da mãe para o filho e a sua "legitimidade" mostra claramente, mais uma vez, que a simples detenção da boa ficção jurídica, ou de um papel real, não basta para mobilizar a função paterna.

É este sentido que a crítica da verdade biológica e a justificação do anonimato falseiam. Demonstra-se sempre que a função paterna não está ligada ao genitor. Não se esperou o psicanalista para descobri-lo, mas isso significa deter-se a meio caminho. Faltaria, com efeito, demonstrar que a instauração do anonimato é simbolizante, ao passo que tudo indica em sua instauração uma manobra a serviço do recalque, quando não de outras forças de apagamento, mais desestruturantes ainda.

Isso ilustra singularmente as razões que levam a conferir à noção de legitimidade um lugar determinante de indicador dos elementos de desejo em jogo. O filho IAD pode ser o que há de mais "legítimo" segundo a lei, pois a montagem é feita para isso. Apenas, nada fica regulado quanto ao que verdadeiramente está em jogo na legitimidade. É o que se sabe admiravelmente em determinada discussão sobre a manutenção do segredo entre os casais, quando se fala, a propósito do pai, de "sua legitimidade como verdadeiro pai", da "ilegitimidade" dos direitos de seu pai a ocupar o lugar do pai, da sua a ser reconhecido como filho. Que seria a *ilegitimidade dos direitos*, senão sua assinatura da ausência de pai segundo a lei do desejo e não segundo o consenso social?

O DESEJO FRIO

Em suma, é preciso distinguir imperativamente a discussão dos próprios princípios da lei de 3 de janeiro de 1972, a respeito da paternidade biológica, e os das situações produzidas pela procriação artificial. O problema colocado pela IAD, as mães de substituição, não reside em absoluto no reconhecimento da primazia de uma paternidade e de uma maternidade "afetiva" ou "social", legal, cujo princípio no fim das contas está garantido na instituição da adoção, que serve de referência permanente. Consiste na realidade na instituição do simulacro e do segredo, aos quais se pede à lei que dê a mão.

O DESMENTIDO DE PATERNIDADE NO CASO DA IAD

Podemos avaliar o inconveniente de uma certa concepção do recurso à ficção jurídica a propósito do comentário de julgamento dos tribunais pronunciado por Alexandra Papageorgiou-Legendre.[71] O comentário diz respeito a um julgamento do tribunal de última instância de Nice (30 de junho de 1976) comparado a duas decisões posteriores (Paris, TGI, 19/2/1985; Bobigny, TGI, 18/1/1990).[72] A autora observa que é em nome da lei que a filiação legítima é denegada nas duas primeiras sentenças, em nome da vontade que é mantida na terceira. Ela se interroga sobre o problema, efetivamente determinante, de saber se existe ainda "um contexto legal uno", se as situações criadas o desarticulam. Mas bastaria acaso lembrar que a paternidade é um fato de representação, uma ficção jurídica, para conter este esfacelamento? Isto não dá conta do deslizamento da ficção: é efetivamente porque existem usos problemáticos dessa ficção que se coloca um problema. Limitar-se a reafirmar abstratamente a natureza simbólica da ficção significa acobertar qualquer uso perverso. Pode-se considerar, em sentido inverso, que a operação de simbolização reside não na fic-

---

[71] A. Papageorgiou-Legendre, *Filiation*, Fayard, Paris, 1990, p. 151-166.
[72] *Ibid*.

ção em geral, mas no movimento pelo qual se levou em conta no direito positivo determinado uso perverso. Pode ser que a natureza do trabalho dos magistrados e do legislador seja transformada muito profundamente pelo fato de se levar em conta a relação dos sujeitos com a lei. Mas se pode pensar que existe aí um caminho mais fecundo, ainda que seja difícil, que a solução literalmente mágica de proclamar alto e bom som a paternidade é uma ficção a ser tornada inatacável, ao passo que incrusta um segredo.

Examinemos o vínculo jurídico de filiação sob o ângulo da ficção, que parece opô-lo à verdade biológica, psicológica ou sociológica. A ficção se dá comumente como contrária à verdade, ou seja, mentira, ou contrária à realidade, ou seja, criação imaginária. A descoberta do inconsciente nos leva a reconhecer a ficção em sua dimensão de função fundadora, afeta à instância da representação, enquanto registro constitutivo do animal falante.[73]

Depois de lembrar a noção de cena psicanalítica, de cena imaginária geradora de efeitos estruturantes, A. Papageorgiou-Legendre vê no fantasma de cena primária a realidade "subjetivamente inseparável da noção jurídica de filiação sob seu aspecto de ficção": "O conceito jurídico de filiação só tem efeito para um sujeito determinado quando articulado de forma inconsciente à cena fundadora das origens, o fantasma de cena primária."[74]

Que psicanalista não estaria de acordo com essas generalidades, apresentadas como descobertas? Mas ele imediatamente se perguntará em que elas permitem responder às questões precisas colocadas pelas procriações artificiais, quando se declarar que se trata de "arranjar" claramente, para essas formas novas de imitação da natureza, uma presunção de paternidade inatacável.[75] Para começar, os proble-

---

[73] *Ibid.*
[74] *Ibid.*
[75] *Ibid.*, p. 162.

mas levantados pelo desmentido de paternidade em geral não são de forma alguma resolvidos pela afirmação solene do vínculo entre a "ficção" e o fantasma inconsciente. A experiência analítica não parece dar testemunho do caráter estruturante do tipo de ficções que são operadas nos casos de contestação de paternidade. A este impasse vem somar-se o mais preocupante. Afirmar a ficção no caso da IAD e colocar a presunção como inatacável significa, muito mais profundamente, estabelecer-se no contexto das montagens biomédicas e cimentá-las juridicamente.

Essa contradição encontra-se na discussão jurídica extremamente densa e rigorosa que C. Labrusse-Riou dedica às soluções possíveis propostas a uma intervenção legislativa.[76] Ela esclarece os efeitos sistêmicos de uma medida que põe a paternidade ao abrigo da contestação na IAD: seus efeitos sobre as ações relativas aos filhos procriados naturalmente. Ela distingue perfeitamente os paradoxos pelos quais o reforço da vontade — princípio que se supõe conter os efeitos deletérios da verdade biológica — pode conduzir a seu contrário, tornando-se a prova biológica a condição da manifestação da vontade. Em outras palavras, a cada momento, aqui como nos outros pontos, constata-se que o jurista se determina, muito além do formalismo dos efeitos sistêmicos, em função dos cálculos supostos aos sujeitos (se não dos que são implícitos à própria solução jurídica).

É por isso mesmo tanto mais espantoso constatar que o problema é logo de entrada falseado pela caução dada à IAD como *terapêutica*.[77] Em outras palavras, cabe perguntar como tornar inatacável uma operacionalização da oferta biomédica e dos sujeitos. A conseqüência não se faz esperar: como se poderia ao mesmo tempo colocar a questão "com que direito produzir o homem?" e escrever: "Se adotamos o direito da filiação carnal, o respeito do sistema implica que os doadores sejam reduzidos a ser apenas fornecedores de produtos biológicos"?[78]

---

[76] C. Labrusse-Riou, *Produire l'homme: de quel droit?, op. cit.*, p. 218 sq.
[77] *Ibid.*, p. 219.
[78] *Ibid.*, p. 220.

O DIREITO E O FRIO

O direito é chamado a decidir sobre o jogo de estratégias subjetivas; acontece que estas são dominadas pela indução biomédica. Seria na realidade um resultado paradoxal generalizar e legalizar o anonimato, se se admite que é uma montagem biomédica.

Contudo, para salvar o edifício aparente da "vontade" dos efeitos da verdade biológica, introduz-se diretamente no direito o efeito mais direto do aparelho biomédico; para reforçar as ficções, cuja natureza ambígua é subestimada, paga-se o preço alto de instalar no edifício jurídico da filiação os arranjos deste ou daquele dispositivo do biopoder. Restabelece-se a proibição do desmentido, depois de ter admitido o desmentido muito mais radical representado pela montagem biomédica.

Em conclusão, nas discussões a respeito da verdade biológica e da subversão do direito da filiação que lhe é atribuída, a incriminação da vontade dos indivíduos ou de seus desejos contribui para acobertar o que está principalmente em jogo, protegendo a sujeição biomédica. Será que a escolha estaria efetivamente, hoje, entre referenciais genealógicos independentes da vontade dos indivíduos e de seus desejos contraditórios[79] e uma espécie de livre serviço da filiação[80] no qual cada qual escolheria "sua" filiação? Não há interesse em aferrar-se a esses desejos contraditórios singulares, aos fantasmas de filiação que provocam, em vez de enfrentar abertamente os dispositivos biomédicos de poder que os orquestram, modelam e realizam.

Quando C. Labrusse-Riou comenta sentenças recentes do Tribunal de Paris,[81] percebe-se que a mola propulsora da argumentação é o reconhecimento e a admissão "universal" das técnicas de procriação.

Mas para o Tribunal de Paris em 1990 a argumentação é invertida. As convenções são lícitas, pois cada qual tem um direito natural de fundar uma família, e se a natureza a isto se opõe no caso de casais sofrendo de esterilidade ou atingidos por uma *proibição médica de*

---
[79] Id., "La maîtrise du vivant: matière à procès", *art. cit.*, p. 104.
[80] P. Legendre, Prólogo "Analecta", in *Filiation, op. cit.*, p. 196.
[81] C. Labrusse-Riou, "La maîtrise du vivant", *art. cit.*, p. 102.103.

procriar*, as técnicas de procriação dita artificial... *universalmente reconhecidas e aceitas** não se opõem na atual situação dos costumes e das práticas científicas à ordem pública... a maternidade de substituição, naquilo em que diz respeito às capacidades de gestação da mãe, deve ser incluída entre as derrogações à ilicidade dos contrastes que têm como objeto o corpo humano etc.[82]

Observe-se que em geral o conjunto das técnicas de procriação artificial, amálgama de procedimentos diferentes, heterogêneos (FIV, IAD, aqui maternidade de substituição), pretende forçar a uma aceitação ou a uma rejeição global.

O novo "direito natural" de fundar as famílias mais fantasistas, atribuído aos indivíduos, apenas formula as condições exigidas pelas empresas biomédicas para desenvolver a aceitabilidade social de procedimentos experimentais, do tipo da IAD. Não se trata da expressão de "desejos contraditórios de sujeitos" (eles existem), mas da expressão de desígnios de micropoderes no interior de nossas sociedades, que, propondo suas montagens, exploram esses desejos. A filiação *à la carte* emana tão pouco dos sujeitos quanto os consumidores decidem sobre a implantação e os cardápios dos McDonald's. A verdadeira dificuldade parece estar na realidade em admitir que organismos que têm autorização para funcionamento público, como os CECOS, só funcionem em seu princípio, quanto à requisição dos sujeitos, como cadeias McDonald's da procriação.

CONVENIÊNCIAS

Os juristas analisam o movimento através do qual tende a constituir-se um direito subjetivo à procriação ou ao filho, explicitado em deter-

---

* Grifos meus.
* Grifos meus.
[82] *Ibid.*, p. 103.

minadas sentenças. Formalmente, a dificuldade pode ser identificada, mas o embaraço não é menor, em razão das confusões organizadas em torno da "demanda subjetiva". Essas confusões, que sempre têm como efeito apagar as condições de formação dessas demandas, têm efeitos inelutáveis. Estes surgem de forma emblemática a propósito das disposições legais a respeito da IVG, cuja interpretação atravessa sorrateiramente todo o campo da procriação artificial. Distinguindo cuidadosamente o que diz o direito do que o discurso jurídico tende a fazê-lo dizer, D. Thouvenin assinala a interpretação tendenciosa da lei de 1975 sobre a IVG. Ela lembra que "o aborto constitui sempre um delito sancionado pelo Código Penal; desde a lei de 1975, contudo, as penas previstas deixam de ser aplicáveis se fatos justificam essa infração, no caso, se a interrupção voluntária de gravidez é praticada nas condições estabelecidas pelo Código de Saúde Pública".[83]

Ela mostra o interesse da operação que consiste, no discurso jurídico, e não nos textos de lei, em apresentar as disposições distribuídas entre o Código Penal e o Código da Saúde Pública como um direito subjetivo.

Isto redunda em admitir que a partir do momento em que uma mulher apresente uma demanda, ela é aceita, embora a lei a autorize apenas a fazer uma demanda cujo conteúdo será verificado. Embora se trate evidentemente de um direito a, o que assinala a presença do Estado, pretende-se ver aí a expressão de uma demanda subjetiva.

Todavia, alegar que se trata de um direito subjetivo apresenta um grande interesse; permite dar crédito à idéia de que a interrupção voluntária de gravidez é utilizada ao sabor das conveniências individuais.[84]

---

[83] D. Thouvenin, "Le droit a aussi ses limites", in *Le Magasin des enfants, op. cit.*, p. 231.
[84] *Ibid.*, p. 232.

Pondo entre parênteses o fato de que é a lei que autoriza a fazer uma demanda, apresenta-se a demanda individual como demanda subjetiva. E não é difícil enxergar por sinal o interesse desse deslizamento: desde o início, a existência do aborto e a lei sobre a IVG são utilizadas como objeções a qualquer protesto contra a transformação dos embriões em objetos de experimentação. Como as mulheres os descartam, por que não haveriam os médicos de aceitá-los?

O limite da crítica a esta exploração tendenciosa da IVG é no entanto evidente: será que o fato de o direito autorizar uma demanda impede que ela seja utilizada para fins de conveniência individual? É evidente que não. Neste ponto, como na contestação de paternidade, paga-se o preço da impossibilidade de conferir um estatuto jurídico às estratégias individuais e coletivas. A lei sobre a despenalização do aborto representa efetivamente uma posição histórica em relação às estratégias individuais das mulheres num certo estágio de desenvolvimento das biotécnicas, e das relações de sexo. Basta por sinal observar em que condições a IVG é questionada, aqui e ali, seja quanto a sua instauração, seja quanto a sua manutenção, para perceber o jogo das forças que nela se enfrentam.

Também aqui a referência ao "terapêutico" é inconsistente e denegadora. Na imensa maioria dos casos, a IVG não é mais terapêutica que a contracepção. O termo "terapêutica" indica simplesmente que a gestão da contracepção no sentido mais amplo passa pela medicina, a menos que entendamos com isto — o que pode ser sustentado — o "cuidado" num sentido muito extensivo enquanto afeto ao corpo, independentemente de qualquer idéia de cura ou de restauração de um estado anterior perturbado por uma patologia. Queiramos ou não, o que é em geral reprovado sob o nome de "conveniência" já organiza maciçamente a atividade biomédica enquanto tratamento voluntariamente demandado.

O problema não reside na existência, manifesta e propícia, das estratégias singulares, mas na forma das relações que são instituídas entre os organismos que gerem o caso dos "cuidados" e as estratégias individuais.

Existe efetivamente uma continuidade entre o modelo da IVG e os da PMA, que é unicamente a dessas relações. Aí termina entretanto sua analogia. No caso da IVG, as mulheres tiveram de exercer sobre os próprios médicos uma pressão considerável para conseguir a promulgação da lei. A questão do consentimento reduz-se ao consentimento dos médicos. No caso da PMA, uma situação totalmente diferente está na origem das virulentas polêmicas em torno de suas finalidades, na medida em que o desenvolvimento das pesquisas sobre a reprodução, autônomo, propõe finalidades procriativas e faz uma oferta de demanda.

Assim, a oposição entre as demandas puramente individuais e as estratégias coletivas, formalizadas no direito, é fictícia: trata-se mais uma vez de uma relação a ser determinada com o maior cuidado. É um dado que convém manter permanentemente em mente quando se aborda as conseqüências mais delicadas do desenvolvimento da PMA, especialmente no que diz respeito à situação dos embriões.

D. Thouvenin, com outros autores, observa a referência ao modelo da saúde pública[85] quando se tratava de evitar que criação e utilização de embrião decorressem de demandas puramente individuais. Mais uma vez, observa-se que estas são definidas como a origem, quando, pelo menos neste caso, é absolutamente evidente que esta perspectiva de criação e utilização provém diretamente, por definição, dos laboratórios. Neste sentido, um tal modelo "não evita" nada absolutamente. Para começar, o "liberalismo absoluto" assim conjurado é fictício, pois as iniciativas dos indivíduos nesta questão limitam-se a tocar a partitura biomédica. Mas sobretudo é um contrato que vem assim a ser assinado entre as supostas demandas individuais e os limites aceitáveis pelo Estado responsável pela saúde pública, que lança um véu, em nome da saúde pública, sobre o controle exercido pelo biopoder. Em que a procriação artificial tem a ver, em muitíssimos casos, com a saúde pública? Não é à toa que se observa o deslizamento pelo qual a natureza médica do consentimento esclarecido "tende a passar do domínio médico ao domínio jurídico".

---

[85] *Ibid.*, p. 227 *sq.*

No campo médico, ele funciona como um limite do poder do médico sobre o corpo do doente; o médico deve assegurar-se da concordância de seu paciente se não quiser cair sob suspeita de violência pura e simples. Ele proporciona portanto um efeito pacificador. No campo jurídico, a expressão do consentimento tem o poder de criar relações das quais decorrem obrigações.[86]

Mas é preciso então extrair as conseqüências

A questão das procriações medicinalmente assistidas é disso uma ilustração vívida: existem efetivamente sujeitos que consentem, mas eles não têm direitos — por razões que já explicamos — e exprimem "algo" que se chama consentimento, mas que não é um consentimento no sentido jurídico.[87]

Se percebemos aqui não só uma contradição jurídica, mas um encadeamento, fica claro que se trata, nem mais nem menos, de anular nos sujeitos, por um consentimento *jurídico*, os limites representados muito relativamente pelo consentimento *médico* para os médicos. Medicalização dos modelos jurídicos, talvez. Mas será preciso entender-se bem sobre as operações de que é teatro o famoso consentimento esclarecido.

CONSENTIDORES

A elaboração da doutrina do consentimento médico está ligada aos problemas da experimentação no ser humano.

Se tentarmos apreender o estatuto da experimentação no ser humano, defrontamo-nos com uma situação extremamente estranha e

---

[86] *Ibid.*, p. 226.
[87] *Ibid.*, p. 227.

perturbadora: 1) até data muito recente (12 de dezembro de 1988), ela não dispunha na França, em sua generalidade, de qualquer estatuto jurídico, embora fosse maciçamente praticada sob formas extraordinariamente diversas; 2) as condições da experimentação no ser humano foram formuladas, no plano internacional, numa conjuntura histórica absolutamente particular, a do processo de Nuremberg (código de Nuremberg de 1947), em outras palavras, em ligação direta com a experimentação nazista. Não se pode negar que o que se apresentava até então sob a forma de discurso, desses discursos biopolíticos com suas identificações aos princípios da vida, da raça etc., passou da observação à experimentação não em determinado sujeito particular, mas no ser humano como espécie, pois foi o que obrigou a definir-lhe as condições éticas e jurídicas.

Podemos certamente associar a isso o clima de escândalo que envolve, de forma pertinente, a expressão "experimentação humana" ou experimentação no homem, objeto de indignação ética ou de reivindicação científica e médica. As expressões têm sua importância e sua história. Se essas duas expressões provocam posicionamentos apaixonados, é porque carregam toda uma história que as associa diretamente às práticas da medicina nazista, ao processo de Nuremberg. Não é evidentemente por acaso se a primeira tentativa de fixar as condições das "experiências médicas em seres humanos" está representada pelo código de Nuremberg.

Em sua intervenção no processo dos médicos, o Dr. Leo Alexander, especialista no tribunal de Nuremberg, declarava: "Os abusos das experiências não podem ser invocados contra as experiências humanas, assim como a morte por trabalhos forçados não pode constituir um argumento contra o trabalho." Esta posição de princípio, associada na prática à formulação de uma série de condições que a experimentação no homem deve atender, corresponde aparentemente ao bom senso. Ela também visa desarmar uma argumentação tendenciosa dos inculpados, justificando as práticas da medicina nazista em nome da necessidade em geral da experimentação humana.

Seja como for, pode-se levantar a hipótese de que a expressão "experimentação humana" deve sua repercussão afetiva extremamente singular precisamente a sua proximidade com as representações latentes do "sacrifício humano". Pode ser que a maioria das experiências efetuadas em seres humanos desde Nuremberg poucas relações tenham, racionalmente, com este sacrifício. Mas, para começar, está constantemente por provar que assim seja; esta comprovação não deve ser considerada como disponível *a priori*: é este exatamente, por sinal, o sentido das declarações que sucederam ao código de Nuremberg — precisar as condições pelas quais se poderia considerar que determinadas experiências não constituíam sacrifício humano, cujos motivos alegados sempre foram, como se sabe, elevados.

Se examinarmos a evolução das declarações sucessivas (Helsinque, Tóquio, Manila), observaremos transformações notáveis:[88]

• A primeira diz respeito à própria qualificação do objeto. A experimentação no homem dá lugar a "pesquisas implicando a participação de sujeitos humanos" (Manila, 1981). A mesma inversão de perspectiva está inscrita na lei francesa de 12 de dezembro de 1988 sobre a "proteção das pessoas que se submetem a pesquisas biomédicas". Em outras palavras, o ponto de vista é representado como sendo o dos sujeitos que "se submetem" a pesquisas. Não se trata mais tanto de controlar práticas médicas duvidosas ou criminosas quanto de proteger sujeitos que a elas se submeteriam desconsideradamente.

É verdade que se poderia supor, embora fosse necessário um certo idealismo, que tais formulações correspondem à inutilidade, já agora, de colocar princípios gerais tais como os consentimentos considerados como garantidos e óbvios por parte daqueles que propõem as pesquisas aos sujeitos "que se submetem". Ora, é evidente que não é o que se passa; por si só, o quadro, pragmático, das práticas mais

---

[88] Comitê Consultivo Nacional de Ética, parecer de 3 de outubro de 1984, p. 28-42.

comuns bastaria para convencer disso.⁸⁹ Trata-se portanto, na realidade, de uma outra maneira de implicar os sujeitos e de fazê-los participar da grande empreitada biomédica.

• A segunda transformação corresponde a uma extensão considerável do campo de aplicação e a uma modificação de sua economia:

— as pesquisas biomédicas capazes de implicar os sujeitos humanos abrangem, com efeito, não só os tratamentos e testes de medicamentos, inclusive nos setores determinantes da psiquiatria, como também o campo da procriação artificial, inclusive o diagnóstico pré-natal e "pesquisa fetal", enfim, os estados de "vida artificial", comas superados e estados vegetativos crônicos;

— por outro lado, a justificação das pesquisas médicas que não são elementos da conduta terapêutica é reconhecida explicitamente: a declaração de Helsinque II distingue a pesquisa médica associada a cuidados profissionais (pesquisa clínica) da pesquisa biomédica não terapêutica.⁹⁰

Parece evidente que esta evolução nada deve aos "sujeitos que se submetem", e tudo ao desenvolvimento concorrencial da indústria farmacêutica, assim como dos institutos de pesquisa biológica e do aparelho hospitalo-universitário a eles associado, em suma, do que M. Foucault denominou o biopoder.

Assim, quando se afirma enfaticamente que a experiência em seres humanos é indispensável, mas deve ser submetida ao consentimento esclarecido do interessado, invoca-se um princípio central, a cujo respeito a maioria estaria facilmente de acordo. Mas também se mascara o principal — que ressurge em "submeter-se", "ser implicado" —, a saber, o imenso esforço do aparelho biomédico para incluir em

---

[89] Aline Richard, Sohpie Veyret, *Cobayes humains*, La Découverte, Paris, 1988.
[90] *Ibid.*

O DESEJO FRIO

seus protocolos de pesquisa e experimentação, segundo a expressão corrente, sujeitos "consentidores". Neste sentido, os diversos casos evocados nas declarações ou nas leis a respeito dos sujeitos "vulneráveis" (doentes, crianças, deficientes, mulheres grávidas etc.) traduzem, para corrigi-las, práticas correntes das pesquisas existentes, nas quais a miséria física ou psíquica facilita ou bem o consentimento, ou bem a ignorância pura e simples da exigência de consentimento.[91]

Para além do reconhecimento do princípio da necessidade do consentimento, constata-se a precipitação e a insistência de um discurso do médico que argumenta com a incompatibilidade entre este princípio e as condições da prática médica: situação de urgência, por exemplo. Mas também se percebem contradições específicas, que não podem ser vinculadas da mesma maneira a uma recusa das obrigações do consentimento. Assim é que a própria natureza das substâncias extremamente tóxicas utilizadas em cancerologia leva a testá-las em doentes em fase terminal que não podem esperar qualquer benefício direto delas — o que não deixa de ser exigido pelo artigo 19 do Código de Deontologia Médica. Estabelece-se assim uma estranha relação, na pesquisa de finalidade terapêutica, entre um doente e seus semelhantes, na qual seu corpo experimenta o que servirá talvez para curar o corpo doente do outro. A experimentação duplo-cega, introduzida sistematicamente a partir dos anos cinqüenta em testes terapêuticos randomizados, acentua o paradoxo, pois tem como efeito, por definição, que certos doentes submetidos à experiência não recebam tratamento algum. No mesmo momento em que esta metodologia estatística introduz o rigor (de quê?) no teste terapêutico, produz também situações que certos clínicos criticam como pouco compatíveis com a medicina.[92]

Podemos a este respeito perguntar-nos se a rigidez dos testes randomizados não tem como condição implícita a importação para a medicina de uma "psicologia científica" que expulsa visceralmente

[91] *Ibid.*
[92] *Ibid.*

desde o início os efeitos da "sugestão" — vale dizer, nem mais nem menos, o conjunto complexo das relações significantes que ligam os sujeitos humanos, ao contrário dos ratos de laboratório. Pode ser portanto que este modelo do rato é que passe agora a dominar triunfalmente a metodologia da clínica médica. Neste sentido, consentimento e sugestão não passam evidentemente das duas faces do mesmo problema: a existência da relação médico-doente, submetida a uma verdadeira obsessão "científica". Ainda seria preciso mostrar, com efeito, que os fenômenos ligados a esta relação, e que o uso sistemático do duplo-cego visa a implodir, não podem ser objeto de um controle positivo que não passasse pelo teste randomizado, tanto mais que a rigidez dos protocolos vai de par com práticas de um extraordinário laxismo.[93] Sob muitos aspectos, a cientificidade dos protocolos, posta em destaque, funciona na realidade como um sistema de defesa contra a relação médico-doente. Mas no exato momento em que ela vem a ser tiranizada pela metodologia estatística, a relação paciente-médico encontra na aura científica um alimento novo para a transferência medicinal, que de sua parte nada tem de científico. Paradoxalmente, no instante em que se intensifica dessa maneira o saber atribuído ao médico, que participa, qualquer que seja seu gesto, do novo culto da ciência — representante do recurso último —, este saber se impregna de uma nova forma de *segredo*: a que resulta dos esforços para desarmar a "sugestão" e a transferência. O segredo médico repousava numa relação de confiança entre dois sujeitos. O segredo do médico repousa já agora na encenação sistemática organizada para finalidades de saber, de manipulação de saber.

O acesso ao real do corpo implode o dizer em seu elemento principal, em proveito do observável. Este segredo não decorre de uma mudança de nível da exploração em si, a qual, mergulhando nas profundezas do corpo, ainda pode dizer-se, mas da nova reserva do dizer medicinal. O segredo vem regular a circulação entre o corpo dos sujeitos, a do "duplo insabido", a da manipulação que faz os órgãos migra-

---

[93] *Ibid.*

rem de um a outro. É neste espaço do novo segredo que virão instalar-se as práticas da procriação artificial e seus transplantes de órgãos. Nesse espaço controlado apenas pelo saber do médico — saber sobre o que passa de um corpo ao outro — abre-se uma relação estranha entre os próprios sujeitos. À circulação das substâncias e do saber corresponde a representação nova do corpo de cada um como reserva de dons utilizáveis. A requisição do corpo o torna, em seu princípio, disponível para a "ciência" e, através dela, para os outros sujeitos. Bem longe das imagens angustiantes do cientista louco, o que se organiza diante de nossos olhos assemelha-se mais a uma conseqüência extrema mas banalizada da Previdência Social e das caixas de mutuários: é o reino da caixa de mutuários dos corpos, a solidariedade do sangue, da medula e do esperma.

DOAÇÃO E ANONIMATO: A TROCA PROCRIATIVA*

Tal é o contexto no qual convém situar novamente a discussão sobre os princípios que regem as demandas da procriação artificial nas quais regras "deontológicas" tendem a transformar-se em regras de direito. G. David descreveu recentemente a "construção prática de uma deontologia" no caso da IAD.[94] Ele conclui a retrospectiva da organização dos CECOS com um lembrete da aceitação oficial de seus princípios gerais pela Ordem dos Médicos em 1986, "marcando esta aprovação ao mesmo tempo um reconhecimento da IAD como meio terapêutico".[95] Observa que esta deontologia, ainda tendo o aval do conjunto da profissão médica, sempre estará aos olhos de muitos sob suspeição de arbitrariedade.[96] Embora o caso não seja isolado, na his-

---

* A exposição que conclui este capítulo corresponde a minha contribuição à obra coletiva *Le Magasin des enfants, op. cit.*
[94] G. David, "La construction pratique d'une déontologie", *Pouvoirs*, n° 56, 1991, p. 77 sq.
[95] *Ibid.*, p. 85.
[96] *Ibid.*

tória atormentada da medicina, das práticas problemáticas, em geral se trata das que encontram dificuldades para serem admitidas como dizendo respeito à medicina. Ora, a procriação artificial, como outras práticas experimentais, coloca já agora o problema inverso, pois sua aceitabilidade médica é rapidamente dada como certa, ao mesmo em tempo em que é objeto de reservas fundamentais externas ao meio médico. G. David enumera em seguida as razões pelas quais a aceitabilidade médica não basta.

Os problemas levantados pelas PMA superam de longe o nível técnico e médico: podemos justificadamente contestar a médicos o direito de responder a perguntas como estas, para considerar apenas o terreno da IAD; deve-se admitir a procriação por gametas extraconjugais? Em caso positivo, qual deve ser o estatuto do filho e do marido quanto à filiação? O anonimato do doador seria obrigatório? A mulher solteira pode usufruir da IAD? Pode-se admitir a inseminação póstuma? Caso sim, qual o estatuto do filho concebido *post mortem* quanto ao estado civil e ao direito de sucessão?[97]

Este lembrete útil tem entretanto o inconveniente de subestimar o fato de que em tais questões fundamentais uma resposta já foi dada na prática pela organização dos próprios CECOS, de modo que a etapa legislativa desenrola-se sobre a base dos pressupostos já agora bem escorados em práticas médicas, especialmente no que diz respeito à *doação* e ao *anonimato*.

Certos juristas vieram a contestar a analogia entre a doação de órgãos e a doação de gametas face ao princípio fundamental da indisponibilidade de pessoas, questionado, ainda mais fundamentalmente, pela experimentação projetada no embrião. Os contratos sobre doações de esperma poderiam ser considerados como "contratos dotados de objetos ilícitos, pois são verdadeiras doações de paternidade".

[97] *Ibid.*, p. 85.

O DESEJO FRIO

A convenção estabelecida entre o organismo e o casal põe em causa o princípio da indisponibilidade do corpo porque a semente dá vida; assim, este tipo de doação não pode ser assimilado às doações de sangue ou de órgãos, válidas quando feitas a título gratuito. A doação de gametas também põe em causa o princípio da indisponibilidade do Estado porque equivale a decidir quanto à filiação da criança. Assim foi que o tribunal de recursos de Toulouse autorizou um amante, em 2 de setembro de 1987, a anular o reconhecimento que havia feito, não obstante o consentimento da inseminação dado previamente a sua amante.[98]

Sejam quais forem as conseqüências desta argumentação num plano estritamente jurídico, a referência à doação, à gratuidade e ao anonimato apresenta-se como uma solução moral que manteria em xeque, na velha Europa, o liberalismo e a transformação do corpo em mercadoria, da procriação em prostituição produtiva sob vigilância médica. As diferenças da gestão dos biopoderes certamente existem, mas longe está de ser certo que tais diferenças entre o liberalismo americano e a ética à francesa sejam mais que variantes secundárias de um mesmo processo fundamental.

O anonimato é apresentado como uma regra ética que permite a circulação da doação em certas figuras da procriação artificial (IAD, doação de ovócitos). Na realidade, doação e anonimato resultam diretamente das operações de transação com as substâncias procriativas. As considerações e intervenções psicológicas na dinâmica da doação entre os doadores, as receptoras, as variações relativistas, etnopsicológicas sobre a doação de substâncias corporais apagam e relativizam esta dependência da doação e do anonimato em relação à oferta de demanda biomédica. A doação é considerada como um problema psicológico a resolver ou como uma das molas propulsoras da ordem simbólica, e nunca por aquilo que a envolveu em tudo isso, uma troca procriativa racional submetida a todas as hipóteses tecnicamente possíveis.

---

[98] J. Fouchère, "Corps, espèce et société", in *Droits et Cultures*, n° 20, 1990, p. 233-241.

A demanda de doação

A doação é a forma das transações que requerem as substâncias necessárias para as operações biomédicas. Consideremos o caso da transferência de embrião e da doação de ovócitos: a doação de ovócito apresenta-se como a correspondente simétrica feminina da IAD, com a diferença de que passa pela intervenção mais sofisticada que é a FIV. Percebe-se aí a filiação do conjunto das operações técnicas da procriação artificial e como ela engendra inelutavelmente demandas novas de intervenção. Nada há de surpreendente, assim, no fato de que, no mesmo movimento em que se formam indicações possíveis, mulheres que poderiam beneficiar-se dele venham a se manifestar: é a harmonia preestabelecida que domina o movimento aparente da demanda em toda a procriação artificial.

Mas é preciso aprofundar o exame dessa harmonia. A transferência de embrião é, a este respeito, das mais interessantes. Ela permite, com efeito, apreender com a maior clareza uma relação mais sutil entre a indicação e a demanda, por sinal a que recobre a dualidade transferência de embrião-doação de ovócito.

Na representação biomédica, indicações e metodologia seriam, como sempre, posteriores às questões apresentadas pelos sujeitos. Mas os próprios termos convidam a encarar a situação de bem outra forma. Pois só há doação de ovócito no espaço da transferência de embrião; os sujeitos tratam eles mesmos de designar aí uma operação regulada pelo discurso biomédico, retomando-lhe os significantes e oferecendo-se em troca à operação. Começa-se a falar de "meus ovócitos, óvulos", como anteriormente de "meu útero, minhas trompas" etc. "Meus ovários estão presentes mas inacessíveis, tornando a Fivete impossível, e mesmo perigosa demais." "Meus ovários são deficientes (anomalia genética, endometriose ovariana, menopausa precoce)." "Meus ovários foram retirados por intervenção cirúrgica, mas eu preservo um órgão uterino" etc.[99]

Por outro lado, a biomedicina tende a definir, a partir das possibi-

---

[99] R. Frydman, *L'Irrésistible Désir de naissance*, op. cit., p. 136.

O DESEJO FRIO

lidades técnicas, no caso a possibilidade de a FIV introduzir um gameta estranho, relações de transação entre os sujeitos. Quem diz transferência, com efeito, diz necessariamente transação com elementos da reprodução. Ora, a transação é sempre representada no discurso biomédico como emanando dos sujeitos, seja sob forma de oferta de uma doação, seja sob a de uma demanda de receber. Mas ela é antes de mais nada o correlato inelutável da operação pela qual os elementos do corpo de um sujeito tornam-se substituíveis pelos de outros sujeitos. A transação abre o espaço da livre circulação da troca do que será preciso considerar como produtos corporais mais que como órgãos.

Do esperma ao útero, passando pelo ovócito, a artificialização que vincula corpos estranhos também descreve a curva de uma alienação do corpo próprio sustentada pela biomedicina. A própria classificação de doadoras revela que a espontaneidade da doação corresponde muito precisamente a uma solicitação biomédica. Frydman distingue assim a doadora ocasional que *aceita* (itálico meu) que sejam retirados um ou vários óvulos "durante uma intervenção cirúrgica programada por motivos médicos" *[sic]*, ou então durante uma demanda de contracepção definitiva por ligadura das trompas. Quanto à doadora "adicional", seria aquela que, durante tratamento pela FIV, aceitasse doar um de seus óvulos suplementares "a partir de um limite de três".[100] A "doadora relacional [...] está pronta a submeter-se a uma miniintervenção cirúrgica para ajudar a pessoa de sua escolha".

Nessa própria situação, na qual a iniciativa tem portanto todas as aparências de estar partindo dos sujeitos, de sua demanda, ou antes de sua oferta de algures, o movimento real da transação é inverso. Pois se o desejo de reparação pode levar a oferecer ao outro, só se pode doar ovócitos, que como tais não têm qualquer realidade subjetiva, transitando pelo lugar biomédico, que só ele dá corpo ao projeto de uma tal operação, e sem o qual ela é impensável.

É portanto efetivamente uma proposta de alienação de óvulos que é feita pela medicina "por aceitação". É bem verdade que os dois pri-

---

[100] *Ibid.*, p. 137.

meiros casos fazem *pendant* àquilo que se apresenta como demarches autônomas, as das doadoras "relacionais" e "passionais". Mas a autonomia destas é aparente; elas limitam-se a atender, em seu estilo próprio (dito relacional, passional), à solicitação latente. Se a proposta dos sujeitos permite recalcar essa solicitação, é porque revela muito rapidamente, por trás da assepsia da ideologia da doação, a vertente menos tranqüilizadora das transações subjetivas sobre o corpo próprio, vale dizer, as operações nas quais os sujeitos se dispõem a expor as partes de seu corpo. As entrevistas com as doadoras[101] levantam uma ponta do véu sobre essas operações.

Instituição do anonimato

A questão "médica" está toda concentrada em torno do problema de saber como permitir ou não que o anonimato da doação desempenhe um papel. Aqui, como em outros casos, o anonimato visa, teoricamente, estabelecer uma distância em relação a efeitos perversos da troca dos corpos, separar um corpo-a-corpo. A troca das partes do corpo, ainda que medicalizada, mobiliza fantasmas. O anonimato deveria supostamente garantir que a economia dos objetos parciais desligados do corpo próprio e ligados a um outro corpo se manterá separada da imagem do corpo total do outro, com seus efeitos de fusão, de identificação, de sedução, de rivalidade.

A doação de ovócito não apresenta problema técnico importante. A discussão gira em torno de duas demarches possíveis: uma delas exige o anonimato da doadora, a outra o dispensa. As doadores passionais ocasionais, adicionais, estão no primeiro grupo, e uma parte das doadoras relacionais, no segundo (transação direta).

[101] M. Bydlowski, Comunicação nas primeiras jornadas de Clamart, 8-2-1987.

O anonimato corta a identificação possível de um lado à parte desligada, para torná-la possível do outro. Quanto mais a solicitação médica é central — como no caso das propostas de extração de ovócito em curso de FIV[102] —, mais se impõe a necessidade de separar o que a medicina separa e reúne, para manter à distância a representação possível das hipóteses por ela investidas. Daí resulta, entretanto, que esta representação reflui na direção do olhar organizador que define os novos arranjos da procriação. O anonimato é também — donde a curiosa expressão anonimato absoluto (pois, para o médico que sabe, ele nada tem de absoluto) — o exercício do recalque dessas cenas no biomédico.

O anonimato e o fantasma

Entretanto, quando se impõe a convicção, totalmente imaginária, de que a doação de ovócito realiza um fantasma que sempre existiu (é o retorno da idéia de que a demanda se origina nos sujeitos), quando os sujeitos parecem apresentar-se por si mesmos à troca de órgãos, e a culpabilidade da representação de um arranjo das cenas exclusivamente pelo médico vê-se portanto deslocada, a exigência de anonimato vacila. Eis então o médico seduzido pelo quadro tocante das amigas de longa data que nada recusam uma à outra, das irmãs, das mães e das filhas que tomam a seu cargo a situação. "No momento da punção sob anestesia local, uma se mostra sorridente, a outra lhe acaricia os cabelos. Um certo silêncio as envolve. Parece uma cena de *Gritos e sussurros*, o filme de Bergman. Semelhante qualidade do relacionamento reafirma minha confiança às vezes abalada na humanidade."[103] Como, então, aplicar o "anonimato" a essas situações em que os sujeitos se apresentam entendidos entre eles? E no entanto, curiosamente, a questão do anonimato é colocada em termos de "livre escolha". "O

---

[102] R. Frydman, *L'Irrésistible Désir de naissance*, op. cit., p. 134-140.
[103] *Ibid.*, p. 139.

romance familiar é freqüentemente por demais passional para que seja possível estabelecer normas. A instituição médica deve favorecer a transação anônima, sem por isso proibir a doação relacional, se é fruto de uma longa reflexão e de uma livre escolha entre essas duas possibilidades."[104] Mas se o romance familiar é passional, será necessário questionar-se sobre o significado da reflexão longa e da livre escolha. Na realidade, a norma desaparece em proveito de uma livre escolha passional dos sujeitos. Mas não sem que, organizando a livre escolha — em situações nas quais o anonimato pode ser aplicado, vale dizer, aquelas em que só o médico pode estabelecer um relacionamento entre os sujeitos (e não mais apenas entre órgãos separados) —, o biomédico surja como o mestre de cerimônias das paternidades adicionais.

O exemplo seguinte dá uma idéia dos elementos passionais em jogo e da realidade recoberta pela livre escolha. Uma mulher, depois de receber de uma equipe parisiense uma recusa de doação de ovócitos provenientes de sua cunhada, dirige-se a uma equipe médica do interior, que aceita. As entrevistas que sucedem ao parto evidenciam claramente em que medida a proposição de doar pode ser anterior a toda demanda do sujeito: a cunhada, em conflito com a mãe da paciente, e uma amiga íntima é que convencem a paciente a fazer a demarche, oferecendo "seus ovócitos". Por outro lado, o médico que realizou a FIV proporá imediatamente uma outra tentativa para um segundo filho. Entretanto, a paciente, declarando sua decisão de nunca mais recorrer ao mesmo procedimento, resolve propor por um outro biomédico uma estimulação ovariana. Em suma, o elemento passional é também a paixão médica.

Mas também se perfila aí, para além do caráter flagrantemente exterior da proposta, a dinâmica subjacente da operação, em sua dimensão incestuosa, e os efeitos da passagem ao ato. A mãe da paciente recusa-se a "reconhecer" o filho, nascido "de uma manipulação genética". É uma forma de deslocar a ferida narcísica da mãe por ter uma filha que dá à luz um filho através do poder de uma outra, sua

---

[104] *Ibid.*

"nora". Tudo acontece entre mulheres, servindo o marido apenas de intermediário, como o irmão.

Como no caso da IAD, a organização de um segredo de família desloca e inverte o momento simbólico do reconhecimento, substituindo-o pela cena da revelação, futura, do segredo. Enquanto espera, a paciente se questiona angustiadamente quanto à semelhança do filho, que não apresenta nenhum sinal do pai, segundo ela, e parece correr o risco de ser reivindicado pela cunhada. A mãe da paciente, por sua vez, recupera, no momento do parto da filha, o filho do irmão desta.

O anonimato da doação é apresentado como um meio de implodir a passagem ao ato dessas hipóteses incestuosas. Instituído para a IAD antes de ser aplicado à doação de ovócitos, o anonimato deu lugar a uma justificação "psicanalítica": "O papel da instituição médica, mediadora da dívida, e por seu intermédio tornada abstrata graças ao anonimato, é de garantir que essa transmissão se efetue sem lesar uns em benefício dos outros."[105] Racionalização psicologizante que pretende que os sujeitos interiorizem a transgressão biomédica negada.

A crítica do anonimato da doação desenvolveu-se a propósito da IAD em função da evolução das concepções a respeito do segredo da origem. As técnicas psicológicas que tentam ajudar os "pais por IAD" a fazerem nas melhores condições a revelação do segredo sobre a origem (IAD) esbarram na impossibilidade de princípio de que o filho conheça seu genitor. Ora, é precisamente este princípio que, para além da IAD, é radicalmente questionado de maneira geral. O argumento de que o filho nascido por IAD, como o filho de pai desconhecido, estaria na mesma relação com o fantasma que os outros filhos não chega a tocar no problema... A questão, do ponto de vista do psicanalista, consiste em saber se, como se afirma, o anonimato pode ter o alcance "simbólico" que lhe é atribuído. "O genitor desconhecido poderá então inscrever-se, graças ao reconhecimento de seu lugar simbólico pelos pais por IAD e pelo grupo social, como um dos avatares do Pai morto, como figura exemplar portadora dos valores e do sentido da paternidade, na construção

---

[105] C. Manuel, "La révélation de son origine à l'enfant né par IAD", in *Aspects psychologiques de l'insémination artificielle, op. cit.*, p. 154.

do ideal do Ego."¹⁰⁶ Dedução puramente especulativa do futuro ideal do Ego do "filho nascido por IAD". Seria não menos justificável se interrogar, se este tipo de raciocínio não tivesse o mesmo defeito, quanto ao simples peso da sigla "filho-nascido-por-IAD" para um sujeito. Mas o sofisma consiste em considerar a experiência de transgressão por parte dos pais como um fantasma superável; por parte da medicina, a transgressão como apagável pelo desígnio terapêutico. A solicitação biomédica de uma doação anônima só se opera realizando um fantasma sob a aparência de uma pseudo-interdição médica. O discurso dos doadores-doadoras não deixa muita margem a dúvida, pelo retorno insistente da experiência de transgressão na IAD (fantasma de adultério e de incesto; por exemplo, o filho nascido por IAD não deve conhecer a filha do doador). Na realidade, a interdição de nomear permite, no curso das operações, o escamoteamento da interdição (do incesto). A regra do anonimato garante a possibilidade da transgressão, assegura que esta seja realizada sem conseqüências. Ela permite as ligações de casais num contrato perverso.

O apagamento do nome

Acima de tudo, o anonimato promovido pela ciência à categoria de valor ético inscreve-se em absoluto desconhecimento dos fatos na linha do apagamento do nome. Esta figura estranhamente no centro das instituições simbólicas, positivas, da filiação: parto anônimo, estatuto do filho de pai desconhecido, do filho ilegítimo, sem nome do pai até a lei de 3 de janeiro de 1972. Em outras palavras, o anonimato científico da doação está a serviço das mesmas forças de apagamento do nome. Assim, a problemática das relações doadores-receptores na IAD mobiliza exatamente as mesmas operações que a ilegitimidade no passado. O anonimato produz o mesmo apagamento do estatuto simbólico, pela própria lei, que a regra *pater is est* em outros tem-

---

[106] *Ibid.*, p. 155.

pos. O doador é um pai desconhecido. O que se revela claramente quando afinal nos colocamos do ponto de vista da criança, recusando o segredo organizado sobre a origem (interdição do anonimato). Inversamente, o pai desconhecido já supunha a mesma redução ao biológico, *avant la lettre*.

Mas que elemento tão poderoso estará em jogo para impor o anonimato da doação? O mesmo que prevaleceu, provavelmente durante séculos, para manter o estatuto do filho ilegítimo. O anonimato, em todos os casos, visa, ao apagá-lo, a designação do representante do desejo. O nome apagado na ilegitimidade é o do outro homem — outro em relação ao pai legal, porém mais fundamentalmente outro que o pai da filha. A estigmatização pelo anonimato está no centro do sistema de filiação, movida pela reivindicação vingadora, incestuosa do pai sobre a filha, temperada pela lei.

A história do parto secreto e as razões alegadas de sua preservação atraem a atenção, entretanto, para o fato de que o anonimato é uma espécie de mal menor, um homicídio simbólico (é o que argumentam os que se opõem, em nome do direito da criança, ao anonimato da doação). Homicídio simbólico em lugar do homicídio puro e simples (caso das mulheres do Magreb que vêm dar à luz secretamente na França). Não se mata mais a mulher, bastando deixar de dar nome ao filho. O anonimato biomédico inscreve-se nessa filiação do apagamento da filiação. Ele inova, entretanto, ao produzir uma montagem regulamentar, de aspecto jurídico, ao desviar a idéia da paternidade simbólica e, de maneira mais difícil, de maternidade. Em última instância, a doação de esperma, de ovócitos, seria de bom grado apresentada como ilustração ideal da verdadeira paternidade simbólica. Como os sujeitos não vêem as coisas assim, caberá ao psicólogo realizar esta simbolização artificial. Só para os pais reais do negócio (a medicina), a fantasmatização singular, transgressiva, é imaginário a ser superado em benefício da grande obra. Verifica-se — é o alcance temível das regulamentações médicas *ad hoc* — que a biomedicina tende ao mesmo tempo a apresentar-se como a encarnação da ordem simbólica. No momento em que organiza a transgressão, e para organizá-la, ela se recobre, com o manto de Noé da lei moral, do consenso sintomático que tende a impor.

Conclusão

CADÁVERES QUENTES

Nos dias que se seguiram à aprovação da lei Huriet de 12 de dezembro de 1988 na Assembléia Nacional, o diário *Le Monde* publicou dois artigos sob o mesmo título: "A experimentação em comatosos". Ora, à primeira vista, o alcance dessa lei transcende consideravelmente a simples experimentação nesses sujeitos, pois ela pretende englobar pesquisas biomédicas e suas populações cada vez mais amplas. Dos dois artigos, só um designava este elemento particular, e de forma por sinal claramente alusiva, como se, entretanto, uma das conseqüências principais da lei dissesse respeito a este tipo de experimentação, sem que isso pudesse ser realmente enunciado.

Podemos supor que essa importância concedida aos "estados comatosos" se explica como efeito dos dois casos de Amiens, vale dizer, das duas experiências sensacionais feitas por Alain Milhaud, uma num sujeito "em estado vegetativo crônico", a outra num sujeito "em estado de morte cerebral", com a finalidade de servir de prova médico-legal no caso de Poitiers. Mas a indignação geral provocada por esses dois casos certamente não esclarece as razões profundas pelas quais os estados ditos comatosos se tornaram objeto de semelhante interesse experimental.

Na verdade, não podemos apreender o que leva o coma à berlinda sem partir de um fato fundamental: o controle médico, mais ou menos longo, de uma "vida artificial" estritamente dependente dos suportes da aparelhagem médica, como no caso dos pacientes ditos em "fase terminal". O desígnio terapêutico se apaga *de facto*, na impotência atual da medicina, em proveito de cuidados não terapêuticos, ou seja, não suscetíveis de conduzir o doente de volta ao estado de saúde, e em proveito da possibilidade de uma manutenção em vida temporária. É nesse espaço e nesse tempo não terapêuticos que se abre a possibilidade de uma experimentação que, de certa maneira, começa a partir do momento em que o objetivo é a simples manutenção em vida. Neste sentido, os estados que vão dos comas superados aos estados ditos vegetativos crônicos são artifícios biomédicos que traduzem, ao mesmo tempo, a impotência e o poder biomédicos. O significado global da morte sofre uma profunda inflexão, que decorre do simples fato de que a determinação da morte passa a ser na realidade dependente de um ato biológico, de uma constatação biológica — ainda que formulada por médicos.[1]

Mas é preciso não simplificar o que está em jogo, observando que a determinação da morte e de seus efeitos continua de direito nas mãos do legislador, na medida em que a constatação da morte é acompanhada por uma autorização de suspender as manobras que mantêm artificialmente a sobrevida.

Acontece que é exatamente em torno desse tempo que se precipita a questão ao mesmo tempo das extrações de órgãos e da experimentação eventual. Ao autorizar as extrações de órgãos, a lei abriu a porta para a experimentação. A partir do momento em que o corpo de um sujeito é utilizável para fins de extração, sem que se possa esperar para o sujeito o menor benefício, existe algo de sofístico em opor-se a uma experimentação que da mesma forma pode argüir o benefício potencial de outros sujeitos.

No fim das contas, o resultado manifesto da prática das extrações de órgãos foi desencadear uma pressão crescente sobre a determina-

---

[1] Neste terreno, ver Robert W. Higgins, "La mort, la psychanalyse et la question de la bio-éthique", *Psychanalystes*, n° 21, 1986; "L'événement de la mort et 'le' symbolique", *Psychanalystes*, n° especial "Vivants et mortels", 1987, p. 157 *sq.*; "Chronique d'une naissance suspendue", in *Le Magasin des enfants, op. cit.*, p. 302-319.

CONCLUSÃO

ção da morte cerebral, tendendo a encurtar ao máximo o prazo de intervenção.

Em outras palavras, a possibilidade de conservação artificial da vida, que não é de ordem terapêutica, mas uma pura heteroconservação, conduz à produção de estados regressivos vegetais (cf. "transplante", estados "vegetativos" crônicos) ou animais. Esta realidade é que levou um Milhaud a considerar os pacientes comatosos como "modelos humanos intermediários entre o homem e o animal", quando se deveria muito antes dizer que são vegetalizados. Assim é que certamente também se esclarece o sentido da paixão vegetal tão sensível na especulação de um Dagognet, a insistência em ridicularizar as posições ecológicas e a zombar das reservas a respeito do tratamento dos animais.[2] Na realidade, é no setor vegetal, onde a identificação do sujeito à vida — identificação que pode vir a limitar a destrutividade — é mais limitada, que se elaboraram as artificializações mais avançadas e se desenvolveram as técnicas de exploração do vivo que evoluem rapidamente dos microorganismos a nossos organismos.[3]

A indignação face à fórmula de Milhaud não pode dissimular a realidade maciça encarnada por si só pelos transplantes de órgãos: a conservação artificial da vida de laboratório e não de um sujeito a respeitar, e a utilização pragmática de seus órgãos. Para que haja dois pesos e duas medidas, será acaso que extração e transplante evoluem no registro implícito do vegetal, não suscitando as mesmas identificações com a animalidade que o vocábulo experimentação?

Não é portanto na diferença das finalidades que podemos traçar a linha divisória entre extrações de órgãos e experimentação, nem situar validamente a transgressão possível representada pela experimentação no sujeito que se tornou um potencial experimental. Ela reside em dois pontos que são solidários.

---

[2] F. Dagognet, *La Maîtrise du vivant*, op. cit.; *Nature*, op. cit.
[3] B. Edelman, M.-A. Hermitte, *L'Homme, la nature et le droit*, op. cit.

O consentimento exigido

A própria força do controle visado dos estados de coma conduz a uma negação do valor do consentimento, tanto do próprio sujeito quanto de sua família. Esta negação se exprime sob inúmeras formas, mais ou menos cínicas.

É absolutamente claro que o objetivo só pode ser manter permanentemente um "consentimento" desvalorizado e obter um consentimento generalizado. É o desígnio dos "testamentos de vida" proposto por A. Milhaud, como já era o da lei Caillavet: empreitada obstinada, forcing para arrancar o consentimento e dar carta-branca aos empreendimentos da biomedicina.

Acontece com o consentimento o mesmo que se dá com o que se apresenta como a suposta demanda de procriação artificial: trata-se de fazer aparecer como emanando da liberdade dos sujeitos as finalidades da experimentação biomédica.

Nesse vasto movimento de requisição dos sujeitos, que, como diz explicitamente o vocabulário da experimentação, se esforça por "incluir num protocolo sujeitos que se predispõem", dois pontos mantêm-se fora de qualquer questionamento.

O primeiro diz respeito aos motivos dos sujeitos para se "predisporem" a tais experiências. Ou bem esses dados são radicalmente ignorados, ou bem tais motivos só são evocados na medida em que poderiam comprometer a experimentação, na seleção "psicológica" dos voluntários sãos ou dos doadores. Ora, é evidente que uma investigação sobre as motivações dos voluntários, candidatos, doadores, dos "consentidores", tal como podemos imaginá-la através das práticas da procriação, manifestaria a exploração das fragilidades psíquicas pela incitação experimental. Os casos recentes envolvendo tráficos de órgãos, rins em especial, ilustram-no perfeitamente. Chamando a atenção unicamente para o aspecto mercantil da operação, desvia-se a atenção das formas psíquicas de exploração que se efetuam sob os auspícios da gratuidade.

Por isso é que se desenvolve um sistema de denegação complemen-

CONCLUSÃO

tar, que ocupa um lugar central no funcionamento da procriação artificial, e que consiste, no caso, em apresentar a oferta biomédica como a própria realização do anseio profundo, do "desejo" dos pacientes. Quem cala consente: nos outros setores da experimentação, a adesão — mais ou menos informada, vale dizer, mal informada — à empreitada é considerada como não tendo em si mesma qualquer interesse, senão de permiti-la. Aqui, quem cala, definitivamente, consente definitivamente! É melhor então que o Estado se alinhe com este voto do parlamento belga: a extração sem que o sujeito tenha dado seu assentimento. Os organismos pertencem à força pública (nacionalizam-se os corpos), não para finalidades possessivas ou de dominação, é verdade, mas em razão dos vínculos entre as gerações, que podem e provavelmente devem ajudar-se mutuamente.[4] Quando se entregava antigamente a alma ao diabo, avaliavam-se melhor as conseqüências. De qualquer forma, ninguém teria pensado em fazer disso uma lei.

Cabe ao jurista examinar e determinar em que o vasto setor do consentimento dito, por ironia, "livre e esclarecido", no domínio biomédico, pode representar outra coisa senão um extraordinário abuso de poder.

Quando se entregava a alma ao diabo, no entanto, não se podia fazer o mesmo com a do vizinho. Ora, o segundo aspecto do estranho caso do consentimento é precisamente institucionalizar esta possibilidade. É com eloqüência que se protesta contra as experimentações efetuadas sem consentimento dos parentes, da família. Mas ninguém estranha muito o incrível poder representado por sua autorização por parte dos mesmos, membros da família. Não apenas porque são, como qualquer um, submetidos à pressão biomédica de auto-alienação e de auto-exploração do corpo próprio; mas na medida em que os vínculos familiares comportam suficiente ambivalência, ou seja, desejo de homicídio, para terem de ser eles próprios submetidos, na cultura, a interdições que ao mesmo tempo fundam a família e a submetem a uma ordem exterior. Podemos encontrar uma ilustração perfeita

[4] F. Dagognet, *La Maîtrise du vivant*, op. cit., p. 184.

O DESEJO FRIO

desse problema na seguinte situação, exposta sem pestanejar por J.-L. Touraine, a propósito do transplante de tecidos fetais: a mãe de uma criança acometida de déficit imunológico, contemplando a interrupção voluntária de uma nova gravidez, devendo o produto do aborto servir para fornecer a uma criança doente os tecidos necessários a sua sobrevida. Seja como for, o momento do consentimento traduz visivelmente o confronto de uma visão na qual o momento simbólico da morte dá lugar a um ritual familiar e social, e de uma visão biomédica na qual o corpo é reduzido a um real experimentável. Podemos inclusive nos perguntar se a extração, a experimentação não tendem a se apresentar pura e simplesmente como os ritos de nosso tempo, da mesma forma que as procriações artificiais representariam, em sua manipulação dos genitores, os novos ritos da filiação.[5] Num panfleto divulgado nas Jornadas Anuais de Ética, Milhaud sugere que a inumação seja adiada por algumas semanas para permitir as experimentações necessárias.[6]

De modo que o biopolítico ironiza ao mesmo tempo o parto *in utero* e a "ilusão de vida" do cadáver, ilusão compartilhada pelos parentes, mas nula e passeísta aos olhos do "saber", que prepara seu despedaçamento. O laboratório torna-se o lugar de nascimento e o lugar onde se morre.

A vida ou a morte?

À parte o risco de farsa de consentimento, o mal-estar gerado por certos procedimentos de experimentação origina-se num sentimento de flutuação da linha divisória entre a vida e a morte, e, sob certos aspectos, entre saúde e doença. É absolutamente insuficiente vincular este

---

[5] R. W. Higgins, "Chronique d'une naissance suspendue", in *Le Magasin des enfants, op. cit.*
[6] Alain Milhaud, *Testaments de vie*, Barrault, Paris, 1988.

CONCLUSÃO

mal-estar ao fantasma, ridicularizado pelo "cientista", do morto que não está morto e que desperta. Na realidade, o discurso militante sobre a experimentação humana, particularmente no que diz respeito aos comas, é um duplo discurso. Se o fantasma da "não-morte", denegação como outras tantas da inelutabilidade da morte, volta a ser usado, é que o próprio discurso biomédico o sustém, afirmando ao mesmo tempo que o sujeito está vivo e que está morto. Este ponto surge com particular clareza no discurso de Milhaud. A recusa da eutanásia, taticamente mobilizada (quantas mortes desperdiçadas inutilmente!), a invocação de uma luta para esclarecer os efeitos da "morte cerebral" no conjunto do organismo supõem a vontade de uma preservação da vida, o reconhecimento de uma forma de vida, no momento de uma experimentação, entre o homem e o animal.

Por outro lado, no entanto, a urgência da intervenção experimental no sentido amplo, inclusive as "extrações legais", acarreta uma reivindicação da morte ("morte cerebral = morte", diz Milhaud), que por sinal justifica a experimentação — já que há morte — da mesma forma que as outras operações correntes, os "exercícios" medicinais, segundo o mesmo médico, no cadáver.

Não seria possível dizer mais claramente que a vida é a vida para a biomedicina e a morte para o sujeito: é a teoria do "cadáver quente".[7] Muito mais que de uma oposição à eutanásia, é portanto de uma verdadeira concorrência que se trata; ou por outra, a palavra eutanásia já seria agora própria para designar duas variedades da morte medicalmente assistida, reivindicando a *morte experimental* sua superioridade do ponto de vista do interesse público.

---

[7] Neste ponto, ler em especial: C. Labrusse-Riou, *Génétique, procréation et droit, op. cit.; Produire l'homme: de quel droit?, op. cit.;* "La maîtrise du vivant: matière à procès", *art. cit.* — D. Thouvenin, "Le droit a aussi ses limites", in *Le Magasin des enfants, op. cit.* — Jacqueline Rubelin-Devichi, "Congélation d'embryons, fécondation *in vitro*, mère de substitution. Le point de vue du juriste", in *Génétique, procréation et droit, op. cit.*, p. 307.

O DESEJO FRIO

A artificialização da preservação da vida é certamente co-extensiva ao empreendimento médico: qualquer que seja a parte atribuída à natureza no restabelecimento, a atividade médica define-se logo de saída pela intervenção de um *tratamento* que é radicalmente um artifício humano. Mas este artifício é antes de mais nada o de um vínculo social entre sujeitos, com as formas particulares que assume. Se a vida artificial, como condição de experimentação de um saber biomédico, constitui hoje um problema, é efetivamente na medida em que parece utilizar a relação médico-doente para finalidades nas quais o sujeito se vê apagado.

EMBRIÕES FRIOS

É neste horizonte que hoje estabelece uma comunicação entre o morto e o vivo que se desenrola o debate aberto sobre o estatuto dos embriões. Toda uma literatura jurídica já lhe é consagrada, tentando definir como o direito pode se reapropriar das representações e práticas que certas formas da procriação artificial e suas perspectivas tendem a impor-lhe.

A utilização tendenciosa, mas insistente, do aborto como argumento em favor de um direito à experimentação no embrião desvenda um primeiro aspecto dos elementos inconscientes em jogo: a hostilidade face ao poder de vida e de morte supostamente exercido pelas mulheres no contexto da IVG. Implicitamente, entretanto, a "assistência médica à procriação" tende a ocupar a posição de uma mesma Mãe onipotente e vingadora; tanto mais que ela pode fazer ver que filhos artificiais não seriam concebidos sem ela. Ao mesmo tempo, pode-se notar *en passant* que um dos deslocamentos produzidos tende a localizar os problemas sobre a liberdade de experimentação no embrião, ao passo que a experimentação começou muito aquém, com a indução biomédica das concepções.

Quanto à natureza ou não de pessoa do embrião e a sua natureza

CONCLUSÃO

"potencial", está perfeitamente claro que a própria noção de "potencialidade" deriva diretamente das práticas e perspectivas de experimentação. A potencialidade, em outras palavras, é a natureza que convém atribuir a um embrião potencialmente experimentável e potencialmente produtível pela potência biomédica. Não existe portanto, nesta potencialidade, qualquer qualidade metafísica obscura. Os aspectos contraditórios de personificação e reificação[8] observados na definição do embrião são subordinados a esta determinação como objeto produtível. Já indicamos a extrema ambivalência detectável nos trabalhos experimentalistas sobre o desenvolvimento do feto. Certos analistas querem constatar aí uma espécie de verificação científica das teorias psicanalíticas sobre as relações precoces entre a criança e a mãe. Esses trabalhos têm todo interesse, mas, sem entrar aqui numa discussão de fundo, não podemos perder de vista um dado elementar. Repousando na palavra dos sujeitos, dos filhos e dos pais, as teorias analíticas que assim dispõem de sua própria lógica, de seus critérios de verificação, não devem receber propriamente falando qualquer "validação" de estilo experimental.

Mas a própria idéia de um "embrião dos cientistas" faz pensar. A ambivalência e mesmo o rebaixamento evidente em relação ao embrião que podemos identificar no discurso a seu respeito[9] manifesta da maneira mais clara possível que, por positivo que pareça, o discurso científico é necessariamente percorrido por desígnios inconscientes.

Na realidade, a única "potencialidade" que se pode reconhecer ao embrião é a da palavra, mas ela repousa no fato de que não existe embrião que não seja antes de tudo objeto dessa palavra que o designa, que o investe. A única questão consiste portanto em saber em que certas formas dessa palavra, e precisamente as mais sofisticadas no saber, podem fazer dele um real puro, anatomizado.

---

[8] M.-A. Hermitte, "L'embryon aléatoire", in *Le Magasin des enfants, op. cit.*, p. 241 *sq.*
[9] *Ibid.*

O DESEJO FRIO

Há muito tempo já Piera Aulagnier chamou a atenção, a propósito da estrutura psicótica, para a extrema importância das representações que as mães têm do filho durante a gravidez, fazendo a seguinte colocação:

Freud dizia que provavelmente não existe para o homem, seja em que nível for, representação possível de sua própria morte: pergunto-me se existe uma representação possível do que é o embrião enquanto ponto original do homem, enquanto "vida". E no entanto esses dois pontos extremos, que, ao se encontrarem, confundem-se para fechar o círculo no qual se inscreve nosso rastro, parecem-nos os únicos capazes de responder à pergunta na qual o homem compromete sua existência.

É preciso que este ponto, duplo em sua constituição, porque origem e fim, encontre uma resposta ao nível do sentido intersubjetivo, caso contrário este rastro circular no qual se inscreve nossa vida só seria traduzível no plano inorgânico do ciclo do azoto, e de seus equivalentes.[10]

Para além das outras características das mães de filhos psicóticos,[11] ela observava as representações muito freqüentes que se impunham ao embrião: "O que logo de entrada impressiona é o lado 'objeto orgânico' através do qual parece ter sido representada a criança";[12] como seria possível, pergunta uma dessas mães, "tricotar uma roupa para alguém cujo corpo não se conhece"?

Em outras palavras, à margem da psicose, a criança imaginada não tem o rosto do embrião. A representação apenas do real do embrião, como reunião física de elementos, no ventre criador onipotente, pode ser tida como psicótica, independentemente de qualquer

---

[10] Piera Aulagnier, "Remarques sur la structure psychotique", *La Psychanalyse*, nº 8, 1964, p. 50-51.
[11] *Ibid.*, p. 52-53.
[12] *Ibid.*, p. 53.

CONCLUSÃO

especulação, desprovida de base empírica analítica, sobre o devir dos filhos.

Por isso é que importa insistir, contrariando certas representações, no fato de que a noção de "projeto paterno" de filho, que está no centro do projeto de lei Braibant,[13] não tem estritamente qualquer relação com a psicanálise e o que ela sustenta a respeito da inscrição do sujeito desde antes de sua concepção na linguagem e na lei das trocas simbólicas entre os sexos. O projeto paternal de filho é uma noção psicossociológica, diretamente derivada do "projeto de filho", como "investimento rentável" que está na base, como vimos (cap. IV), do pretenso desejo de filho. O desejo de filho, em sua dimensão inconsciente, singular e intergeracional, é inacessível sob uma forma imediata e não é passível de qualquer gestão coletiva direta. O desejo de filho promovido leva ao direito dos contratos — e pode assim, em última análise, sair do direito da família. Ele é o efeito direto da transformação tendencial das relações parentais em contratos passíveis de revisão e das relações com a medicina em contratos de serviço. Mais uma vez, é preciso insistir no fato de que o contrato entre a sociedade e sua "vontade" só resulta ele próprio da potência exercida por certos dispositivos da biomedicina. Deve ficar absolutamente claro que, quaisquer que sejam os avatares de suas relações com a procriação, no sentido em que a análise pode ter interesse em conhecê-los, os "casais" são unidades formadas e utilizadas pela própria experimentação biomédica, no contexto verdadeiro de uma interpretação particular do liberalismo.

---

[13] M.-A. Hermitte, "L'Embryon aléatoire", in *Le Magasin des enfants*, *op. cit.*, p. 261 *sq.*

EFEITOS DE PERVERSÃO

"Eu tenho o direito de desfrutar do teu corpo... e o exercerei sem que qualquer limite me detenha em meu capricho." O analista que evoca esta formulação por Lacan da máxima de Sade intitula seu artigo "Transformação do desejo em direito".[14] A fórmula convém perfeitamente, para além de seu desígnio teórico-clínico imediato nesse texto, para formular a questão crucial, cuidadosamente evitada: quais as relações entre os aspectos problemáticos da procriação artificial e o que os analistas definiram como perversão? Já ouço muitos protestarem, com excelentes razões: psicanalismo ingênuo ou ilimitado, psicanálise aplicada (aplicada demais ou mal aplicada, e mesmo chapada, etc.). Parece-me no entanto que a questão pode ser sustentada, desde que tentemos precisar-lhe os termos e os limites.

Sob o nome de perversão, os psicanalistas isolaram uma forma particular de estratégia subjetiva, caracterizada ao mesmo tempo por um impasse particular da identificação sexual (desmentido da castração) e uma relação absolutamente específica de transgressão em relação à lei. Trata-se de um modo de organização subjetiva identificável.

Embora a palavra "perversão" tenha sido tomada de empréstimo à psiquiatria e venha carregada de conotações moralizantes, a delimitação que sua prática e sua teoria produzem não se reveste de qualquer caráter moral, no mínimo em virtude dessa consideração, capital na prática: tudo aquilo que se aparentasse no psicanalista a um moralismo é esperado, como uma fonte de um gozo particular (da provocação e da indignação virtuosa), para destituí-lo de sua alegada posição de neutralidade.

Dizer — o que é o objeto dos debates — que se trata de uma "estrutura" subjetiva também exclui, *a priori*, a possibilidade de identificá-la globalmente a alguma forma de organização coletiva. Em compensação, nada impede de constatar que o funcionamento de cer-

---

[14] Raymond Borens, "Le droit au désir", *Apertura*, "Perversions", 1991, p. 49.

CONCLUSÃO

tos coletivos, quaisquer que sejam sua natureza e sua finalidade, abriga práticas perversas. Trate-se do exército, da polícia, mas também da Igreja, da educação ou da medicina etc. Práticas singulares, mas também práticas coletivas de contornos mal definidos, desde que as circunstâncias se prestem. Não se trata, portanto, de aplicar à incriminação global (da ciência, da biomedicina, das técnicas...), cujo caráter inadequado foi abundantemente demonstrado, o qualificativo "perverso", ou seja, na realidade, "malvado", incestuoso, destruidor, etc.

Em última análise, nenhuma instituição, nenhuma prática social deixa de manter funcionamentos subjetivos heterogêneos: a Igreja, por exemplo, apóia (no mesmo sentido em que se fala de psicoterapia de apoio) tanto obsessivos perfeitamente adaptados quanto psicóticos delirantes. Ela certamente perdeu progressivamente para a medicina, e com certeza definitivamente, a gestão dos casos históricos que em outros tempos fizeram a sua glória.

Assim é que se encontrou a histeria, inevitavelmente, na problemática da procriação artificial e sua relação com o controle, sob as formas nas quais é encarnada hoje pela potência dos saberes biomédicos, que dizem respeito ao corpo, à sexualidade. Não se trata, portanto, de formular amplas aproximações, mas de ouvir funcionamentos particulares, locais, recorrentes, articulados a outros, que captam as singularidades mas as superam. É esta a perspectiva na qual podemos tentar identificar *efeitos de perversão*, vale dizer, pontos nos quais se desdobram, com a instituição aqui considerada, o biopoder, estratégias nas quais reencontramos os elementos familiares da perversão: reivindicação de um direito a ser exercido sobre o outro e desafio à lei, estabelecimento de um contrato dito perverso, importância do controle pelo olhar. Ao contrário do psicologismo moralizante, que atribui tais funcionamentos aos indivíduos e a sua demanda, trata-se, isso sim, de examinar em que os efeitos de perversão são integrados à *oferta* e à mobilização de intervenção no corpo, ao processo de somatização médica do sintoma, aos contratos propostos ao consentimento dos sujeitos e às regulamentações *ad hoc* etc.

Não pretendo por sinal que qualquer dessas características seja de

O DESEJO FRIO

alguma maneira específica do funcionamento da biomedicina, mas apenas que nele podem ser identificadas de forma pouco contestável, e como ele se presta a elas.

Para começar, devemos acostumar-nos, ainda que ao preço desse tipo de ferida narcísica que Freud identifica na história da humanidade, à idéia de que o exercício do saber aplicado ao humano produz efeitos potenciais de dissociação dos vínculos fundamentais que tornam possível a subjetivação. Como será que as hipóteses racionalmente imagináveis — e nada impede que o sejam — em matéria de procriação deixariam de acarretar um efeito de deslegitimização dos arranjos de desejo comuns, numerosos, que assumem caráter de lei, no momento, entre os homens?

O próprio movimento do saber dá crédito — o que não é novidade (sendo particularmente justo, além do mais, com respeito a certas formas históricas das convenções) — à idéia de que as convenções, proibições existentes, são ou arbitrárias ou usurpadas; de que a lei é uma caricatura baseada na ignorância (ou num gozo não reconhecido). Acontece que é exatamente este também o discurso de sempre da perversão. Ele não impediu as leis de se enunciarem e mesmo de conhecerem uma extensão incomparável. Existe para isso uma excelente razão. Se a possibilidade de pensar o real, biológico ou não, tem efeitos dissociativos, nem por isso deixa de ser uma atividade simbólica regulamentada, inserida em amplos dispositivos coletivos, que fazem frente a esses efeitos em princípio e, em certa medida, também na prática.

Nem por isso é menos verdade que as biotecnologias aplicadas à procriação humana ou à sexualidade — para considerar apenas elas — são portadoras de efeitos de perversão identificáveis em diferentes níveis. Elas agem para começar diretamente nos elementos simbolizantes que condicionam a subjetivação (as funções materna e paterna, a identificação sexual); o que não acontece com múltiplas outras intervenções. Além disso, estão em posição, através da proposição "terapêutica", de captar o obscuro objeto do desejo dos sujeitos, tomando as demandas ao pé da letra.

CONCLUSÃO

O transexualismo coloca o problema de maneira emblemática. Nem os estados intersexuais nem o fantasma de mudar de sexo esperaram pela biomedicina. Mas a partir do momento em que a transexualização médica foi posta à disposição do "demandante" potencial, assistiu-se a um *boom* manifesto das demandas, satisfeitas em nome do sofrimento psíquico dos interessados. Os trabalhos analíticos sobre esta questão, para além de suas divergências, importantes, a respeito da delimitação psicopatológica do transexualismo, concordam pelo menos quanto à evidência de que a transexualização é uma demanda alienada do sujeito visando a resolver um problema de identificação simbólica com o sexo, associável a uma configuração particular das relações com a mãe e com a função materna. Nessas condições, a "resposta" biomédica apresenta-se como uma passagem ao ato médico-legal, suscitada pelo próprio sujeito, com a ajuda do inconsciente do médico. O problema é sempre o mesmo, o da *somatização induzida*. Legiões de histéricas foram oferecidas e se ofereceram, antes da psicanálise, à intervenção somatizante "medicinal".[15] Quantidade de pacientes somatizantes continuam a expor-se a este tratamento no terreno confuso dito "psicossomático", que alimenta o grosso dos batalhões nos ambulatórios de medicina somática.

As montagens que imaginam e organizam novas formas da procriação participam da mesma operação. O contexto ginecológico reinstaura o tratamento perverso da histeria pela medicina, com seus corolários, o ódio inconsciente do feminino e de seu "horror", a exploração do masoquismo.[16]

---

[15] Sobre a separação freudiana entre psicanálise e solicitação do corpo, cf. Michel Schneider, "D'où viennent les psychanalystes?", in *Blessures de mémoire*, Gallimard, Paris, 1980.
[16] No contexto da histerização do corpo feminino no século XIX, um dos aspectos fundamentais da constituição do biopoder segundo M. Foucault, *La Volonté de savoir, op. cit.* Sobre a exploração do masoquismo, ver N. Athéa, "La stérilité: une entité mal définie", in *Le Magasin des enfants, op. cit.*

O DESEJO FRIO

A problemática da demanda, do consentimento, da satisfação do "desejo" através da demanda dos sujeitos operacionaliza a identificação do gozo do outro, a serviço da qual é preciso trabalhar. É neste sentido que devemos entender o tema da "medicina do desejo". A dessubjetivação, na qual se chegou a ver uma das características principais da estratégia de segredo e de anonimização perversa,[17] desenvolve-se na constituição de segredos, de anonimatos, aos quais a lei deveria conferir sua garantia. Em nome da impossibilidade de deixar que sujeitos sofram, ignora-se o efeito estruturante, para o sujeito, da recusa simbolizante de prestar-se às manipulações.

O desafio à organização simbólica da procriação e da sexualidade em geral, e o ataque contra os vínculos simbólicos, são efetivamente, portanto, o aspecto principal das estratégias inconscientes mobilizadas pelas NTR.

Sua operação é concluída quando a própria noção de organização simbólica é subvertida num puro artifício. Um artigo de Jean Baudrillard, intitulado "Somos todos transexuais",[18] fornece um modelo exemplar dessa operação. Para J. Baudrillard, o transexualismo indica uma "mutação na ordem simbólica da diferença dos sexos", que vai muito além da intervenção transexualizante. Esta, banalizada, torna-se o modelo de uma transexualização generalizada dita "simbólica", que diz respeito aos signos da diferença sexual. "Somos todos transexuais. Da mesma forma que somos todos mutantes biológicos em potencial. Também somos todos transexuais em potencial. Não é sequer uma questão de biologia. Somos todos simbolicamente transexuais." A operação biológica é ao mesmo tempo reconhecida e imediatamente banalizada em proveito de seu duplo "simbólico": se o corpo é prótese, então a diferença sexual é passível de ser uma prótese. Paródia de uma formulação célebre, que definia uma identificação política e polêmica com vítimas do ódio, anti-semita, antifeminino (judeus, alemães, abortadoras...), a formulação subvertida reivindica

---

[17] Jean Clavreul, in *Le Désir et la Loi*, Denoël, Paris, 1987.
[18] Jean Baudrillard, in *Libération*, 24/10/1987, p. 4.

CONCLUSÃO

e age a sedução da mudança de sexo como identidade sexual "pós-moderna", baseada na "indiferença sexual".

Para isso, é preciso mostrar que a diferença sexual torna-se um *jogo* — um jogo de indiferença —, porém, de maneira mais fundamental, que não passa nem nunca passou de um jogo de signos comutáveis do sexo, que encontra sua verdade no travestimento. Implicitamente, a ordem das identificações só teria portanto como lei a da comutação dos signos. Ao mesmo tempo, Baudrillard, que descreve deliciado as figuras da moda que encarnam a seu ver o "simbólico" do dia (Madonna, a Cicciolina, o look, a forma), não pode furtar-se a mencionar que se trata de exorcizar o corpo sexual ("essa estratégia de exorcismo do corpo sexual pelo exagero dos signos do desejo por sua secreta despolarização e o excesso de sua encenação").

O que está em jogo é portanto sempre o mesmo: trata-se de estrangular a alteridade sexual e a disputa que lhe é associada. E de saber, com efeito, como acomodar esta questão com a questão política da liberdade e da vontade. Mas a confusão é sistemática, permanente: o transexualismo é uma forma de travestimento. Espera-se que a psicanálise contribua, pela questão fundamental "Serei um homem ou uma mulher?" (caricatura naturalmente de uma heterogeneidade de questões específicas de estruturas diversas), para um princípio de "invertitude". A democracia, por sua vez, engendraria a indeterminação (do sexo?) com a escolha e a pluralidade. Conclusão: uma vez superada a "orgia", a liberação do sexo terá como efeito deixar todo mundo em busca de seu "gênero" (*gender*), de sua identidade genérica e sexual, com cada vez menos respostas possíveis, considerando-se a circulação de signos e a multiplicidade de prazeres. Tal seria o drama da época segundo Baudrillard. Passemos ao largo da liberação sexual orgiástica que supostamente teria ocorrido (onde? quando?).

Percebe-se claramente o elemento inconsciente permanente que investe a esfera política com obstinação, a cada geração — porque visa muito simplesmente o que as liga umas às outras —, o da identidade sexual e do diferendo sexual. Mas a menção da "circulação dos signos" confere a esta questão sua especificação histórica. Pois no fim

O DESEJO FRIO

das contas, em que repousaria ela, como o look, a moda, a forma, que seriam as formas modernas da identidade, senão na circulação da mercadoria e sua extensão ao próprio universo "simbólico" (meios de comunicação de massa), paralelamente à apreensão dos corpos em seu real pela biomedicina? A descrição seria mais convincente, se por sua vez não participasse ativamente ("somos todos...") da transformação das questões da identidade sexuada nas de um comércio de signos, e de um jogo irônico da indiferença sexual.

Bibliografia

BIBLIOGRAFIA GERAL

1. OBRAS COLETIVAS

Droit de filiation et progrès scientifiques, sob a dir. de Catherine Labrusse e Gérard Cornu, Economica, Paris, 1981.
L'Insémination artificielle humaine: un nouveau mode de filiation, ESF, Paris, 1984.
Génétique, procréation et droit, H. Nyssen ed., Actes Sud, Arles, 1985.
Les Enfants des couples stériles, ESF, Paris, 1985.
Le Secret sur les origines, ESF, Paris, 1986.
Maternité en mouvement, Éd. Saint-Martin, 1986.
L'Homme, la nature et le droit, Christian Bourgois, Paris, 1988.
Sortir la maternité du laboratoire, governo de Québec, Conseil du statut de la femme, 1988.
Sciences de la vie de l'éthique au droit, La Documentation française, n° 433, Paris, 1988.
Procréation artificielle: où en sont l'éthique et le droit?, Lacassagne-Masson, Paris, 1989.
L'Ovaire-dose, Syros, Paris, 1989.
Patrimoine génétique et droits de l'humanité, Recommandations, 1989.
La Magasin des enfants, F. Bourin, 1990.

2. TRABALHOS DE AUTORES

Baudoin, Jean-Louis et Labrusse-Riou Catherine, *Produire l'homme: de quel droit?*, PUF, Paris, 1987.
Baulieu, Émile-Étienne, *Génération pilule*, Odile Jacob, Paris, 1990.
Clarke, Robert, *Les Enfants de la science*, Stock, Paris, 1987.
Cohen, Jean, Lepoutre, Raymond, *Tous des mutants*, Le Seuil, Paris, 1987.
Cotton, Kim e Winn, Denise, *Baby Cotton for Love and Money*, Dorling Kindersley, Londres, 1985.
D'Adler, Marie-Ange e Teulade, Marcel, *Les Sorciers de la vie*, Gallimard, Paris, 1986.

Degnaud, Monique e Mehl, Dominique, *Merlin l'Enfanteur*, Ramsay, Paris, 1987.
Dagognet, François, *La Maîtrise du vivant*, Hachette, Paris, 1988.
Ewela, François, *L'État-providence*, Grasset, Paris, 1986.
Fonty, Bernard, *Bonjour l'aurore*, Clims, Paris, 1986.
Frydman, René, *L'Irrésistible Désir de naissance*, PUF, Paris, 1986.
Grange, Dominique, *L'Enfant derrière la vitre*, Encres, Paris, 1985.
Issartel, Marielle, *Les Enfants de la chance*, Denoël, Paris, 1988.
Klein, Renate D., *Infertility*, Pandore, 1989.
Legendre, Pierre, *L'Inestimable Objet de la transmission*, Fayard, Paris, 1985.
Magnard, Franck e Tenzer, Nicolas, *Le Spermatozoïde hors la loi*, Calmann-Lévy, Paris, 1990.
O'Brien, Mary, *La Dialectique de la reproduction*, Éditions du Remue-Ménage, Montreal, 1987.
Stevens, Kirsty, *Surrogate Mother*, Century Publishing, Londres, 1985.
Testart, Jacques, *De l'éprouvette au bébé-spectacle*, Éd. Complexe, Paris, 1984. — *L'Oeuf transparent*, Flammarion, Paris, 1986.

3. REVISTAS DEDICADAS AO TEMA

"Être stérile", *Psychosomatique*, 1985.
"Bioéthique et désir d'enfant?", *Dialogue*, n° 87, 1985.
"Le droit, la médecine et la vie", *Le Débat*, n° 36, Gallimard, 1985.
"Éthique et biologie", *Cahiers STS*, 11, CNRS, 1986.
"Naître", *Corps écrit*, 21, PUF, 1987.
"Éthique et progrès biomédicaux", *Autrement*, 1987.
"De la parenté à l'eugénisme", *Cahiers du Grif*, n° 36, 1987.
"Vivants et mortels. Psychanalyse et technosciences", *Psychanalystes*, número especial, 1987.
"Quels droits pour la psyché?", *Topique*, 44, 1989.
"La bioéthique en panne?", *Esprit*, novembro de 1989.
"Nouvelles responsabilités", *Esprit*, maio de 1989.
"Biologie, personne et droit", *Droits*, 13, 1991.

BIBLIOGRAFIA PSICOSSOMÁTICA

1. OBRAS COLETIVAS

Aspects psychologiques de l'insémination artificielle, Christine Manuel e Jean-Claude Czyba ed., Simep, Paris, 1983.

2. TRABALHOS DE AUTORES

Bonnet, Catherine, *Geste d'amour*, Odile Jacob, Paris, 1990.
Delaisi de Parseval, Geneviève, *La Part du père*, Le Seuil, Paris, 1981. — *L'Enfant à tout prix*, com Alain Jenaud, Le Seuil, Paris, 1983.
Guérin, Guite, *L'Enfant inconcevable*, Acropole, Paris, 1988.
Huber, Gérard, *L'Énigme et le délire*, Osiris, Paris, 1988.
Legendre, Pierre, *Filiation*, Fayard, Paris, 1990.
Vacquin, Monette, *Frankenstein ou les délires de la raison*, Éd. F. Bourin, Paris, 1989.

3. ARTIGOS

Athéa, Nicole, "Stérilité: interventionnisme et masochisme", *Rev. Méd. Psychosom.*, 21-22, p. 1930-1990. — "Les aspects psychologiques des PMA", *Livre blanc des PMA en France*, março de 1991, p. 63-74.
Bydlowski, Monique, "Les enfants du désir", *Psychanalyse à l'Université*, tomo IV, n° 13, dezembro de 1978, p. 59-92. — "Approche psycho-médicale de l'infertilité", *J. Gyn. Obst. Biol. Repr.*, 1983, 12, p. 267-276.
Bydlowski, Monique, Camus, Claude-Henri, "Recherche psychanalytique dans une maternité hospitalière", *Psychosomatique*, 14, 1988, p. 19-30.
Cahen, Françoise, "L'Enfant impossible", *Perspectives psychosomatiques*, 1978, IV, n° 88, p. 359-365.
Chatel, Marie-Madeleine, "Insidieux maléfice dans la filiation", *Psychanalyse à l'Université*, 1988, 13, p. 119-131.
Cukier-Hémery, Françoise, Lézine, Irène, Ajuriaguerra, Julien de, "Désir d'enfant", *Psychiatrie de l'enfant*, 1987, XXX, 1, p. 59-83.
Delaisi de Parseval, Geneviève, "L'acharnement biologique et la bioéthique", in *Objectif bébé*, *Autrement*, série "Point actuel", 1987. — "Procréations artificielles et intérêt de l'enfant", *Études*, fevereiro de 1989.
Faure, Sylvie e Pragier, Georges, "Les enjeux d'une recherche psychanalytique sur la stérilité féminine", *Rev. franç. Psychanal.*, 6, 1987, p. 1543-1565.
Faure, Sylvie e Weil, Éva, "La procréation assistée, le psychanalyste et la stérilité", *Psychosomatique*, 15, 1988, p. 93-104.
Flavigny, Christian, Millot, Claudie, Bizot, Anne, Belaïsch, Jean, "La stérilité, situation psychopathologique et compréhension psychodynamique", *Psychosomatique*, 8, 1986, p. 67-87.
Maggioni, Christina, Benzi, Guido, "La généalogie d'une stérilité", *Psychosomatique*, 8, 1986, p. 61-65.
Sibony, Daniel, "Créateurs et procréateurs assistés", *Contraception-Fertilité-Sexualité*, vol. 17, n° 12, 1989, p. 1140-1150.
Vacquin, Monette, "Procréation artificielle du semblable au même", *Esprit*,

dezembro de 1986, p. 46-51. — "L'amère victoire", in *La Mère-Autrement*, nº 90, maio de 1987, p. 148-158. — "Il n'ya pas de preuves d'amour", *Psychanalystes*, nº especial "Vivants et mortels", novembro de 1987.

Vasse, Denis, "L'acte de la chair", *La Génération*, 37º ano, nº 7, novembro de 1985, p. 5-19.

O texto deste livro foi composto em Sabon,
desenho tipográfico de Jan Tschichold de 1964
baseado nos estudos de Claude Garamond e
Jacques Sabon no século XVI, em corpo 10/13.5.
Para títulos e destaques, foi utilizada a tipografia
Frutiger, desenhada por Adrian Frutiger em 1975.

A impressão se deu sobre papel Chamois Fine 80 g/m²
pelo Sistema Cameron da Divisão Gráfica
da Distribuidora Record.